中国经济文库·应用经济学精品系列（二）

江苏省重点建设学科应用经济学和
江苏省重点培育智库沿海发展智库资助

刘吉双
朱广东◎著
张跃敏

中韩（盐城）产业园创新研究：
“一带一路”交汇点建设探索

Zhonghan(Yancheng) Chanyeyuan Chuangxin Yanjiu:
Yidaiyilu Jiaohuidian Jianshe Tansuo:

北京

图书在版编目（CIP）数据

中韩(盐城)产业园创新研究:“一带一路”交汇点建设探索／刘吉双,朱广东,张跃敏著.
—北京:中国经济出版社,2019.12

ISBN 978-7-5136-5928-4

Ⅰ.①中… Ⅱ.①刘… ②朱… ③张… Ⅲ.①区域经济合作—国际合作—中国、韩国 ②工业园区—经济发展—研究—盐城
Ⅳ.①F114.46 ②F427.533

中国版本图书馆 CIP 数据核字(2019)第 209752 号

责任编辑　彭　欣
责任印制　巢新强
封面设计　华子图文

出版发行　中国经济出版社
印 刷 者　北京九州迅驰传媒文化有限公司
经 销 者　各地新华书店
开　　本　710mm×1000mm　1/16
印　　张　21
字　　数　307 千字
版　　次　2019 年 12 月第 1 版
印　　次　2019 年 12 月第 1 次
定　　价　56.00 元
广告经营许可证　京西工商广字第 8179 号

中国经济出版社 **网址** www.economyph.com **社址** 北京市西城区百万庄北街 3 号 **邮编** 100037
本版图书如存在印装质量问题，请与本社发行中心联系调换（联系电话：010-68330607）

推荐序一

江苏处于“一带一路”交汇点位置，负有建设好“一带一路”交汇点的重要职责。2019 年 1 月，江苏省委、省政府出台《关于高质量推进“一带一路”交汇点建设的意见》，明确要求高质量推进“一带一路”交汇点建设，既是江苏高质量发展走在前列的题中之义，也是江苏为全国发展探路的重要内容。进一步强化责任意识、担当意识，深刻领会肩负的重大使命，深挖交汇点建设的内涵，突破关键节点，探索新的路子，在“一带一路”建设大局中贡献江苏力量。

江苏省盐城市是江苏“一带一路”建设的重要节点城市，是 21 世纪海上丝绸之路的重要门户。2015 年中韩（盐城）产业园成为中韩两国地方合作园区，2017 年国务院正式批复中韩（盐城）产业园，中韩（盐城）产业园区上升为国家级合作园区。合作层次的提高，使中韩（盐城）产业园成为江苏对外开放新载体、对外贸易新优势、全方位对外开放的新动力。

刘吉双教授的《中韩（盐城）产业园创新研究：“一带一路”交汇点建设探索》正是在这一新时代背景下撰写的，体现了国际视野、国内方位和实践价值。从国际视野看，当今国际产业园区已经进入“工业 4.0”时代，高新技术、大数据、云计算、物联网、智能产业、现代服务业和生态环保正成为“工业 4.0”的显著特征；从国内看，“一带一路"倡议提出五年来，有力促进了国际、国内生产要素的往来，国外投资涌进来，国内投资走出去正成为经济常态；从实践价值看，刘吉双教授认为，中韩（盐城）产业园建设以来，本着"共建共享"原则，在园区现代化建设、中韩合作交流、两国园区互动方面积累了较多经验，取得了较好成效。中韩（盐城）产业园的发展，带动了盐城交通运输业、新产业、新业态和新模式的创新，为盐城经济的腾飞提供了"触发器"和"发动机"。本书从四个方面全面分析了中韩（盐城）产业园发展对盐城经济转型和经济增长的贡献。盐城是"21世纪江苏海上丝绸之路"建设的重要门户，中韩（盐城）产业园建设对盐城发展的贡献，有力提升了盐城海上丝绸之路门户在全省乃至全国的知名度。全书逻辑清楚，内容丰富，资料新颖，具有较强的现实意义，是研究"一带一路"园区建设的重要参考书。

衣保中

吉林大学东北亚研究院教授、博士生导师

推荐序二

习近平总书记2014年12月在江苏考察的讲话中指出："江苏处于丝绸之路经济带和21世纪海上丝绸之路的交汇点上。"加强交汇点理论研究，对加快江苏交汇点建设步伐，对接"一带一路"倡议，全面推进江苏对外更高层次开放，引领江苏现代化发展，具有重大意义。

江苏省盐城市位于江苏省中部，正处在"一带一路"交汇点上。向东通过港口可与韩国、日本和我国台湾地区相连，向西通过铁路可跟中亚和西亚相通。盐城拥有江苏最长海岸线、最广阔海域，盐城港口集群处于快速集聚中，其中大丰港口是国家一类口岸。盐城铁路由无到有，由有到多，目前高速铁路建设正呈现加速度，与北京的高铁已经通车，与南京和上海的高铁即将开通，盐城将要纳入上海和南京"一小时经济圈"，盐城荣幸成为"北上海"。

交通运输业的大发展，为中韩（盐城）产业园建设提供了有力支撑。刘吉双教授在《中韩（盐城）产业园创新研究："一带一路"交汇点建设探索》一书中，重点分析了交通运输业发展与中韩（盐城）产业园建设的互动关系。书中指出，盐城已形成集高速公路、城市内环高架、铁路、航空、海运为一体的现代交通网络，是江苏省沿海地区和淮河经济带对外开放的重要门户。2015年后，中韩（盐城）产业园在盐城的建立和发展，带动了盐城交通运输业的发展。盐城南洋机场已开通至北京、温州、昆明、广州、韩国首尔等地的航线；经通内陆河可直达长江系；从徐州到盐城的快速公路已经建成，盐城到大丰港的高速公路目前也已经开工。大丰港支线现在已经被列入国家规划。“海、陆、空”现代化交通格局即将形成。

“一带一路”倡议，首要的是基础设施建设的互联互通，“一带一路”交汇点建设，关键是要把交汇点的基础设施建设好。刘吉双教授在书中的研究结果显示，中韩（盐城）产业园的发展，有力促进了盐城港口、机场、铁路和公路建设，使盐城这个江苏北部城市成为中国沿海中部交通枢纽。而交通运输业的大发展，又放大了中韩（盐城）产业园的外溢效应，加快盐城承接上海、南京的产业转移，中韩（盐城）产业园正由一枝独秀变为产业发展在盐城的成荫绿树，使盐城成为中国经济百强地级市之一。希望刘吉双教授持续跟踪中韩（盐城）产业园研究，为中韩共建“一带一路”先行区提供理论支持。

刘畅

东北农业大学教授、博士生导师

自　序

习近平总书记在视察江苏重要讲话中指出，江苏处于丝绸之路经济带和“21世纪海上丝绸之路”的交汇点上，要主动参与“一带一路”建设，放大向东开放优势，做好向西开放文章，拓展对内对外开放新空间。为进一步落实总书记要求，2018年12月12日，中共江苏省委、江苏省人民政府印发《关于高质量推进“一带一路”交汇点建设的意见》，要求践行新发展理念，以产能合作为重点，以合作园建设为载体，突出项目建设等重点工作，高质量推进“一带一路”交汇点建设，加快建设国际产能合作的示范区域，在参与“一带一路”建设中走在全国前列。

2017年12月国务院批复成立中韩（盐城）产业园，中韩（盐城）产业园由地方合作层次上升为国家层次，担负着共建“一带一路”先行区、投资和贸易便利化示范区的重要职责。自2015年6月盐城被指定为中韩产业园地方合作城市以来，中韩（盐城）产业园发展，有力地促进了盐城经济增长、交通运输业大发展和战略性新兴产业的集聚，正在将盐城打造成“一带一路”建设中的重要节点城市。本书系统总结了中韩（盐城）产业园建设历史背景、现状、特征、重点产业布局建设、和对盐城经济贡献度，查找了体制机制创新，国内需求疲弱、产业基础高级化不足等问题，并提出了“一带一路”背景下高质量发展的路径。书中关于两国“双园”模式特征描述、韩国汽车内销现状、体制机制保障以及高质量发展路径，具有一定现实意义。

2019年6月，在参加G20会议前一天，习近平总书记会见了韩国总统文在寅。关于中韩友好合作，习近平总书记强调，加强中韩友好合作符合历史潮流，也是两国人心所向。文在寅总统表示，韩中关系发展势头喜人。两位元首针对加强沟通交往、中韩自由贸易协定、“一带一路”、开放型世界经济等问题做了具体探讨。习近平总书记指出，中韩合作完全是互利双赢的，不应该受到外部压力影响。文在寅总统表示，韩方愿同中方一道，维护多边主义、自由贸易和开放型世界经济，这对韩国利益攸关。要抓住中韩关系新的历史发展机遇，促进中韩（盐城）产业园面向产业新高地、国际一流园区加快发展，以此推动盐城全产业链、全市域、全方位对外开放，借助“一带一路”、长三角一体化、淮河生态经济带等重大国家战略的实施，打造开放盐城、绿色盐城、智慧盐城，真正将江苏盐城建设成为“一带一路”重要节点城市。

目　录

附　录

第一章 “一带一路”倡议概况及“21世纪海上丝绸之路”重要门户建设

2013年9月7日，国家主席习近平在哈萨克斯坦纳扎尔巴耶夫大学作题为《弘扬人民友谊　共创美好未来》的演讲，提出共同建设“丝绸之路经济带”。2013年10月3日，习近平主席在印度尼西亚国会发表题为《携手建设中国—东盟命运共同体》的演讲，提出共同建设“21世纪海上丝绸之路”。“丝绸之路经济带”和“21世纪海上丝绸之路”简称“一带一路”倡议。“一带一路”已成为全球最受欢迎的全球公共产品，也是目前最好的国际合作平台。2019年4月26日，习近平主席在北京出席第二届“一带一路”国际合作高峰论坛开幕式，并发表题为《齐心开创共建“一带一路”美好未来》的主旨演讲，强调共建“一带一路”为世界各国发展提供了新机遇，也为中国开放发展开辟了新天地。面向未来，我们要秉持共商共建共享原则，坚持开放、绿色、廉洁理念，努力实现高标准、惠民生、可持续目标，推动共建“一带一路”沿着高质量发展方向不断前进。

第一节 “一带一路”倡议概况

一、“一带一路”倡议布局

从国际布局来看，我国将“丝绸之路经济带”划分为三个方向：“一是从我国经中亚、俄罗斯至欧洲；二是我国经中亚、西亚到波斯湾、地中海；三是我国至东南亚、南亚、印度洋。”[①] “21 世纪海上丝绸之路”划分为两个方向：一是从我国沿海港口过南海，向南太平洋延伸；二是从我国沿海港口，经马六甲海峡到印度洋，延伸至欧洲。在这其中，我国与其他国家签署了“一带一路”备忘录，并共同商讨了中长期发展规划。我国从信息化、产业资源、经贸与金融合作以及人文生态等多方面重点着手。例如，在信息化方面，我国凭借自身互联网技术优势，帮助亚洲多个国家改善网络基础设施，扩大了这些国家和地区宽带使用的范围。我国的 4G 和 5G 网络发展具有较大的优势，并且我国的智能手机生产量大、销售也好，作为外贸产品便会流动到这些国家。像缅甸、老挝、印度、孟加拉国这些国家，他们的宽带普及率甚至低于 10%，这样一来，不仅帮助这些国家实现宽带网络的普及，促进他们的互联网发展，而且加强了我国与这些国家的友好关系，将我国生产的产品带向世界，让国内品牌更好地“走出去”，在带来经济利益的同时，也增强了我国的影响力。相关数据统计表明，我国在信息化方面的互联互通行动是十分正确的。同时我国以海陆为临界点，分别以“经济走廊”和“港口”作为支点，打造“六大经济合作走廊”以及发展面向南海、太平洋和印度洋的战略合作经济带。

从国内布局来讲，“一带一路”建设工作围绕 18 个省份，形成了“自东向西、陆海统筹、立体推进的格局”。例如，“走在最前列”的陕西省，其本来处于大陆的内腹地区，是中国的“大后方”，但由于“一带一路”的发展需要，陕西省的地理劣势变成了总体布局里的优势方面。陕西省的产业结构与亚欧各国具有互补性，而且丰富的产能也打开了陕西省“走出去”的局面，与此同时，陕西省“将构建国际产能合作中心，力争新增进出口企业 1 500 家，遴选支持 200 家陕西品牌产品、企业开拓国际市场，加快丝绸之路世界贸易中心项目建设”。[②] 行动计划使得陕西省的品牌逐步

① 刘群.“一带一路”总体布局与实施策略[EB/OL]. 前线网，http://www.71.cn/2017/0510/947174.shtml,2016-11-20.

② 朱明刚，王晓华.“一带一路”初步完成规划和布局[EB/OL]. 人民网，http://yuqing.people.com.cn/GB/n1/2016/0628/c210107-28504647.html,2016-11-25.

向外发展，拉动了陕西省的经济。在这几年里，陕西省的大唐西市着力打造于“五丝工程”，多次举办国际旅行以及国际电影节等活动，不断促进了陕西省与其他国家的经济、文化交流，符合习近平总书记所提出的“绿色丝绸之路”“健康丝绸之路”“智力丝绸之路”和“和平丝绸之路”概念要求。在带动我国国内发展中，我国在“一带一路”建设工作中始终贯彻“五通原则”，并将其拓展到“ 基础设施、贸易、投资与产业、能源资源、金融、生态环保、海洋以及人文”这八个具体的合作领域，以此全面展开“一带一路”建设工作在国内的总体布局，实现国家新发展。

当今世界正处于大发展大变革大调整时期，和平、发展、合作仍是时代潮流。我们既要看到共建“一带一路”面临的诸多问题和挑战，更要看到“一带一路”充满的前所未有的机遇和发展前景。① “一带一路”倡议带给周边国家所需要的有形公共品乃至无形公共品，不仅是在铁路、桥梁、油气管道等交通要道上，而且于互联网乃至生态保护等方面，帮助新兴市场国家解决所面临的问题，并致力于解决周边国家的“发展不平衡问题”，带动其前进。推升至欧洲等边远国家，同样在资源方面进行友好交换与商业上的流通，在此之中进行文化等多方面的交流，为发达国家带来新的资源与动力，协助其突破发展的瓶颈。在我国国内城市之中，“一带一路”建设工作直接与间接地促进占国土面积 2/3 的地区的发展。总体来说，对“一带一路”建设工作进行总体布局，一方面加强了我国在国际上的综合影响力，另一方面也促进了我国东中西部的协调发展。相关数据资料表明，“一带一路”涉及亚、欧、非三大洲 60 多个国家、90 多个大中城市，覆盖地区总人口数超过 44 亿，经济总量高达 21 万亿美元，分别占全球比重的 63% 和 29% 。这是在一个巨大的地理空间上实现了史无前例的“国际资源大整合”。②

---

① 秦宁．一带一路：从“大写意”到“工笔画”的生动实践[EB/OL]．人民网，http://www.dzwww.com/dzwpl/zxfb/201904/t20190423_18647431.htm.

② 刘群．“一带一路”总体布局与实施策略[EB/OL]．前线网，http://www.71.cn/2017/0510/947174.shtml，2016 - 11 - 20.

二、“一带一路”倡议

“一带一路”倡议正是在各国寻求发展机遇的需求之下，同时尊重各自发展道路选择基础之上所形成的合作平台。因为立足于平等互利、相互尊重的基本国际关系准则，聚焦于各国发展实际与现实需要，着力于和各国发展战略对接，“一带一路”建设在赢得了越来越多的世界认可与赞誉的同时，也取得了日益显著的早期收获，给相关国家带来了实实在在的利益，给世界带来了走向普惠、均衡、可持续繁荣的信心。

（1）政策沟通。政策沟通是“一带一路”得以实行的重要内容。只有在政策上进行充分的沟通了解，才能促进各方合作的顺利进行，经济稳步发展。在合作中，各国秉承着互利共赢的合作理念，求同存异，采取积极方法，解决合作中出现的各种问题，让合作顺利展开。在积极的政策沟通下，至2019年3月，中国已与125个国家和29个国际组织签署了173份“一带一路”合作文件。其中包括G7成员国之一的意大利。意大利总理孔特表示，加入“一带一路”对意大利而言是机遇，是战略选择。

（2）设施联通。设施联通，包括基础设施互联互通、产能合作等方面，在尊重国家的法律与领土主权下，双方或多方展开加强基础设施建设合作，进行国家间能源技术等方面的联通，建设“一带一路”联通网络，资源共享，成果共享。在设施联通下，网络化、立体化效果显著。在铁路、公路、港口、管道等基础设施上建成效果突出：蒙内铁路、亚吉铁路开通运营；中老铁路、中泰铁路、雅万高铁、匈塞铁路开工建设；汉班托塔港二期投入使用，瓜达尔港具备作业能力。在产能合作上，中国已经同20多个国家建立了合作，涉及金额达1 000亿美元。除此之外，中国也与法国、德国、英国等国家开展关于“一带一路”第三方市场达成一定共识，并与俄罗斯等国开展核电方面的合作。

（3）贸易畅通。贸易合作是推动经济发展的基础，而贸易也是“一带一路”进行的目的。“一带一路”沿途涉及多个国家，人口多达数十亿，具有庞大的市场，再加上各国的差异，中国与“一带一路”沿线国家的贸易合作具有互补性和增长潜力，贸易合作存在着必然性。但是，也由于涉及国家过多，各国法律等差异，贸易存在极多壁垒，合作困难加大，因此只有消除贸易壁垒，有效降低成本与风险，才能促进贸易畅通。在不断的努力合作中，“一带一路”各个国家间的贸易合作取得不小成果，如中巴经济走廊的建成，新亚欧大陆桥经济走廊与孟中印缅经济走廊的筹建，自贸区的设立等。数据显示，截至 2019 年 3 月，中国签署的自贸协定 17 个，涉及国家和地区 25 个；正在进行谈判的 9 个，涉及国家超过 30 个。

（4）资金融通。资金融通无疑是“一带一路”建设有序向好发展的关键，习近平总书记在第二届“一带一路”国际合作高峰论坛开幕式上的演讲中再次强调：“金融是现代经济的血液。血脉通，增长才有力。我们要建立稳定、可持续、风险可控的金融保障体系，创新投资和融资模式，推广政府和社会资本合作，建设多元化融资体系和多层次资本市场，发展普惠金融，完善金融服务网络。”① 为了贯彻习近平总书记的论述，我国政府非常重视新平台的建设，推动亚投行的发展及促进金砖国家进行新的银行开发以及金融保障体系。我国在世界银行设立 5 000 万美元的中国－世行伙伴基金，与世界银行在贷款以及新能源开发等领域进行合作，并以此获得他国认可与吸引他国参与。

（5）民心相通。民心相通是推动“一带一路”建设的强劲动力，也是合作的基础。“国之交在于民相亲，民相亲在于心相通，只有以人民为社会根基，才能实现民心相通，从而实现国相交。”② 通过文化交流和志愿服务等拉近人民的距离，使社会群众对“一带一路”建设更加认同，为区域合作奠定良好基础。

---

① 习近平．在“一带一路”国际合作高峰论坛开幕式上的演讲［EB/OL］．新华网，http://www.xinhuanet.com/world/2019－04/26/c_1210119584.htm，2019－4－26.

② 张凡．“一带一路”绘就民心相通美好画卷［EB/OL］．湖南网，http://www.hnzy.gov.cn/Info.aspx? ModelId＝1&Id＝6565，2019－4－25(09).

三、"一带一路"倡议的意义

联合国秘书长古特雷斯表示，"一带一路"倡议与《2030年可持续发展议程》都以可持续发展为目标，都试图提供机会、全球公共产品和双赢合作，都致力于深化国家和区域间的联系。为了让相关国家能够充分从增加联系产生的潜力中获益，加强"一带一路"倡议与《2030年可持续发展议程》的联系至关重要。"一带一路"建设有助于联合国《2030年可持续发展议程》的顺利实现。"一带一路"为全球均衡可持续发展增添了新动力，提供了新平台。"一带一路"涵盖了发展中国家与发达国家，实现了"南南合作"与"南北合作"的统一，有助于推动全球均衡可持续发展。"一带一路"以基础设施建设为着眼点，促进经济要素有序自由流动，推动了中国与相关国家的宏观政策协调。对于参与"一带一路"建设的发展中国家来说，这是一次搭中国经济发展"快车""便车"，实现自身工业化、现代化的历史性机遇，有力推动"南南合作"的广泛展开，同时也有助于增进"南北对话"，促进"南北合作"的深度发展。

进入新阶段，发展理念也出现了新变化。习近平主席指出，"一带一路"建设已经从总体布局的"大写意"阶段转向精雕细琢的"工笔画"阶段。[①] 今天的"一带一路"，不再是满足于铺摊子，更在创新与跨越上找路子。高质量、高标准和高水平的"三高"理念，成为"一带一路"内涵式发展的初心所在、民心所向。面对发展到一定阶段的"一带一路"，原先的"一带一路"建设理念已不能完全满足我们的发展需要。深耕细作及高质量发展，是共建"一带一路"发展到一定阶段的必然要求。高质量发展，需要秉承"三共"原则。只有共商共建共享，才能实现高质量发展。需要坚持开放、绿色、廉洁理念。开放带来机遇，这是"一带一路"的初心。绿色发展一直是我国新时代的重要理念。推动绿色基础建设，绿色投

---

① 习近平．在推进"一带一路"建设工作5周年座谈会上发表讲话[EB/OL]．新华网．http://www.xinhuanet.com//2018-08/29/c_1123347078.htm，2018-8-27.

资，绿色金融，是“一带一路”可持续发展的必然要求。让一切合作在阳光下进行，建立一个风清气正的丝绸之路。要坚持高标准，惠民生的目标。在尊重各国的法律法规下，设立各国普遍支持的国际标准，并严格遵守标准。坚持以人为本，只有让“一带一路”沿线人民感受到真实的好，才会得到人民的拥护与支持。

四、“一带一路”倡议展望

第二届“一带一路”国际合作高峰论坛领导小组办公室 2019 年 4 月 22 日发表《共建“一带一路”倡议：进展、贡献与展望》报告。报告指出，随着时间的推移和各方共同努力，共建“一带一路”一定会走深走实，行稳致远，成为和平之路、繁荣之路、开放之路、绿色之路、创新之路、文明之路、廉洁之路，推动经济全球化朝着更加开放、包容、普惠、平衡、共赢的方向发展。

（1）要将“一带一路”建设成和平之路。“一带一路”的和平发展离不开稳定安宁的环境，各国之间遵守和平共处五项原则，做到尊重彼此主权、尊严、领土完整，尊重彼此发展道路和社会制度，尊重彼此核心利益及其发展成果，树立共同、可持续的发展观、安全观。营造共同建设共同分享的安全格局，坚持公平正义，消除贫穷落后和社会不公。

（2）要将“一带一路”建设成繁荣之路。推进“一带一路”建设，要聚焦发展这个根本性问题，释放各国发展潜力，实现经济的融合、发展的联动、建设的成果等的共享。应该深入开展产业合作，推动各国产业发展规划相互兼容、相互促进，抓好大项目建设，抓住发展的新机遇，保持经济的稳固增长，使经济发展时刻充满新鲜的血液与活力。同时我们要建立稳定、可持续、风险可控的金融保障体系，创新投资和融资模式。建立多元化的投资市场，不断完善与提高金融体系。我们要抓住新一轮能源结构调整和能源技术变革趋势，建设全球能源互联网，实现绿色低碳发展。要完善跨区域物流网建设。

（3）要将“一带一路”建成开放之路。要打造开放型合作平台，维护和发展开放型世界经济，共同创造有利于开放发展的环境，推动构建公正、合理、透明的国际贸易体系，促进生产要素有序流动、资源高效配置与利用、市场深度的融合。维护多边贸易体制，推动自由贸易区建设，促进贸易和投资自由化便利化。建设开放、包容、普惠、平衡、共赢的经济全球化。

（4）要将"一带一路"建成创新之路。"一带一路"建设本身就是一个创举，搞好"一带一路"建设也要向创新要动力。加强在数字经济、人工智能、纳米技术、量子计算机等前沿领域合作，推动大数据、云计算、智慧城市建设，连接成"21 世纪的数字丝绸之路"。要践行绿色发展的新理念，倡导绿色、低碳、循环、可持续的生产生活方式，加强生态环保合作，建设生态文明，共同实现 2030 年可持续发展目标。

（5）要将"一带一路"建成文明之路。要建立多层次人文合作机制，搭建更多合作平台，开辟更多合作渠道。要推动教育合作，扩大互派留学生规模，提升合作办学水平。要发挥智库作用，建设好智库联盟和合作网络。在文化、体育、卫生领域，要创新合作模式，推动务实项目。要用好历史文化遗产，联合打造具有丝绸之路特色的旅游产品和遗产保护。加强各国议会、政党、民间组织往来，密切妇女、青年、残疾人等群体交流，促进包容发展。

（6）加强国际反腐合作，让"一带一路"成为廉洁之路。

第二节　海上丝绸之路缘起

古代海上丝绸之路是连接古代中国与世界其他地区的海上通道，它由"东海航线"和"南海航线"两大干线组成，并不断延伸、拓展，构成一个四通八达的海上交通网络。就其内涵而言，中国古代的海上丝绸之路，被视为中外之间通过海洋通道进行的经济和文化交流与融通。西汉是有文字记载的最早"海上丝绸之路"兴起之时。中国原始航海活动始于新石器时期，尤其是岭南地区，由于其濒临南海和太平洋，海岸线长，大小岛屿星罗棋布，成为海上丝绸之路的始发地以及中国古代对外贸易的核心区域。早在四五千年前的新石器时代，居住在南海之滨的岭南先民就已经使用平底小舟，从事海上渔业生产。距今五千年至三千年期间，东江北岸的惠阳平原，已经形成以陶瓷为纽带的贸易交往圈，并通过水路将其扩大到沿海和海外岛屿。通过对出土陶器海船路线，以及石器、铜鼓和铜钺的分布区域的研究得知，先秦时期的岭南先民已经穿梭于南中国海乃至南太平洋沿岸及其岛屿，其文化间接影响到印度洋沿岸及其岛屿。① 春秋战国时期，齐国在胶东半岛开辟的“循海岸水行”直通辽东半岛、朝鲜半岛、日本列岛直至东南亚的黄金通道。秦始皇统一六国后，岭南地区发展很快。当时番禺地区已经拥有相当规模、技术水平很高的造船业。先秦和南越国时期岭南地区海上交往为海上丝绸之路的形成奠定了基础。汉武帝以后，西汉的商人还经常出海贸易，开辟了海上交通要道——海上丝绸之路。西汉张骞通使西域后，往返于“丝绸之路”的中外商人络绎不绝。同时，“海上丝绸之路”初现雏形。《汉书·地理志》记载，从徐闻（今广东湛江市徐闻县境内）、合浦（今广西北海市合浦县境内）出发，经南海进入马来半岛、暹罗湾、孟加拉湾，到达印度半岛南部的黄支国和已程不国（今斯里兰卡）。这是有关“海上丝绸之路”最早的文字记载。

唐代海上丝绸之路取代了陆上丝绸之路。三国时代，魏、蜀、吴均有丝绸生产，而吴雄踞江东，汉末三国正处在海上丝绸之路从陆地转向海洋的承前启后与最终形成的关键时期。三国时期，由于孙吴同曹魏、刘蜀在长江上作战与海上交通的需要，积极发展水军，船舰的设计与制造有了很大的进步，技术先进，规模也很大。在三国之后的其他南方政权（东晋、宋、齐、梁、陈）也一直与北方对峙，不但促使了海洋、航海技术的发展以及航海经验的积累，也为海上丝绸之路的发展提供了良好条件。魏晋以后，开辟了一条沿海航线。广州成为海上丝绸之路的起点，经海南岛东面海域，直穿西沙群岛海面抵达南海诸国，再穿过马六甲海峡，直驶印度

---

① 章巽．法显传校注[R]．上海：上海古籍出版社，1985．

洋、红海、波斯湾。对外贸易涉及达15个国家和地区，丝绸是主要的输出品。海上丝绸之路开辟后，在隋唐以前，即6—7世纪，它只是陆上丝绸之路的一种补充形式。但到隋唐时期，由于西域战火不断，陆上丝绸之路被战争所阻断，代之而兴的便是海上丝绸之路。到了唐代，伴随着中国造船、航海技术的发展，中国通往东南亚、马六甲海峡、印度洋、红海，及至非洲大陆的航路纷纷开通与延伸，海上丝绸之路终于替代了陆上丝绸之路，成为中国对外交往的主要通道。

海上丝绸之路的南北航线在元明时期达到最大程度的交融。宋代的造船技术和航海技术明显提高，指南针广泛应用于航海，中国商船的远航能力大为加强。宋朝与东南沿海国家绝大多数时间保持着友好关系，广州成为海外贸易第一大港。"元丰市舶条"标志着中国古代外贸管理制度又一个发展阶段的开始，私人海上贸易在政府鼓励下得到极大发展。但是为防止钱币外流，南宋政府于嘉定十二年（1219年），下令以丝绸、瓷器交换外国的舶来品。这样，中国丝绸和瓷器向外传播的数量日益增多，范围更加扩大。[①] 在宋元时期，支撑海上丝绸之路的主要大宗商品已由原来的丝绸变为瓷器，沿线国家也开始以陶瓷代称中国。自Seres（丝）到China（陶瓷）的称谓变化，从另一个方面佐证了陶瓷在海上丝绸之路中的主导地位。那时，海上航行的大多是中国的商船，船中大多是瓷器商品。

明朝中期的郑和率船队七下西洋，开创了中国远洋航海的新时代。清代，由于政府实行海禁政策，其间广州成为中国海上丝绸之路唯一对外开放的贸易大港，广州海上丝绸之路贸易比唐、宋两代获得更大的发展，形成了空前的全球性大循环贸易。鸦片战争后，中国海权丧失，沦为西方列强的半殖民地，沿海口岸被迫开放，成为西方倾销商品的市场，掠夺中国资源和垄断中国丝、瓷、茶等商品的出口贸易。从此，海上丝绸之路一蹶不振，进入了衰落期。这种状况一直延续了整个民国时期，直至中华人民

---

① 陈佳荣，谢方，陆峻岭．古代南海地名汇释[R]．北京：中华书局，1986.

共和国成立前夕。

21 世纪以来，我国海洋事业蓬勃发展，海上交通、海洋资源的利用以及海防建设等方面成果显著，正在形成“21 世纪海上丝绸之路”。

第三节 泉州与“21 世纪海上丝绸之路”门户建设

海上丝绸之路是继张骞陆路出使西域后，中国古代经济史上的一大辉煌盛事，对于中华文明在世界范围内的传播与弘扬，起到了至关重要的桥梁和纽带作用。

中国东海沿海港口城市，福建泉州是古代海上丝绸之路的东方起点城市，也是国务院确定的“21 世纪海上丝绸之路”的起点城市。泉州市建设“21 世纪海上丝绸之路先行区”已被列入国家“一带一路”建设规划，并将起到示范和引领作用。在 10—14 世纪的宋元时期，随着海上丝绸之路的发展和海外贸易的繁盛，泉州以“刺桐”闻名于世，吸引了世界各地无数商人、游客和传教士纷至沓来。不同民族在这里相遇，各种文明在这里传递。13 世纪末，意大利旅行家马可·波罗从这个港口换乘刺桐海船，完成他的世纪之旅。如同威尼斯一样，泉州依然保留有那个时期海洋贸易和文明交融的历史遗存。古泉州有着开放、多元和包容的海洋文化和城市精神。泉州远离大陆腹地，海却近在咫尺。她西倚丘陵、东向大海，晋江和洛阳江两江环绕，共汇大海。蜿蜒曲折的海岸线和发达的陆域水系形成许多天然海港，为古泉州海洋活动提供了优越条件。8 世纪，北方战乱导致陆上交通对外受阻，海上交通兴起，这给位于东南沿海的泉州带来发展良机。尤其是 10 世纪以后，泉州地方政府积极发展海外贸易，招揽番商番货，使泉州经济得到快速发展。在相当漫长的历史岁月中，泉州最早的族群闽越人平静而简单地生活着，他们以海为田、以船当车，探索海洋。北方汉人南迁入泉后，带来先进生产技术和生产工具，促进当地经济文化发展，城市中心逐步向东面的海边发展。当中国进入唐朝盛世，泉州终于迎来世人关注的目光，并与广州、扬州、交州称为中国南方四大港口城市。

在泉州的多元文化和民间信仰中最为突出的，既有妈祖这样亲民博爱、名扬世界的海神，也有通远王这样由山神转变而来的海神，还有仅在泉州兼具官方海事祭祀功能的真武大帝。此外，观音、龙王、王爷、阴公、好兄弟等，在泉州沿海也兼有海上保护功能。这种独具地方特色的海神信仰，是泉州海洋贸易繁荣的产物。长期的海洋活动，造就了泉州人的开放意识和广博胸襟，表现在本土宗教观念上更具兼容性。儒、道、释三教与民间信仰和平共处、相互渗透，并吸纳许多外来宗教元素，通过建筑、雕刻和装饰演绎出来，散发着本土文化与海洋文化水乳交融的独特魅力。10—14世纪的泉州，以良好的港口设施、便利的海陆联通、发达的外销商品、先进的造船技术和完善的海洋贸易管理机制，成为帆樯林立、番商云集的东方大港——刺桐港。运载中国的陶瓷、丝绸、日用品和装载国外香料、珠宝的中外商船，在这个港口穿梭进出。从这里出发的港口四通八达，乘西南季风向北可航行至高丽、日本等东北亚地区，利用东北季风向南可达东南亚、南亚、西亚和东非海岸。马可·波罗惊呼泉州是世界最大的港口之一，摩洛哥旅行家伊本·白图泰盛赞泉州为世界第一大港。摩洛哥旅行家伊本·白图泰1346年航行到中国，从刺桐港上岸。他在游记中称“刺桐港是世界上最大的港口之一，甚至可以说就是世界上最大的港口。我看到港内有上百条大船，至于小船可谓多得不可胜数。”为了发展海外贸易，一系列港口和码头在泉州蜿蜒的海岸兴建起来，包括外港的石湖码头、沿江的江口码头等，它们各自发挥作用，并以港口群组合成为著名的刺桐港。位于晋江下游入海口段是刺桐港最繁华港区，这一带江面宽阔，风浪平稳，为古代木帆船最理想的泊位，从这里溯晋江而上可抵州县，泛海可贸异邦。长期的海洋活动，培养出泉州许多优秀的造船师，至宋代，泉州造船业已经十分发达，所造船体大而稳健，适合远洋航行。泉州人还是杰出的航海家，懂得“顺风相送”“牵星过洋”，对季风、星象、罗盘的利用驾轻就熟。先进的造船与航海技术，保障了古泉州海外贸易和港口经济的发展。入宋以后，闽南沿海人民为拓展生存空间，渐向海上发展，从事贸易和捕捞业以谋生计，从澎湖延伸到台湾西南海岸栖息。在大陆沿海商品经济高度发展环境的熏陶下，渔民将自己有余的米盐等食物、日常生活用品等与原住居民交换狩猎剩余物，获取额外收入，从而进行了小规模的交易，开始了早期的“汉番交易”。至荷兰据台时，设市于台湾城外，泉州、漳州等地商舶、渔舟也载货赴台交易。宋元时期的泉州人口增加，城市规模扩大，跨海、跨江石桥纷纷兴建，港城联系大大密切。1271 年，一个叫雅各的意大利犹太商人来到刺桐，他看到的就是这样一个生机勃勃的泉州，他说：“刺桐城是一个不可估量的贸易城市，各种布匹、书籍、香料、陶瓷、珠宝等商业集市繁荣到难以描述。”而且，“泉州所有的路口、店铺、人家都挂着灯笼，使得满城光如白昼”，因此他把泉州形容为“光之城”。①

泉州海上丝绸之路文化遗产的开发利用水平还有待进一步提高，需要充分发挥其在旅游发展过程中的应有作用。实现“保护”与“开发”的对立统一、各主体的利益均衡，充分发挥海上丝绸之路文化遗产在泉州旅游发展中的中坚作用，进而提升泉州旅游整体竞争力，实现泉州旅游业的大发展、大繁荣。②

第四节 福州与“21 世纪海上丝绸之路”门户建设

福建省福州市是海上丝绸之路的支点城市之一，它承载着厚重的历史、面临着难得的机遇，积极融入“一带一路”倡议，服务国家发展大局，全力打造“21 世纪海上丝绸之路”的战略支点城市。在经贸合作对接中国台湾地区、联通东盟、辐射内陆及丝绸之路国际电影节、东盟水产品交易中心，“21 世纪海上丝绸之路”博览会等活动中发挥着重要的作用。2015 年 3 月，国家发展改革委、外交部、商务部联合发布了《推动共建丝绸之路经济带和 21 世纪海上丝绸之路的愿景与行动》，将福建明确定位为

---

① 资料来源：泉州海上丝绸之路博物馆。

② 罗景峰．泉州市海上丝绸之路文化遗产旅游开发适宜性评价的必要性和可行性分析[J]．重庆文理学院学报(社会科学版)，2017(3)．

“21世纪海上丝绸之路核心区”、“一带一路”互联互通建设的重要枢纽、“海上丝绸之路”经贸合作的前沿平台和“海上丝绸之路”人文交流的重要纽带。这是福建发展的重大历史机遇，也赋予了福建重大的历史责任。福建省的港口地处我国东南沿海，位于长三角和珠三角之间，连接海峡两岸，是我国南北海运和诸多国际航线的必经之路。在中国东南沿海对外商贸格局的形成与发展中福州具有肇始和推动作用，是海上丝绸之路的重要节点。海上丝绸之路是中国历史上一项伟大的壮举，其文化遗存是全民族的共同财富，也是世界性的文化遗产。[①②③]

2000多年前，福州先辈走向海洋，揭开了海上交通的序幕。从此，这条绵延千年、横跨万里的海上丝绸之路航线成为东西方政治、经济、文化交流的重要通道。福州的海外贸易历史悠久，早在汉代便已萌芽。三国时期的吴国“置典船都尉，领谪徒造船于此”就记录了福州是我国南方重要的造船基地。盛唐以后，海外贸易勃兴，福州成为海上丝绸之路的重要节点。五代时期，闽台王审知及其家族治闽期间，积极招来“蛮夷商贾”，发展对外贸易，奠定了福州港居于南北海运枢纽的贸易格局。宋元时期，福州继续保持与日本、高丽、占城等国的对外贸易。明代郑和七次下西洋，船队均在福州长乐太平港驻泊候风、扬航出海。经由福州港，丝绸、瓷器、茶叶等物品通过海上丝绸之路跨越海洋、远销异域他乡，福州海上丝绸之路进入鼎盛时期，见表1-1—表1-4。

表1-1　郑和与历史上欧洲航海家航海规模对比

船队组织者	时间	人数	船舶数	最大船舶尺寸或吨位
郑和（中国）	1405—1433年	27 800余人	62只	长144丈，宽18丈 （明代1R=28.3cm）

① 潘静静，王莹．福建省港口融入海上丝绸之路建设现状与思路[J]．重庆交通大学学报（社会科学版），2018(2)．

② 吴碧英．传承与发展“海上丝绸之路”文化：以福州市为例[J]．济宁学院学报，2017(12)．

③ 谢在华．论福州在古代“海上丝绸之路”中的重要地位[J]．八闽史论，2015(2)．

续表

船队组织者	时间	人数	船舶数	最大船舶尺寸或吨位
哥伦布（意大利）	1492年	90人	3只	250吨
达伽马（葡萄牙）	1497年	160余人	4只	120吨
麦哲伦（葡萄牙）	1519年	265人	5只	130吨

资料来源：福州海上丝绸之路博物馆。

表1-2 郑和船队所历海外国家地名对照

古名	今名（或地区）	英译	古名	今名（或地区）	英译
占城	越南中部及南部部分地区	Campa，annaam	小葛兰	奎隆	Quilon
暹罗	泰国	Siam	柯枝	科钦	Cochin
满剌加	马六甲	Malaka	古里	科泽科德	Calicut
苏门答腊	亚齐（苏门答腊岛西北部）	Aceh	榜葛剌	孟加拉国	Bengal
三佛齐（旧港）	巨港	Palembang	忽鲁漠斯	霍尔木兹	Hormus
阿鲁	亚路	Aru	祖法儿	佐法尔	Zufar
淡洋	棉兰附近	Tamiang	阿丹	亚丁	Aden
龙涎岛	巴拉斯岛	Brasis	天方	麦加	Mekka
龙牙门	新加坡、林加群岛	Governmadorstr	木骨都束	摩加迪沙	Mogadiso
爪哇	爪哇	Java	卜喇哇	布拉瓦	Brara
浡泥	婆罗洲	Borneo	竹步	朱巴	Juba
锡兰（锡兰山）	斯里兰卡	SriLanka	麻林	马林迪	Malinde

表1-3 郑和船队所到的国家及其丝绸贸易品种

古名	今名	丝绸品名	书名
占城	越南	贮丝、绫绢	《瀛涯胜览》
安南	越南	织金文绮、纱罗	《明史安南传》
真腊	柬埔寨	锦缎、丝布	《星槎胜览》
暹罗	泰国	彩帛、锦绮、色绢、缎匹	《明史外国传》《星槎胜览》
满剌加	马来西亚马六甲	锦绮、纱罗、帛	《明史满剌加传》

续表

古名	今名	丝绸品名	书名
满剌加	马来西亚	色绢	《星槎胜览》
彭坑	马来西亚彭亨	色绢	《星槎胜览》
急兰丹	马来西亚吉兰丹	锦绮、纱罗、彩帛	《明急兰丹传》
爪哇	印度尼西亚爪哇	绒锦、织金文绮、纱罗	《明史爪哇》
浡泥	印度尼西亚加里曼丹	锦绮、彩币、缯帛	《明史浡泥》
浡泥	印度尼西亚加里曼丹	色缎	《星槎胜览》
旧港	印度尼西亚巨港	五彩布绢、色缎	《星槎胜览》
苏门答腊	印度尼西亚苏门答腊	色绢	《星槎胜览》
重迦逻	印度尼西亚松巴哇岛	花绢	《星槎胜览》
古麻剌朗	菲律宾	绒锦、贮丝、纱罗、文绮	《明史古麻剌朗传》
合猫里	菲律宾甘马粦省	锦绮、袭衣	《明实录》《国榷》
吕宋	菲律宾吕宋	织锦、彩段纱罗	《大明统一志》
三屿	菲律宾坎当	五彩布绢	《星槎胜览》
麻逸	菲律宾民都洛岛	五彩布绢	《星槎胜览》
苏禄	菲律宾苏禄群岛	五彩布绢	《星槎胜览》
沙瑶、呐哔蝉	菲律宾棉兰老岛	锦绮	《东西洋考》
榜葛剌	孟加拉国	布缎、色绢	《星槎胜览》《明史榜葛剌》
小喃呗	印度奎隆	色缎	《星槎胜览》
柯枝	印度科钦	色缎、白丝	《星槎胜览》
古里	印度科泽科德	色缎	《星槎胜览》
甘把里	印度科摩林角	织锦	《皇明四夷考》
锡兰山	斯里兰卡	色缎、色绢	《星槎胜览》
锡兰山	斯里兰卡	贮丝、丝绢	《明史锡兰山传》
溜洋	马尔代夫	色缎、色绢	《星槎胜览》
溜山	马尔代夫	织金帨	《皇明四夷考》
忽鲁谟斯	伊朗阿玛斯港	各色贮丝、纱锦	《西洋番国志》
忽鲁谟斯	伊朗阿玛斯港	锦绮、彩帛、纱罗	《明史外国传》
佐法儿	阿曼、佐法儿	贮丝、色缎、绢	《星槎胜览》
阿丹	南也门亚丁	丝帛、色绢	《星槎胜览》
剌撒	北也门萨那	色缎、色绢	《星槎胜览》
木骨都束	索马里摩加迪沙	色缎、色绢	《星槎胜览》

续表

古名	今名	丝绸品名	书名
竹步	索马里准博	色缎、色绢	《星槎胜览》
卜喇哇	索马里	缎绢	《星槎胜览》
麻林	肯尼亚马林迪	未提丝绸	《郑和航海图》中麻林地
米昔尔	埃及	纱罗丝绸	《明史西域传》
天方（房）	沙特阿拉伯麦加	缎匹、色绢	《星槎胜览》

资料来源：福州海上丝绸之路博物馆。

表 1－4 郑和下西洋时间表

航次	人数 船舶数	到闽时间	出国时间	归国时间
1	27 800 人大舶 62 艘	永乐三年六月（1405）	永乐三年冬（1405）	永乐五年九月（1407）
2	未详	永乐五年九月（1407）	永乐五年冬（1407）	永乐七年夏末（1409）
3	27 000 余人海舶 48 艘	永乐七年十月（1409）	永乐七年十二月（1409）	永乐九年六月（1411）
4	28 560 人宝舡 63 号	永乐十年十一月（1412）	永乐十一年冬（1413）	永乐十三年七月（1415）
5	未详	永乐十四年十月（1416）	永乐十五年冬（1417）	永乐十七年七月（1419）
6	未详	永乐十九年正月（1421）	永乐十九年十月（1421）	永乐二十年八月（1422）
7	27 550 人	宣德六年二月（1431）	宣德六年十二月（1431）	宣德八年七月（1433）

资料来源：福州海上丝绸之路博物馆。

明清两代，福州是中琉贸易往来的唯一合法口岸。鸦片战争后，作为五口通商口岸之一的福州成为世界著名的“茶港”，影响深远。船是海上丝绸之路的重要元素载体，自古以来，闽越人就“习于水斗、善于用舟”。“海舟以福建为上”，福船面阔底尖、方头阔尾、水密隔舱、善于装载、抗风力强、适于远洋。福船是航行于海外交通中最优秀的木质帆船之一，也是福州成为海上丝绸之路支点的重要引擎。福建西北部的武夷山和戴云山阻隔了古代闽人与中原内陆的交往，而穿梭于山地丘陵、东流入海的丰富水网则让闽人的视线随着河流的方向通达大海，这成为闽人造船出海谋生的最大动因。福建境内物产丰富，盛产造船所需的木材和铁、铜油、砺灰、麻、生漆等物料，这为建造大型帆船提供了便利的物质资源。当地的季风和洋流为帆船航行提供了必备的自然环境，福建帆船因此成为中国古代海船的主要船型。古人"见窾木浮而知为舟"，船是人类亲水生活而师法自然的伟大创造，中国帆船源远流长，在唐、宋、元时期最负盛名，马可波罗在其游记中盛赞中国帆船。毋庸置疑，中国帆船的建造与航海术在相当长的历史时期领先于西方，有力地佐证了中国古代海洋文明的辉煌。这其中，福船功不可没。自宋代以来，在历次重大航海活动或海上战争中福船都发挥了重要作用，这种主要来自福建的船舶，是中国古代帆船的杰出代表。

三国末期，从闽江口至瓯江一带的沿海地区，征集当地工匠和劳力，建立大规模的造船中心。因古时这一地带统称"温麻"，因此造船基地亦称"温麻船屯"。西晋咸宁六年（280 年），仍保持典船校尉和温麻船屯旧制。晋太康三年（282 年）置晋安郡，吴国遗下为数众多的造船工匠和屯兵被留驻于原地定居下来，对福船的建造与发展起到了积极的作用。三国时期，吴国于建衡元年（269 年）在建安郡（今福州）所属侯官县附近置"典船校尉"，主管囚徒在此造船。都尉营设在福州开元寺东直巷，号船坞，这是福建官办造船厂之始。元代致力于发展江海航运，因此造船业和航运比宋代更为发达。仅 1274 年至 1292 年间，就建造兵船 17 800 多艘，其中海船 9 800 多艘。忽必烈东征日本，在福州弥勒院之北设立船厂，建造大量东征海船。明初，福州三卫各置一个官办战船厂，左卫船厂在庙前，中卫船厂在象桥，右卫船厂在河口。景泰（1450—1457 年）年间，三个船厂合并于福州府城东南河口。至隆庆（1567 年）元年，战船工厂改设于橘园洲，称为"水寨造船"。明代册封舟造船厂设在南台左边，中有天妃舍人庙，面积有十亩之广。福船具有尖底并加装压舱石以最大限度地提高船只的稳定性，突出明显的龙骨以减缓横漂保持航向，可升降插舵使船只操纵灵活并适合浅水和深水的航道；首尾舷弧大以避免海浪拍上船甲板，甲板梁拱大容易迅速排水，船首多为平板状，前头上宽下窄；当船首下陷水中时，方宽的艏部产生较大的浮力，避免船头下陷；船尾多为马蹄形内凹槽艉封以增加阻力减少纵摇，尽量放低和简化的甲板舱室以减少受风面积并降低重心等共同的构造特征。濒海而居的福州人早在远古时期就开始了造船和航海活动。汉代，闽越国与日本、夷洲、亶洲、番禺及旧交趾七郡等已有了贸易往来。三国时“建安海道”是福州港对外军事、外交和贸易的重要航道。两晋至隋唐时期，中原人民相继南迁入闽，为福州带来了先进的文化和生产技术。社会经济的发展，促进了福州海外贸易的进一步繁荣。宋代，福州享有“东周盛府”“闽海都会”的美誉，丝织业得到进一步发展，茶园村宋墓、南宋黄昇墓出土的一大批质地轻柔、质量上乘的丝织品，是福州丝织业繁荣的有力佐证。元代，朝廷在福州设立“文绣局”，管理丝绸纺织生产有关事宜。明代，福州纺织业发达，私人经营的“机房”兴起。明弘治（1488 年）年间，福州人林洪发明了“改机”，是纺织机技术的一次重要革新。中唐以后，福州海上交通地位日渐凸显，拓展了福州至朝鲜、日本、东南亚诸国的海上贸易航线。唐末五代，闽台王审知及其兄弟治闽期间开辟甘棠港作为福州外港，并在闽安、东岐、怀安等地都设有对外贸易的码头，同时还采取减免赋税政策、积极招来“蛮夷商贾”，发展对外贸易，奠定了福州港居于南北海运枢纽的贸易格局。明初，郑和出使西洋，揭开了世界大航海时代的序幕，它将中国的航海事业铭刻在了世界航海史的里程碑上，同时也成为福州与世界相连的重要桥梁。明、清两代，福州皆为朝廷指定与琉球进行贸易往来的唯一合法口岸。鸦片战争后，福州又首当其冲成为中西文化的撞击点和交汇点，与汉口、九江并称为中国“三大茶市”，成为驰名中外的世界茶港。福州港因具有得天独厚的地理位置，悠久的海外贸易传统以及优秀的航海人才等，而成为郑和下西洋整装补给和始航之地。郑和在此集结队伍，招募水手；修船造船，操练舟师；补充给养、聚集货物。大量的陶瓷、丝织品等汇聚福州再经郑和船队远销海外。郑和七下西洋是世界航海史上的伟大壮举，其时间之长、规模之大、范围之广都是空前的。

福州制瓷业历史悠久，陶瓷器和丝织品是海外贸易的大宗商品，早在

9—10世纪怀安窑烧制的瓷器就已销往日本、泰国、文莱、越南等地。宋元时期，福州洪塘窑、宦溪窑，连江浦日窑，闽清义窑，福清东张窑等烧制的瓷器继续远销日本、朝鲜及东南亚诸国。明清时期，南来北往的船只经由福州港将瓷器源源不断地输往世界各地。近年来水下考古沉船出水瓷器充分证明了福州不仅是外销瓷的重要产地，还是一个重要的对外贸易中转地。同时，福州的茶园村宋墓、南宋黄昇墓，以及明代马森墓出土的大量精美丝织品，充分佐证了福州是海上丝绸之路丝织品的重要产地。海上丝绸之路文化是历史上东西方文明交流互动的有力佐证。福州地处台湾海峡西岸，是中国古代海丝的重要节点，有着丰富的海上丝绸之路文化遗存。古代福州港始于汉东冶港，历三国两晋的发展、唐五代的兴盛、宋元的繁荣、明代的鼎盛，成为中国海上丝绸之路的重要门户。①

第五节　盐城与"21世纪海上丝绸之路"门户建设

2013年10月，习近平总书记访问东盟时提出"21世纪海上丝绸之路"的战略构想。以点带线，以线带面，增进同沿边国家和地区的交往，串起连通东盟、南亚、西亚、北非、欧洲等各大经济板块的市场链，发展面向南海、太平洋和印度洋的战略合作经济带，以亚欧非经济贸易一体化为发展的长期目标。江苏省处于"一带一路"的交会点，盐城市作为江苏省的沿海城市，成为我国"21世纪海上丝绸之路"建设的重要节点城市。盐城古称瓢城。西汉武帝元狩四年（公元前119年）因盐置城，至今已有2100多年历史。下辖东台1个县级市和建湖、射阳、阜宁、滨海、响水5个县，以及盐都、亭湖、大丰3个区，人口828.5万人，总面积1.7万平方千米、沿海滩涂4 550平方千米、海域面积1.89万平方千米。盐城位于江苏沿海中部区域，东抵黄海，西近沃野，紧邻上海，是长三角城市群重要组成部分和"一带一路"连接东北亚的重要节点。拥有太平洋西岸最大

---

① 资料来源：福州海上丝绸之路博物馆。

的滩涂湿地，建有野生麋鹿和丹顶鹤两个国家级保护区，拥有海港和空港两个一类开放口岸。盐城市正以“产业强市、生态立市、富民新市”的发展理念，重点实施“开发沿海，接轨上海，绿色发展，绿色跨越”“两海两绿”发展路径，加快打造现代化、国际化、绿色化的江苏沿海中心城市。盐城是国家海洋可持续发展示范区，是“21 世纪海上丝绸之路”的重要节点城市。

一、盐城是江苏沿海大市

盐城拥有江苏最大的沿海滩涂、最长的海岸线、最广的海域面积、最深的开发腹地，具备空间大、岸线长、滩涂多等沿海资源优势。盐城位于江苏沿海中部，承南启北，腹地广阔，地处江淮平原，东临黄海，具有显著的海洋气候，土地面积约 16 000 平方千米，其中耕地面积占全省的 1/6。东部有很长一段海岸线，全长达 582 千米，占全省南岸线长达 56%。所辖县（市、区）中，有东台、大丰、射阳、滨海和响水 5 个县（市）濒临大海；沿海滩涂面积，达到 4530 多平方千米，沿海滩涂占全省滩涂面积的 66%，约占全国滩涂面积的 1/7，土地后备资源丰富，滩涂每年成陆约 33 平方千米，是江苏乃至全国其他地区无法比拟的独特的滩涂资源优势。盐城的风能和光能资源丰富，风能资源则占全省的 2/3，沿海及海上风电资源达 1 470 万千瓦，占全省的 70%，年平均日照 1 400 小时左右。

二、盐城是江苏沿海中心枢纽城市

盐城是目前江苏唯一、全国第十家同时拥有空港和海港一类开放口岸的地级市。机场、港口、铁路、公路建设深入推进，“贯通南北、东出西连、通江达海”的综合交通网络正在形成。2014 年组建盐城南洋机场有限责任公司，盐城南洋机场航线达 25 条，通达 17 个国内大中城市和 5 个国际（地区）城市，北京、上海、广州、成都、重庆、武汉、沈阳、昆明、长沙、大连等航班均达到每天一班以上，加密对内对外航线，江苏沿海中心机场航线网络布局基本完成。盐城港"一港四区"建成万吨级码头泊位17个，货物吞吐量大幅增长。目前正加快大丰港区10万吨级深水航道和20万吨级散货泊位、滨海港区10万吨级码头泊位、射阳港区通用码头三期工程、响水港区5万吨级码头群建设。盐城港已成为中韩陆海联运、粮食储运、进口木材、进口活牛、整车进出口"五大特色"基地。盐城至南通（通达上海）高速铁路开工建设，盐城至南京、徐州高速铁路开展路基桥梁施工，盐城至连云港快速铁路完成轨道铺设。沿海综合交通体系基本形成。临空临港的双重优势为盐城加大对外开放提供了有利契机。

三、盐城传统产业高端化、集群化发展

汽车、机械、纺织、化工和农产品加工是盐城传统五大支柱产业。近年来，盐城加快传统产业改造升级，积极实施大企业大集团和品牌创建战略，促进传统产业高端化、品牌化、集群化发展。从汽车产业来看，盐城是江苏省最大的乘用车制造基地，现有汽车整车制造企业5家，汽车零部件企业超过500家，正在全力打造汽车整车、零部件、服务业"三个千亿"产业链，形成了从乘用车、商用车到专用车，从汽车整车到汽车零部件，从传统汽车到新能源汽车完整的汽车产业链条，全力打造东部汽车名城。东风悦达起亚、奥新、悦达专用车、登达汽车等整车企业获得新能源汽车生产资质，是全国少有、全省仅有的同时拥有乘用车、客车和专用车全系列产品的新能源汽车产业基地。奥新新能源专用车成为全国第一家通过3C认证的专用车，具有核心技术、自主知识产权的国内首辆碳纤维新能源汽车也已成功下线。新能源汽车配套企业加速集聚，初步形成从电池关键材料、汽车动力电池到电机电控的新能源汽车关键零部件配套体系。零部件行业涵盖汽车发动机、车用空调、汽车电子线束、汽车变速器、汽车发动机控制器、汽车座椅、汽车注塑及涂装等产品系列，拥有摩比斯、东熙发动机、京信电子、斗源汽车空调、韩一模塑等一批重点零部件企业。从机械产业来看，盐城拥有国家级企业技术中心4个，省级企业技术中心48个，44个江苏省首台套重大装备及关键零部件产品。重点子行业

中石油装备产业规模过百亿，农机装备、泵阀机械、环保机械、风电装备4个产业规模超过50亿元，另有纺织机械、涂装机械、鞋业机械、空压机、抛丸机等5个规模在20亿元左右的镇域产业集群。拥有江苏江淮动力股份有限公司、江苏悦达拖拉机有限公司、江苏东飞马佐理公司等一批10亿元以上企业。整经机、K型拖拉机、矿用变压器、二缸柴油机等产品产销量居全国第一位，中大型拖拉机产销居全国第三位。从纺织产业来看，盐城拥有省级以上技术中心15个，已形成棉纺、化纤、印染后整理、茧丝绸、服装、产业用和家用纺织品等较完整的产业链条，拥有棉纺纱锭400万绽（含气流纺15万头）、毛纺锭7万锭、麻纺锭5万锭、各类织机3万多台，其中无梭织机2万多台，针织服装、毛巾、床单织机等设备5 000多台套，自动缫丝机150组。建有江苏悦达纺织科技园、大丰（上海）纺织工业园、盐城纺织染整产业园等专业园区，东台市富安镇、阜宁县阜城镇等10个纺织特色镇。拥有江苏悦达纺织集团有限公司、江苏德赛化纤有限公司、阜宁澳洋科技有限责任公司、江苏省华宝纺织有限公司、江苏金防纺织有限公司、江苏双山集团等销售超10亿元的重点企业。从化工产品来看，盐城基本形成了以石油化工、盐化工、农用化工、医药化工为主导的化工产业体系。农药、医药化工、香料、食品添加剂、表面活性剂等产品在国际、国内已形成一定优势。以滨海化工园、响水化工园、阜宁澳洋工业园、大丰石化园区等4个专业园区为主要载体，已有近300家企业进入化工园区发展。拥有江苏裕廊化工、大和氯碱、江苏盐海、江苏辉丰农化、江苏丰山集团、江苏克胜集团、江苏吉华化工、联华科技等一批销售超10亿元的龙头企业。从农产品加工来看，盐城把推进农业产业化经营和农产品加工业发展作为现代农业发展的重要举措，农产品加工业发展迅速。建成省级农产品加工集中区7个，全市9个县（市、区）农产品加工集中区规划面积约63平方千米，已建成面积约27平方千米，基础设施已完成投资39.5亿元，进区项目121个，完成投资863亿元。现有国家级农业产业化龙头企业5家，省级农业产业化龙头企业56家，市级293家，初步形成了以粮油产品加工和水产品加工为主的农产品加工格局。

四、盐城新经济发展日益壮大

良好的资源优势、区位优势和生态优势，为盐城新经济发展创造了优良的外部条件。盐城成为新能源、汽车及新能源汽车、节能环保、现代农业、大宗商品港口物流等国家级产业基地。近几年，盐城新能源产业、信息产业、大数据、云计算、环保产业、海洋装备、生物制药和海洋产业等新经济取得重大发展，创新型经济集群呈现出较快增长趋势，正在成为经济增长的新动力。大力发展新能源、节能环保等新兴产业，主营业务收入突破 1 200 亿元，成为国家战略性新兴产业区域集聚发展试点城市；创新能力不断增强，获批国家可持续发展实验区、国家创新型试点城市、国家信息消费试点市，市开发区软件园获批国家级科技企业孵化器。盐城高新区获批国家级高新区，城南新区、建湖高新区建成省级高新区，建设市开发区、高新区、环保科技城、智慧科技城"两区两城"标志性产业创新高地，获批国家创新型试点城市。

盐城不断培育壮大新能源、节能环保、大数据、智能终端、高端装备与新材料等新兴产业，新兴产业主营收入每年增速都保持在 20% 以上。从新能源产业来看，盐城作为中国沿海最重要的清洁能源生产基地，已形成了从风电设备到风力发电、从太阳能电池到太阳能电站的新能源及其装备产业链条。先后被列为国家海上风电产业集聚发展试点城市、国家新能源海水淡化产业发展试点城市和国家第一批创建新能源示范城市。盐城沿海风力资源丰富，风电规划容量 1 470 万千瓦，拥有江苏省 70% 的风电资源。沿海建成 225 万千瓦陆上风电场，响水三峡等 4 个装机容量共 80 万千瓦的海上风电项目已开工建设。与国家"973"计划大规模非并网风电系统技术研究课题组合作，共建国内首条具有现代化水平的日产 5 000 吨非并网风电淡化海水生产线。盐城已形成以华锐风电、上海电气、金风科技、协鑫风电等国内外行业巨头为核心的完整风电产业链。盐城光照资源丰富，年平均日照 1 400 小时左右，拥有江苏省 50% 的光伏资源，华电尚德、中节能、天合鸿海、协真吉阳等一批行业领军企业相继落户盐城，900 兆瓦光伏电站已并网发电，产业镇基本涵盖硅料、硅片电池片、电池组件、应用系统五个环节。盐城海水淡化产业被列为国家试点城市，利用全球首创非并网风电淡化海水集成系统技术，解决荒地、海岛地区淡水紧缺问题，海水淡化成套设备远销印度尼西亚、马尔代夫等国家。从节能环保产业来看，形成环保装备、环保滤料和节能电光源三大产业特色。全国烟气治理前10强企业已有6强在盐城落户，高效选粉机、静电除尘器、袋式除尘器、电装复合除尘器在全国市场占有率达30%以上。节能电光源产业集聚了豪迈、日月、东林、亚明等龙头企业，建有全国首个节能电光源国家地方联合工程中心。环保滤料以东方、正大、华隆等骨干企业为支撑，总体规模挤入全国前四强。全市节能环保领域拥有中国驰名商标5个、省著名商标5个。省名牌产品10个，先后获得"国家环保装备高新技术特色产业基地""全国节能电光源制造基地""国家环保滤料火炬计划特色产业基地"等称号。从大数据产业来看，在华东地区率先布局大数据产业，规划面积30平方千米的盐城大数据产业园正在加快建设，2平方千米核心区内已建成各类载体面积1平方千米，已获批国家级大数据产业基地、江苏省大数据产业园、省级软件园等，建成苏北首条互联网国际通信专用通道；已落户华为、软通动力、华夏脉络、中润普达等大数据项目200多个。南京邮电大学盐城大数据研究院等研发机构相继落户园区，中关村（盐城）大数据产业联盟已挂牌成立。入驻园区的"两院"院士和国家"千人计划"专家达22名，省市"双创"领军人才23名。盐城大数据产业被列入江苏省特色优势产业培育计划，成为全省唯一的省市合作共建大数据产业园。从智能终端产业来看，智能终端产业产品涵盖智能手机、智能穿戴、智能安防、智能家居等多个领域，初步构建起从核心部件到品牌整机，硬件生产到软件研发的全产业链。智能终端产业园已入驻赛博宇华、三鼎电子、峰汇智联等项目，初步形成项目落户、产业集聚发展的良好态势。到2020年，致力打造十大品牌、百家企业、千亿级产业基地，建成华东地集研发、设计、制造、服务于一体的智能终端产业基地。从高端装备产业来看，从事或涉足高端装备生产研发的企业150多家，占全市机械装备制造业比重达到15%左右，用于省级以上企业研发机构近60多家，其中国家认定企业技术中心3家。智能制造、专用装备及部分关键零部件领域涌现出一批竞争力较强的重点企业和高新产品。长虹汽车工业涂装机器人、象王起重机EHM350－1高架吊港口起重机、谷登特大型智能化非开挖水平定向钻机、丰东热技术VKNQ系列真空高压气淬炉、神泰科技高强度化纤生产装备、中联电气特大容量矿用移动式变电站等产品达到国内领先水平和国际先进水平。与此同时，轨道交通装备、海洋工程装备、3D打印等领域也开始发展。从新材料产业来看，盐城加快发展新材料产业，重点发展金属新材料、复合新材料、石墨新材料、建筑新材料等领域，产品及技术水平具有特色和优势，初步形成了响水金属新材料生产基地、射阳建筑新材料产业园等特色园区。从现代服务业来看，全市共建成现代物流、科技信息等八大类市级以上服务业集聚区31家，其中省级现代服务业集聚区8家，集聚区数量位列苏北首位。积极实施服务业发展“三年行动计划”，推动31个市级以上服务业集聚区提档升级，推进服务业重点项目加快建设，促进金融服务、现代物流、汽车服务、科技服务等生产性服务业提档加速，生产性服务业增加值占服务业的比重达41.5%。适应消费升级新趋势，大力发展电子商务、文化创意、旅游休闲、健康养老等新兴服务业，推动实体零售等传统商贸流通业创新转型。①

五、盐城沿海开发取得重大成效

“十二五”期间，盐城抢抓国家战略机遇，坚定不移地推进沿海开放开发，沿海发展取得重大进展。沿海地区成为活力最强、增长最快的重要经济板块，沿海开放合作取得新进展。“东向出海、南接沪深、西向开拓、北连央企”的全方位开放格局初步构建。沪苏大丰产业联动集聚区及苏盐、盐常等合作共建园区加快建设，国家级滩涂综合开发试验区建设取得

① 刘吉双.《江苏沿海地区经济增长新动力源泉研究》和《新经济发展指数编制与应用》. 北京:中国经济出版社,2016、2017。

新的进展。新经济增长迅速，创新创业成为新引擎。悦达集团成为千亿元级企业。现代服务业初具规模，建成大数据产业园、金融城、中汽中心盐城汽车试验场等一批现代服务业集聚区，服务业增加值年均增长13%。农业现代化进程综合得分居苏北第一位。

载体平台是产业集聚的发展基础和开放型经济发展的标志，目前，全市建有11个省级以上开发区、4个省级以上高新区、8个省级服务业集聚区、11个重点经济区。已有韩国现代起亚、摩比斯，美国微软、惠普，法国佛吉亚，德国黛安芬等一批世界500强和知名跨国公司投资落户。11个省级以上开发区有：①国家级盐城经济技术开发区。产业定位为汽车、新能源汽车、光伏光电、电子信息、跨境电商、现代服务业。②亭湖经济开发区。产业定位为大力发展节能光电、智能装备、电子信息、文化创意等新兴特色产业，下设江苏亭湖光电产业园、上海嘉定汽车产业园亭湖工业园、亭湖文化创意产业园3个专业园区。③东台经济开发区。产业定位为电子信息、装备制造、新材料。④大丰经济开发区。产业定位为新能源新材料尚配及高端装备制造电子信息现代服务。⑤射阳经济开发区。产业定位为围绕“一架飞机、一部汽车、一盏明灯”三大主导产业和云计算、智能制造两大特色产业，正加快打造航空科技城、新能源汽车产业园、LED照明产业园、智慧产业园、智能制造产业园五大特色专业园区。⑥大丰港经济开发区。产业定位为临港产业、战略性新兴产业、现代服务业。⑦阜宁经济开发区。产业定位为新能源（包括风电装备光电光伏和新能源汽车）新材料，节能环保三个战路新兴产业和机械电气轻工食品两个传统特色产业。⑧建湖经济开发区。产业定位为重点发展节能电光源、高端装备、电子信息等一批新特产业项目。⑨滨海经济开发区。产业定位，先进装备制造、新能源材料、汽车及零部件和电子技术。⑩响水经济开发区。产业定位为新型绿色建材、机械电子、高端纺织服装，智能制造。⑪射阳港经济开发区。产业定位为健康产业、新材料产业、新能源及其装备产业、现代物流产业。

4个省级以上高新区有：①盐城高新技术产业开发区。产业定位为重点发展智能终端、高端装备、新能源融合发展现代物流、商务商贸、汽车消费、电商快递；生态涵养区适度发展观光农业、旅游度假、休闲养生。②江苏省盐南高新技术产业开发区。产品定位为大数据、都市工业等新兴产业。③江苏省建湖高新技术产业开发区。产业定位为通用航空产业，以石油、石化装备为主的高端装备产业，新能源汽车及零部件产业，新一代信息技术和软件产业，商贸流通及现代服务业。④江苏省盐城环保高新技术产业开发区。产业定位为大气治理、水处理、固废处理和新型材料。

8 个省级服务业集聚区。①盐城现代物流集聚区。产业定位为主导产业物流业和智能装备产业。②盐城城西南现代物流集聚区。产业定位为以生活消费品型物流为主，生产型物流为辅的区域性商贸物流中心。③大丰港现代物流集聚区。产业定位为大丰港物流园区已初步形成了涵盖海运装卸、联运、代理、供应、检验检疫、保险、金融电商仓储配送内容丰富的现代物流综合服务体系，未来将全力打造特色加工商贸展示配套等功能于一体的现代化区域性国际综合物流园区。④盐城国际软件和服务外包产业集聚区。产业定位为"互联网 + 汽车""互联网 + 工业""互联网 + 医疗"。⑤盐城汽车及零部件生产服务业集聚区。产业定位为汽车 + 文化、汽车 + 智慧、汽车 + 服务。⑥盐城聚龙湖商务服务业集聚区。产业定位为以基金、证券等金融服务，咨询策划、广告营销、会展会务等商务服务为主导，兼顾发展现代商贸、都市观光等现代服务业。⑦江苏省里下河物流集聚区。产业定位为园区规划"五横两纵"道路框架，布局港口作业区、仓储堆场区、加工配送区、市场交易区、综合配套服务区等功能区，形成公路、铁路、水路多式联运，建成与石油机械特色产业发展相适应，与生产性企业相配套，具有转运分拨、仓储集散、批发交易、加工配送、商贸服务等功能为一体的现代综合物流园区。⑧盐城东台科技服务业集聚区，集聚区以研发设计、电子商务、软件信息、物联网、云计算等高技术服务业为重点，是生态型、开放型、智能型现代服务业集聚区。

11 个重点经济区。①滨海新区，发展临港大工业，构建石化及化工新材料、金属冶炼及金属新材料、高端装备制造及服务、资源循环利用四大产业模板。②东台沿海经济区，重点发展新能源、装备制造、大健康、生态旅游。③滨海港城经济区，淮河流域入海的枢纽港、淮河生态经济带门户城市、国家级能源化石产业基地、国家级旅游度假区。④滨海沿海工业区，新医药、新材料。⑤阜宁高新技术产业开发区，已经形成以功能性纤维、化工新材料和高技术制造为支撑的格局。⑥大丰高新技术产业开发区，智能终端、新能源、生命健康、大数据软件和现代服务业等新兴产业。⑦东台高新技术产业开发区，纺织印染及服装加工、造纸及纸制品、机械加工、电子信息及新型电子邮件等。⑧响水工业经济区，合金新材料、再生资源、新能源和临港产业。⑨东台科技服务业集聚区，以科技孵化、科技中介、检验检测等科技服务业为重点，以研发设计、电子商务、软件信息、物联网、云计算等高技术服务业为补充，以金融服务、商务服务和配套生活服务等相关现代服务业为支撑，主要面向新材料、机械装备、电子信息产业的应用型科技服务业集聚区。⑩苏州盐城沿海合作开发园区，重型装备、新能源、新材料、临港工业，商业综合体等。⑪常州高新区大丰工业区，机械、电子和新材料，重点发展高端装备制造、新能源新材料、电子信息产业。

盐城是江苏省农业大市，也是高效农业面积第一市。粮食、棉花、油料、蔬菜、生猪、家禽、水产、果类、蚕茧等主要农业产品产量均居江苏省首位。2012—2014 年，盐城连续三年被评为全国粮食生产先进市。江苏最大的农副产品生产基地。有 7 个县（市、区）通过了省无公害农产品产地整体认定，全市拥有无公害农产品 1 775 个，绿色食品 244 个，有机农产品 63 个，地理标志农产品 15 个，农产品出口示范基地 20 家。有 9 个县（市、区）通过省级无公害农产品产地整体认定，“三品”认证数量和“三品”基地占耕地比重均居江苏省前列。一大批“名特优”农产品驰名中外，“射阳大米”位居中国农产品区域公用品牌价值评估第 11 位，成为江苏“第一米”。建湖“三虹”牌有机大米获第七届中国国际有机食品博览会金奖。富安桑蚕生丝、东台西瓜获中国名牌产品，宁富、星云等获中国驰名商标，盐城龙虾获欧盟地理标志保护农产品；洋马菊花、滨海白何首乌、裕华大蒜、灌河四鳃鲈鱼、东台蚕茧、阜宁大糕、建湖大米、响水浅水藕等被评为国家地理标志农产品。

六、盐城港口是江苏重要海上对外贸易口岸之一

盐城港位于江苏东部沿海的中部区域，作为长江三角洲和江苏省的重要组成部分，盐城港向北与连云港相连，向南则与南通、泰州相连，向西与淮安、扬州等相连，拥有 582 千米的海岸线，约占江苏海岸线的 60%，主要由陈家港港区、射阳港区、滨海港区和大丰港区四个港区组成，是苏北地区以及淮河流域的重要对外贸易口岸之一。作为江苏省重要的港口之一，盐城港主要经营石油化工、通用散杂货和集装箱运输等业务，并正在向集多功能于一体的综合性现代化港口发展。当前，盐城港已经成为盐城市进一步加快推动工业化进程，实施海洋开发战略的重要支撑，同时也是促进盐城产业结构优化和外向型经济发展的重要依托。作为与连云港的组合港以及上海国际航运中心的喂给港，盐城港的发展对长江三角洲经济的带动和国家海上丝绸之路建设都将起到重要的节点作用。

七、盐城生态海盐文化历史悠久

盐城是江苏省海岸线最长、滩涂面积最大、湿地资源最多的地级市。这片壮阔的海岸线上，拥有黄海国家森林公园和大丰林海、盐城海滨、盐城华都三个省级森林公园。同时，沿海百万亩生态防护林工程正在加快建设，盐城大规模国土绿化稳步推进。盐城拥有太平洋西海岸、亚洲大陆边缘最大的海岸型湿地，盐城素有“东方湿地之都”的美称。被列入世界重点湿地保护区。湿地总面积达 77 万公顷，占全省湿地面积的 27.2%，是江苏省湿地面积最大的地级市，市域西部地处里下河区腹地，大纵湖、九龙口、马家荡等湖泊水域面积近百平方千米，为典型的浸湖型湖荡湿地，原始生态环境保持较好，有“金滩银荡”之称。湿地保护区建有世界上第一个野生麋鹿保护区和国家级珍禽自然保护区，盐城拥有丰富的自然、人

文和生态资源，有“仙鹤神鹿世界”的美誉，为联合国人与自然生物圈成员。天蓝、地绿、水清，是盐城生态环境的彰显；绿色、低碳、循环，是盐城发展理念的追求。拥有两个国家级自然保护区，世界野生丹顶鹤和麋鹿种群数的 60% 和 33% 生活在这里，被列入世界重点湿地保护区。江苏盐城国家级珍禽自然保护区成立于 1983 年，1992 年晋升为国家级自然保护区，是全球丹顶鹤最大的越冬地、中国最重要的沿海盐碱滩涂湿地生态系统。大丰麋鹿国家级自然保护区，坐落于中国四大湿地之一的南黄海湿地上，总面积 78 000 公顷，其中核心区 2 668 公顷，是迄今世界上第一个也是最大的重返大自然野生麋鹿自然保护区。

盐城是一座生态宜居的水城绿都，拥有清洁优美的城市人居环境，随着新水源地及跨区域引水工程的加快推进，水安全、水资源、水生态、水景观、水文化“五位一体”的格局逐步形成。盐城素有“百河之城”的美誉，这里绿水绕城，绿树成荫，随处可见“林在城中，城在林中，水绿交融，人与自然和谐统一”的美景。盐城以“ 环城皆盐场”而得名，至今已有 2100 多年的产盐历史，拥有全国唯一一座反映悠久的中国海盐历史文明的大型专题博物馆——中国海盐博物馆。汉末“建安七子”之一的陈琳，文雄海内、蜚声华夏；范仲淹修筑范公堤，泽被后世、世人传颂……盐城是名副其实人文荟萃之地。盐城崇文厚德、文化繁荣。淮剧的经典在这里唱响，杂技的魅力在这里绽放，独特的海盐文化彰显出她的风采与内涵。淮剧原名江淮剧，距今已有 200 多年的历史。优秀中青年淮剧演员梁国英、王书龙、陈澄先后获得戏曲演员最高奖“梅花奖”。2016 年 11 月，现代戏淮剧《小镇》荣获“中国第十五届文华大奖”。淮剧被列入国家级非物质文化遗产名录。盐城市“建湖杂技”发源于江苏省建湖县境内“十八团”杂技，相传两千余年，为中国杂技三大发祥地之一。“建湖杂技”保护传承的唯一载体——江苏省杂技团先后赴亚、欧、美等 50 多个国家和地区演出交流创新精品节目 200 多个，多次荣获国家“金菊奖”“文华奖”，《扇舞丹青》获吴桥国际杂技艺术节“金狮奖”，音乐杂技剧《猴》在美国纽约林肯艺术中心连续商演 27 场。此项目列入国家非物质文化遗产名录。

盐城商业繁荣，城市繁华。金鹰国际购物中心、中南世纪城、商业大厦、万达广场、麦德龙、金融城、先锋岛国际广场等大型城市综合体密集分布。东郊迎宾馆、驿都金陵、水城度假酒店、悦达国际大酒店、明城锦江大酒店、瀛洲宾馆等高星级酒店与经济型品牌连锁宾馆遍布全市。影城、KTV、酒吧、沐浴、健身等娱乐休闲设施众多。盐城中学、盐城市第一小学、解放路学校、多伦多国际学校、枫叶国际学校等十多所学校提供高质量的教育。[①]

① 资料来源：中韩（盐城）产业园有关介绍文献。

第二章　中韩（盐城）产业园建设概况

2014年中韩两国达成“共同建设中韩产业园”的共识。2015年6月1日，中韩自贸协定（FTA）正式签订，盐城被确定为中韩产业园地方合作城市。2015年10月31日至11月2日，李克强总理访韩期间，《中国商务部与韩国产业通商资源部关于在自贸区框架下开展产业园合作的谅解备忘录》正式签署。2017年12月11日，国务院同意设立中韩（盐城）、中韩（烟台）和中韩（惠州）产业园，要求认真落实创新、协调、绿色、开放、共享的发展理念，以深化改革、扩大开放为动力，充分发挥对韩合作综合优势，打造中韩地方经济合作和高端产业合作的新高地。要积极落实中韩自贸协定有关规定，加快复制推广上海等自贸试验区改革试点经验，努力把中韩产业园建设成为深化供给侧结构性改革、加快建设创新型国家、推动形成全面开放新格局的示范区，中韩对接发展战略、共建“一带一路”、深化贸易和投资合作的先行区。①

第一节　中韩（盐城）产业园区位及规模

盐城与韩国隔海相望，“海空走廊”便捷，作为江苏省的韩资密集区，拥有现代起亚、摩比斯、现代制铁等韩资企业近1 000家，总投资超50亿美元，韩国已成为盐城最大的外资来源国和贸易伙伴国。盐城与韩国南原、大邱、首尔城北区结为友好城市，每个县（市、区）都有韩国友好城

① 资料来源：国务院关于同意设立中韩产业园的批复（国函〔2017〕142号）。

市。国际学校、国际会展中心、汽车主题公园、新嘉源人才公寓等功能设施投入使用，国际医院、韩国社区、汽车博物馆等正在建设。2 万多名韩国人常年在盐城工作与生活，韩国元素随处可见，盐城已经成为韩国友人的第二故乡。盐城全方位拓展对韩经贸交流合作，正按照第四代中外合作园区的建设理念，着力营造一流环境，集聚一流项目，打造一流园区，加快推进中韩（盐城）产业园规划建设。

一、中韩（盐城）产业园区位

盐城地处"一带一路"和亚太自贸区建设的交汇区域，是江苏省三大沿海城市之一，在中韩产业园合作发展中具有独特的区位优势。其作为目前江苏省唯一、全国第十家拥有海港、空港、三个一类开放口岸的城市，已经形成了集高速公路、城市内环高架、铁路、航空、海运为一体的现代交通网络，是江苏沿海和淮河经济带对外开放的重要门户。盐城作为中韩对接发展战略、共建"一带一路"的重要节点城市，与韩国地缘相近，经贸往来频繁。近年来，韩国已成为盐城最大的外资来源储备国，两地之间致力于建立贸易伙伴关系，文化交流不断深入。2015 年 6 月 1 日，中韩自贸协定正式签署，盐城被确定为中韩产业园首批合作城市，成为韩国在华投资发展产业集聚基地、韩国对华贸易物流集散基地、中韩友好交往窗口城市、韩国游客首选目的地城市。自 2017 年 12 月 11 日国务院办公厅发布了关于同意设立中韩产业园的批复，同意在江苏省盐城市设立中韩（盐城）产业园起，盐城与韩国的经济往来进入了新的进程。中韩（盐城）产业园将按照第四代中外合作园区要求建设，产业园的总体规划面积为 210 平方千米，其中启动区占 45 平方千米，着重打造包含盐城经济技术开发区、城南新区以及大丰港经济区在内的"一园三区"的发展格局。其中的"一园"指的是中韩（盐城）产业园，"三区"指的是以盐城经济技术开发区为核心的"核心区"和以盐城经济技术开发区、盐城城南新区和大丰港经济区为重点的"主体区"，以盐城市域内的省级开发区为载体的"联动区"，形成集聚全市最优质资源共建中韩（盐城）产业园。产城融合核心区依托国家级盐城经济技术开发区，规划面积约42平方千米，重点发展汽车（包括新能源汽车、智能网联汽车）、电子信息、新能源装备、现代服务业等合作产业。临港产业配套区依托大丰港国家一类开放口岸，规划面积约8平方千米，重点发展高端装备制造、新材料、海洋生物、保税仓储物流等产业。

二、中韩（盐城）产业园规模

中韩（盐城）产业园总体规划调整后包括产城融合核心区、服务业集聚区和临港产业配套区，依据相关城镇规划，重点发展汽车、新一代信息技术、智能制造等产业以及以汽车服务业为主的现代服务业。服务业集聚区重点发展大数据基础应用、大数据研发孵化及上下游配套产品制造，以及健康产业、文创旅游、现代商贸等都市产业。截至2018年10月，盐城累计落户企业3 730多家，其中韩资企业260家；累计注册外资实际到账26.85亿美元，其中韩资19亿美元；累计实现外贸进出口总额205.58亿美元，其中对韩进出口额达99.2亿美元。2018年，盐城新签约韩资项目22个，总投资13.3亿美元，协议利用外资2.29亿美元。截至2019年2月，中韩（盐城）产业园基金出资项目已有22个，投资总金额达69.29亿元。其中，作为盐城最大的中韩合资企业，东风悦达起亚现已开办3家汽车分厂，汽车总销量超过500万辆，已然成为中韩产业合作发展的典范。

三、中韩（盐城）产业园发展定位

盐城市政府在其核心区——盐城经济技术开发区启动编制河东新城整合规划和开发区控规编制工作。中韩（盐城）产业园在建设过程中充分发挥盐城市与韩国相关市县的优势，规划建设“十大功能”载体平台、“十个联动区”，加快发展合作产业，预计2020年形成“十大产业”基地，建成韩国在华投资产业集聚基地、对华贸易物流集散基地、韩国游客首选目的地城市、中韩友好交往窗口城市，把盐城进一步推向对外开放的前沿，成为江苏省呼应“一带一路”倡议新的重要支点和平台，成为江苏省乃至全国对韩交流合作新的重要通道和基地，成为影响和促进江苏沿海开放发展的重要窗口和纽带。根据中韩自贸协定的总体要求，由商务部国际贸易经济合作研究院、国家发展改革委对外经济研究所、新加坡邦城规划顾问公司编制中韩（盐城）产业园总体规划，形成了以国家级盐城经济技术开发区为核心区的“一园三区”发展格局，重点发展汽车（新能源汽车、智能网联车）和新一代信息技术产业，到2020年，中韩（盐城）产业园GDP将突破1 000亿元。到2030年，形成产业链条比较完整的现代产业体系，建成国际一流生态园区、营商和居住相宜的现代化新园区、对韩开放体制机制新园区、韩国游客首选目的地城市。

四、中韩（盐城）产业园发展的基础条件

1. 自然资源良好

（1）生态环境优越。盐城拥抱淮河面向大海，市域东部拥有太平洋西海岸、亚洲大陆边缘大的海岸型湿地，被列入世界重点湿地保护区，湿地保护区内建有世界上第一个野生麋鹿保护区和国家级珍禽自然保护区，为联合国“人与自然生物圈 ”成员 。生态环境持续改善，绿色发展已经成为盐城的鲜明特色。

（2）建设受自然条件限制和约束小。盐城市域地貌以平原为主，整个市域气候温和，物产丰富，突发性恶性自然灾害发生频率较低，人居环境优良。土地开发难度小 ，可利用水资源充沛，水系发达，航道条件基础好，产业发展、城镇建设受自然条件限制和约束小，是长三角不可多得的工业化、信息化、城镇化 、农业现代化协同推进区域 。

（3）空气质量好。自2013年1月生态环境保护部对全国74个重点城市排名以来，至2018年8月，盐城市连续5年排名全省第一，使盐城市真正成为一个“让人打开心扉”的地方。

2. 生产要素充沛

（1）劳动力充足。截至2018年年底，盐城农村户籍人口477万人，从2018年盐城从业人口统计数据来看，其中第一产业从业人员95.9万人，大部分农业从业人员就业不充分。在长三角地区普遍“招工难”的情况下，充足的劳动力资源是盐城产业转型升级的有力支撑。

（2）土地资源充沛。中韩（盐城）产业园按“一园三区”发展布局，“一园”即中韩（盐城）产业园，“三区”即盐城经济技术开发区、盐城城南新区和大丰港经济区，总规划面积为210平方千米，启动区45平方千米，为后续发展提供了充足的土地资源。

3. 地理位置优越

（1）“一带一路”城市。市政府明确盐城市将以共享蓝色空间、发展蓝色经济为主线，依托空港、海港、三个国家一类开放口岸，进一步与“一带一路”沿线国家和地区加强战略对接、创新合作模式、搭建交流平台、完善推进机制，开展全方位、多层次、宽领域的海洋合作，重点打造“一带一路”，建设海上合作“两城两区”，以抢抓用好“一带一路”交汇点、江苏沿海开发、中韩（盐城）产业园发展机遇，更加主动地融入长三角一体化、长江经济带和淮河生态经济带协同发展。

（2）长三角城市群重要成员。盐城作为苏北唯一一个入选长三角城市群的成员，有了与其他城市互动的平台，将提升盐城的资源配置，完善和壮大盐城的产业结构，持续完善综合交通运输体系，加快铁路、机场、港口、公路等方面的建设推进力度，不断满足群众对美好生活的需要，在交通强省建设中发挥盐城作用。

（3）江苏沿海开发中心节点城市。盐城临海不靠海，距离海岸最近直线距离约50千米，虽然没有大江大河，但利用水网地区的内河道路疏浚成运海。依托盐城市—大丰区—大丰港现有的城镇，逐步形成一个串联式城市带。规划设想这个城市带由盐城市、大丰区、新丰镇、裕华镇、南阳镇、上海农场、大丰港等城市为核心组成，其中，又以盐城市为整个城市带的核心。这个串联式城市带将是未来盐城的经济、文化和行政中心。①

第二节　中韩（盐城）产业园产业状况

中韩（盐城）产业园充分发挥中韩双方的基础优势，以中国沿海汽车城、韩资工业园、盐城综合保税区、盐城未来科技城、韩国社区、国际美容健康城、生态智慧康居城、盐城海港、盐城空港、韩国风情园为十大功能平台，重点发展“十大合作产业”。①汽车产业。现已形成东风悦达起亚为龙头，摩比斯、国际汽车试验场等为配套的汽车全产业链，“十三五”期间实现整车、零部件、服务业3个千亿目标，建成国内汽车产业链最完整的产业基地。②新能源汽车产业。以奥新碳纤维、轻量化新能源汽车为龙头，以长三角新能源汽车研究院为平台，加快推进奥新15万台、东风悦达起亚5万台新能源汽车项目，广泛开展技术合作，与行业领军企业投资战略合作，加快拥有自主知识产权、轻量化、纯电动核心技术的新能源汽车产业链。③“互联网+”产业。加大与韩国ICT、明氏等未来科技领域的合作力度，积极推动众包、众筹、众创、微客等新型制造模式发展。全力推进互联网与工业、商贸、金融等行业深度结合。④智能装备制造产业。抢抓“中国制造2025”、韩国制造业创新3.0的战略机遇，加快发展远程医疗设备、特种机器人、工业机器人、服务机器人产业，重点发展智能制造成套成线装备、智能装备、智能测控装置与部件等三大领域。⑤光伏光电产业。围绕光能源、光显示、光照明三大领域，加快与重点企业合作，加快形成比较完整的太阳能光伏、LED照明产业链和光显示产业集群，打造中国东部“光谷”。⑥跨境电商产业。放大盐城综合保税区的功能优势，与韩国摩比斯等跨境电商合作，打造全国领先的区域性商贸物流中心、电子商务与现代物流产业融合发展的核心聚集区。⑦健康美容产

① 骆祖春，赵坚. 中韩（盐城）产业园发展的基础条件[J]. 金陵科技学院学报，2017(4).

业。规划建设国际美容健康中心，与韩国 GCT 株式会社、美容健康产业发展基金、德琳整形外科医院等加强合作，着力打造“韩国美容、盐城品牌”。⑧大数据产业。加快建设 10 万平方米的大数据中心，致力打造云存储绿色数据中心、重点行业大数据应用产业基地、大数据创新创业孵化基地。⑨现代服务业。围绕培育千亿汽车服务业，加快打造 8 个汽车服务业中心；加快发展临港物流、高端服务业、旅游业、文化创意产业。⑩重型高端装备制造业。重点发展新能源风电装备、港口机械、海工装备、冶金装备等为主的重型装备制造业，加快建设重型装备研发、生产、制造基地。[①] 汽车制造业是中韩（盐城）产业园主要产业。是作为盐城重要支柱产业之一的汽车制造业，每年可以提供相当可观的产值收益，而东风悦达起亚作为盐城汽车制造业的龙头企业，入驻之际便拥有韩国合资背景，见表 2-1，表 2-2。

表 2-1　盐城 2014—2018 年汽车制造业工业产值　　单位：万元

年份	2014	2015	2016	2017	2018
汽车制造业工业产值	1 120	1 124	1 170	1 251	767

资料来源：盐城市统计局，http：//tjj. yancheng. gov. cn/.

表 2-2　东风悦达起亚 2014—2018 年销售汽车数量　　单位：万辆

年份	2014	2015	2016	2017	2018
销售数量	64.6	61	65	36	37

资料来源：中国统计信息网，http：//www. tjcn. org.

从表 2-1 和表 2-2 可以看出，在中韩（盐城）产业园尚未成立之际，盐城已经拥有重要汽车产业基础，由东风悦达起亚为主导的韩资汽车制造企业拥有一个稳中向上的发展势头，是盐城汽车制造与工业生产总值稳步上升的重要基础，虽 2017 年受“萨德”与中韩关系复杂化的影响，

① 中韩产业园．盐城新闻网．2019-03-26. http://special. ycnews. cn/2016/0829/236817. shtml.

销售量呈下行趋势，仍不影响东风悦达起亚在盐城的重要地位。"萨德"印象逐渐消散后，韩资企业开始复苏，东风悦达起亚利用产业集群和市场优势等方面重新崛起。汽车产业集中度高，由于盐城主要以发展汽车制造业为主，发展集中，作为中韩合资企业的东风悦达起亚汽车每年的销售额是整个盐城市 GDP 的重要组成部分，这就使得该城市行业的产业集中度较高。

东风悦达起亚汽车公司作为中韩合资企业，在盐城市汽车行业的发展中占据重要地位。从图 2－1 中 2015 年和 2016 年的数据可以看出，东风悦达起亚的销售额分别为 1 022. 02 亿元和 1 170. 7 亿元。同年，盐城市整个汽车行业的销售额分别为 1 236 亿元和 1 306 亿元。东风悦达起亚汽车占整个汽车行业的比重分别为 82. 7% 和 89. 6% ，2016 年相较于 2015 年所占比例增加。这说明东风悦达起亚汽车公司的销售额在盐城市汽车市场中所占的市场份额大，汽车产业的集中程度也很高。

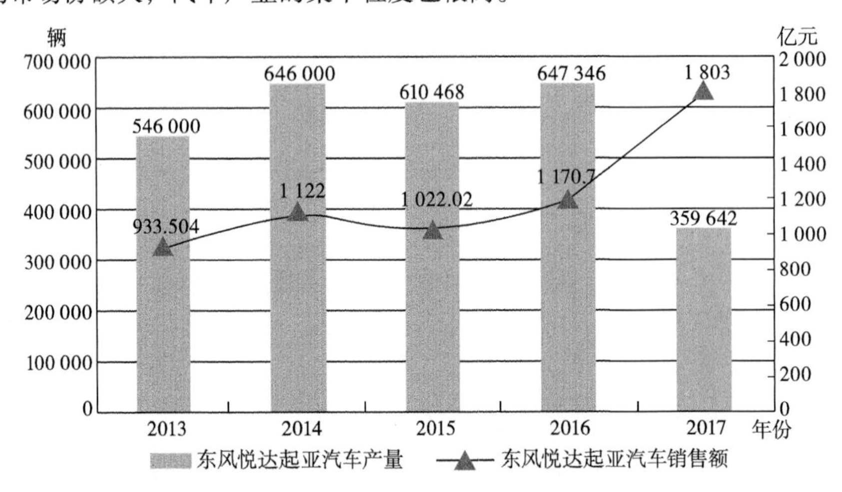

图 2－1　盐城市东风悦达起亚汽车销售情况

资料来源：根据盐城市统计局报告总结所得。

中韩（盐城）产业园区产业正迈向高端化。中韩（盐城）产业园是以政府为主导的合作性产业园，盐城市政府更倾向于对中高端技术型产业展开合作发展。对盐城来说，外方在技术理念方面更加先进成熟，在经验上更加丰富，可以带动盐城相关产业往高质量、高端化发展。从图2－2中我们可以看出，盐城的高新技术企业在中韩（盐城）产业园成立之前呈一个缓慢稳定增长的状态，而在产业园成立之后折线图有一个明显向上的趋势，高新技术企业数量有了明显的增幅，盐城市正是以中韩（盐城）产业园为契机，吸取韩国在高端制造业等高技术领域的成熟经验，加快高端产业的发展。

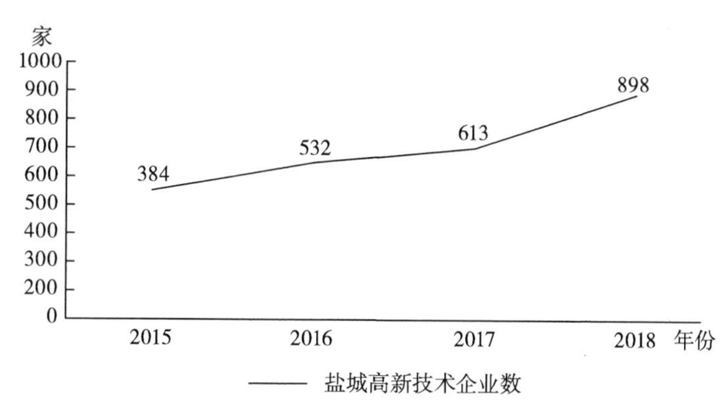

图2－2 2015—2018年盐城高新技术企业数量情况

资料来源：中共江苏省委新闻网，http：//www. zgjssw. gov. cn/.

第三节 中韩（盐城）产业园扶持政策

盐城市政府在政策上全力支持，组织成立了由主要领导亲自挂帅的领导小组，专门负责园区的建设工作。努力实现管理法制化、投资便利化、金融国际化、贸易自由化，为韩国企业在园区内的发展创造有利条件。中韩（盐城）产业园是由中韩自贸协定签订后，经中韩两国协商批复后所成立的产业园。经国务院批复后，江苏省委、省政府也对中韩（盐城）产业园的发展大力支持，先后公布近20条对产业园的扶持政策，并设立了中韩（盐城）产业园发展基金。2018年年末，《中韩（盐城）产业园建设实施方案》获江苏省政府批准实施，提出按照我国“第四代园区”的建设要求，更高水平的推动中韩（盐城）产业园高质量建设，在原有基础上进行产业优化，加强人才的引进，努力把中韩（盐城）产业园打造成政府主导型的国际合作园区新典范。该方案要求牢固树立新发展理念，牢牢把握高质量发展，以深化改革、扩大开放为动力，发挥盐城市对韩合作的综合优势，积极落实中韩自贸协定，加快复制推广自贸试验区改革试点经验，以新技术、新产业、新模式、新业态为核心，加快建设实体经济、科技创新、现代金融、人力资源协同发展的产业体系，努力实现探索性发展、创新性发展、引领性发展，为全省经济高质量发展和“一带一路”交汇点建设提供有力支撑。[①]

一、资金扶持

盐城市政府设立了中韩（盐城）产业园发展基金，全力支持园区建设发展。优先提供资源保障，扩大投资开放领域。在全省率先开展人民币跨境结算便利化试点，并充分发挥财政杠杆作用。积极参与中韩产业投资基金建设，引导市场基金参与产业园的建设。将政府职能与市场机制有效结合，鼓励相关企业参与并组建产业园基金运营管理公司，支持将专项基金用于重大项目投资，有效利用新旧动能转换基金。

二、土地政策

政府加强资源要素倾斜力度，强化规划用地保障，盘活土地存量，秉持节约集约用地原则，合理布局中韩产业园用地，在用地用海等方面严格按照国家相关政策给予支持。明确每一块建设用地的规划建设标准、能耗标准、污染排放标准等指标，实行“标准地”模式。项目从土地招标到开工建设，采用一次性承诺机制，公开、公正、公平。创新土地供应模式，针对各类园区的不同情况，将区域内可用的规划指标中的土地向园区优先集中分配。建立土地使用奖励机制，除房地产项目用地外，各类产业用地

① 资料来源：中韩（盐城）产业园建设实施方案（苏政发〔2018〕121 号）.

均可采取长期租赁、先租后让、弹性年期出让等多种方式取得土地出让权。争取对国家级园区进行土地指标直供或奖励。

三、人才机制

中韩（盐城）产业园加强产业培育引导、提升出入境便利化水平、支持韩国中小企业商品交易中心和园区创牌、推进中韩两地青年创业就业、健全完善配套服务功能等方面大力扶持。建立新的选拔任用标准，加强园区领导班子和园区管委领导班子建设，下放园区干部选拔任用权。制定实施更加积极开放的引才育才政策，落实创业扶持资金等政策措施，合理利用激励政策，吸引各类精英人才服务园区，为人才创新创业提供相关的保障机制和政策。

四、行政审批改革

盐城市政府提出持续深化行政审批改革，率先推行行政审批告知承诺改革，在园区内全面落实行政审批“2330”改革，在全市率先实施“三测合一”改革，不见面审批率达99.1%，基本做到“一窗通办、一网通行”。在全国首家推行“三书合一”，推进数字化多图联审做法；实现招商人员赴韩“一次审批年内多次有效”，创新人员“一年多次签证”。

五、组织运营机制

为健全园区管理体制，盐城市政府成立由市委主要领导亲自挂帅的工作领导小组。增设专门的管理机构进行园区服务。产业园采取“双招双引”政策，发挥园区的招商引资、招才引智平台作用，各园区配强专职招商队伍，鼓励各园区开展市场化招商机制改革，实行岗位聘任、绩效考核等激励机制，园区在法定权限范围内，制定奖励投资、贷款贴息、研发补助、免费培训等招商优惠政策。

第四节　中韩（盐城）产业园招商引资环境

中韩（盐城）产业园为了吸引更多的韩资企业进入，利用已有条件、资源，积极开展多项建设性的工作，努力完善招商环境。

一、自然环境资源

中韩（盐城）产业园因其地理位置优势，在发展中韩合资产业的过程中拥有着独特的劳动力和土地资源，这就使其在对韩招商引资过程中占据极大的成本优势，更有利于韩资企业的迁入。其还拥有着丰富的海域资源和物产资源，自然环境也很优美，很适合人居。

二、营商环境

为营造健康的中韩合资营商环境，推进中韩合作进程，盐城产业园开展了一系列的建设性工作。大力发展韩国特色商贸、现代金融，积极建设科研总部街区、名品商贸街区。借鉴中国（上海）自贸试验区发展的相关经验，打造国际化一流营商环境，并将搭建信息咨询、科技研发、金融服务等公共服务平台。自国务院正式批复设立中韩（盐城）产业园以来，园区基础设施建设、招商引资、政策研究、人文交流等各项工作全面展开。截至 2018 年，两个片区（盐城经济技术开发区和大丰港经济区）累计落户企业 3 190 家，其中韩资企业 165 家；累计注册外资实际到账 26. 05 亿美元，其中韩资 17. 2 亿美元；累计实现外贸进出口总额 203. 8 亿美元，其中对韩进出口 98 亿美元。2018 年 1—8 月，中韩（盐城）产业园实现规上工业开票销售 662. 64 亿元，同比增长 1. 2%；一般公共预算收入 22. 4 亿元，同比增长 9%；进出口总额 21. 3 亿美元，同比增长 15. 3%；到账外资 2. 09 亿美元，同比增长 16. 1%。

三、配套设施

在配套设施上，中韩（盐城）产业园开工建设智尚汽车小镇、中韩2.5产业园、未来科技城、上海君庭创客城等功能配套项目，打造国际化的创新创业载体。全面提供信息咨询，教育等服务以及医疗、休闲娱乐、购物等配套设施，为中韩合资发展打好基础。探索出“产业配套、基金定投、平台支撑”的产业招商引资新模式，设立了10只产业基金，总规模达116亿元，累计投资项目55个，投资总额125.9亿元。其中，母基金20亿元的中韩（盐城）产业园发展基金已过投资决策会项目23个，总投资规模89.99亿元。中国电子、北汽巴顿、阿特斯、硕禾、英锐、德纳等一批先进制造业项目顺利落户；35家汽车零部件企业实现“一主多元”发展。2018年1—8月，汽车产业实现开票销售347.2亿元，其中整车开票184.9亿元；电子信息产业实现开票33.3亿元，增长12.3%；光电光伏产业实现开票25.9亿元，增长45.5%。“非车”与汽车产业开票比例由上年底的1∶6.5调为1∶3.8。

四、文化教育及人文往来

盐城市政府积极启动韩风国际文化名城规划编制工作，建设中韩文化交流中心、影视文娱街区、医疗健康街区，大力发展韩国特色文化创意产业，打造中韩（盐城）产业园高端服务业集聚区，建设现代服务名城。其在顶层设计、规划编制、宣传推动、项目合作等方面开展了一系列工作，举办中韩文化交流活动，努力打造良好的文化环境。盐城着重于全方位宣传城市形象。与韩国的《中央日报》《今日亚洲》《每日经济》、经济TV等媒体建立合作，常态邀请韩联社、《朝鲜日报》、KBS、MBC、UBC等主流媒体来盐城宣传报道，不定期投放专版宣传。应邀组团参加韩国大邱市、仁川桂阳区、蔚山南区重大节庆活动，每年演出20多场，“盐城”成为当地群众熟悉与向往的中国城市。多次赴韩拜访产业通商资源部、保健福祉部、中小企业部、大韩贸易投资振兴公社等政府部门、商协机构和现代起亚、三星、LG、SK 等企业集团，积极参加在韩举办的"中韩 CEO 圆桌会议""泛黄海经济技术交流会"等各类活动，大力宣传中韩（盐城）产业园营商环境和发展现状。[①] 盐城相继与韩国多个市（郡、区）结为友诚，与现代起亚、三星、LG、SK 等韩国百强企业建立起非常紧密的合作关系。大街小巷醒目的韩文标识，完善的韩国社区、邻里中心、高尔夫球场，随处可见的韩国餐馆、服装店、饰品店，营造出家一般的生活氛围，2 万多韩国人常年在盐城工作生活，盐城已经成为韩国友人的第二故乡，见表 2－3。

表 2－3　盐城与韩国结成友好（交流）城市情况

经济技术开发区	新万金经济自由区、大邱庆北经济自由区、山镇经济自由区
城南新区	首尔市钟路区
东台市	大邱市达西
大丰区	忠州市、平泽市、九里市
射阳县	忠清南道泰安郡
建湖县	庆尚南道昌原市
滨海县	江原道洪川市
阜宁县	江原道平昌郡
响水县	忠清南道舒川郡
盐都区	庆尚南道金海市
亭湖区	忠清南道洪城郡

五、科技创新

成立上海（盐城）国际科创中心，探索实施"飞地"研发，已有 14 家科技型企业入驻。支持悦达集团在盐城经济技术开发区设立江苏新能源汽车研究院，扶持企业建设北大——米优光电产业研究院、中科院——华

① 商务部亚洲司. 2018 年中韩产业园建设工作综述. 2019－02－03 http://www.mofcom.gov.cn/article/jiguanzx/201902/20190202833170.shtml.

生基因国家重点基因工程中心、中科院——乔克兄弟3D打印技术中心等企业自主研发平台。引进韩国睿合博世、日本TIC、北方青鸟等国际科技孵化器，落户韩国医疗器械及中小创新企业13家、日本高新技术企业10家、电商企业15家。2018年1—8月，2个项目获省科技重点研发项目，高新技术产业产值占工业产值比重达6.86%。

目前中韩（盐城）产业园正利用品牌优势，强力吸引韩国优势产业企业入驻园区，强化与三星、大宇、斗山等韩国前十强企业合作，突破目前产业园产业单一的现状。并在此基础上，放眼全球，着力引进世界500强企业入驻。中韩（盐城）产业园的发展，正在以产业可持续发展为目的，以低碳循环和绿色可持续发展为基本理念，以依靠信息、知识、技术、标准、人才和管理等无形资源的创新创业集成为动力，以“智能+创意+服务”的现代产业集群为主体，以实现产业业态、空间形态、自然生态的“三态共融”，为发展目标的区域性现代新城。其基本特征为实现低碳循环和绿色可持续发展，注重创新创业集成为动力，强调智慧产业带动，实现产城高度一体化，基于“互联网+”的开放网络平台，实现国际化管理与市场化运作。打造绿色新型复合园区。①

六、环保建设

在中韩（盐城）产业园中包含着韩资企业近百家，完成投资152亿元。占地面积约14万平方米的韩国社区集商业餐饮、文化休闲、体育卫生、教育培训于一体。城南新区规划面积40平方千米，重点发展大数据产业和健康美容产业。大丰港经济区致力于发展临港物流、重型装备等产业。可以看出相比较其他产业，重型工业在产业园中占据了主体。例如，以悦达集团为代表的汽车产业（包含新能源汽车和智能网联车）。同时还有新一代信息技术产业。就汽车产业来说，作为起亚汽车在中国的出产地，汽车制造业在生产过程中所产生的工业废料及污染气体对环境造成了

---

① 朱益民. 努力打造中韩(盐城)第四代产业园区[J]. 唯实，2016(8).

破坏。汽车产业在推动交通发展的同时也使汽车购买量和使用率高速上升，汽车尾气的排放使空气质量下降。为了使盐城到韩国交通便捷所建立的南洋机场，在飞机的运行过程中也产生了极大的噪声，对当地居民的日常生活造成了很大的负面影响。相比较重工业，其他餐饮娱乐文化产业丰富了居民的日常生活，促进了中韩之间交流，但对土地资源的占用对生态环境造成了破坏。针对园区当前环保问题，以吸引韩国重点发展产业和优势产业，满足战略性产业的要求为原则，积极引入"鲇鱼企业"，发展电子信息产业，激发产业体系整体活力的中小企业；引入韩国汽车及机车配套集群，包括研发机构和科研院所，形成汽车产业集群，培育发展具有潜力的中小科技公司及知识产权管理机构。延长高端装备、新型汽车、智能互联等产业链，积极推进上游总部与研发功能以及下游的销售与服务功能结合，带动产业环保升级与优化。

第三章 “一带一路”交汇点及中韩（盐城）产业园建设新定位

通过“一带一路”倡议，我国的对外发展格局从沿海开放扩展为沿江、沿边的多重开放态势。其中国际贸易通道在拥有太平洋通道的基础上，还增加了欧亚大陆通道和印度洋通道，体现了我国逐步向多元化发展的国际贸易关系和国际政治格局迈进。“一带一路”建设，促进我国与周边国家建立起对外开放合作的新格局。让我国与周边国家建立起交流合作，促进了政策了解、道路互联、贸易货币流通等稳步发展。江苏省处在“丝绸之路经济带”和“21世纪海上丝绸之路”的交汇点，而盐城正位于交汇点的中心区域，是“21世纪海上丝绸之路”的重要节点城市。通过以“一带一路交汇点建设”为引领，重新分析中韩（盐城）产业园的定位，对于推动中韩（盐城）产业园经济持续稳定发展具有重要意义。

第一节 江苏“一带一路”交汇点建设的内涵

江苏处在“丝绸之路经济带”和“21世纪海上丝绸之路”的交汇点，是全国首批对外开放省份，经济发达，与许多“一带一路”沿线国家都有良好的贸易合作和交流合作；是我国沿海中部连接“一带一路”中最便捷、最重要的交汇点，也是我国“连接南北、贯通东中西”的交汇点。江苏作为我国综合实力较强的“长三角”经济圈重要组成部分，带动我国中西部发展，是服务东北亚、中亚和欧洲的重要交汇点。从地理位置概念上说，江苏作为“一带一路”的“交汇点”，是地理、经济、文化等多因素的叠加。习近平总书记在江苏调研时给予了明确的战略定位，即“放大向东开放优势，做好向西开放文章”。

放大向东开放优势。江苏在以往开放发展的经验和基础上，进一步优化向东开放的产业结构。从目前江苏省在全球产业格局和技术格局所处的位置来看，先进要素和高端产业的发展，显然离不开向东开放。通过放大向东开放优势来集聚先进和高端生产要素，结合江苏的自主创新，将江苏打造成为先进制造业和现代服务业发展的新高地，成为高端要素和高端产业的集聚区，即集聚效应。做好向西开放文章。江苏位于我国万里海疆的中部，西接中原，江苏向西是面向“丝绸之路经济带”的河南、陕西等省区市，江苏在地理上处在连接东西的交汇地带。“东船西铁”这两种运输方式互联互通的主要交汇切换处在江苏。江苏如果能够像“铰链”一样做好和放大这一功能，就能“汇通八达”，对“一带一路”建设起到助推作用。① 江苏在既有发展的优势和规模的基础上，提升江苏对中西部地区的辐射能力，即扩散效应。通过产业和技术逐步向中西部地区转移，拓宽区域价值链，促进发展江苏省的开放潜力，同时也为江苏产业走向中高端化提供发展空间和资源。因此，发挥集聚效应和扩散效应是江苏发挥“一带一路”交汇点战略作用的重要体现。落实“一带一路交汇点”建设，加大对外开放程度，以高水平开放推动江苏高质量发展走在全国前列，这是江苏为全国发展探路的重要举措。

江苏是以加工为主、原料和销售“两头在外”的省份，改革开放以来，与中亚、西亚的经济合作逐步加快。随着“一带一路”建设的深入推进，江苏各类开发园区的政策优势、门类众多的制造业优势将进一步凸显出来，“一带一路”上的各种原料、半成品以及成品等，依托江苏各类工业园区的再生产再制造，万商云集。江苏是古代丝绸之路和“21 世纪海上丝绸之路”的主要商品和重要文化输出地之一，丝绸、大米、茶叶等主要

---

① 马丽花．盐城重点打造“一带一路”建设节点城市[EB/OL]. http://www.zgjssw.gov.cn/shixianchuanzhen/yancheng/201812/t20181206_5916995.

特产享誉海内外。在唐、宋、元、明海上丝绸之路繁荣时期，南京、扬州、苏州是十分重要的丝路港口和驿站，各国的使臣、商旅、高僧往来不绝。近代江苏开放又早，与“一带一路”沿线国家及地区有着深厚的历史渊源和千丝万缕的关系。某种程度上，江苏一直处在海洋文明与内陆文明的交会之处，总体上以吴文化、楚汉文化、淮扬文化为特征的地方文化既精深又灵动，能够与各种外来文化较好地对接包容，多元共生、多姿多彩。①

2018 年 12 月 12 日，中共江苏省委、江苏省人民政府印发《关于高质量推进“一带一路”交汇点建设的意见》（以下简称《意见》）。要求践行新发展理念，遵循市场经济规律和国际通行规则，以基础设施联通为先导，以产能合作为重点，以合作园区建设为载体，突出项目建设、市场开拓、服务保障、规范企业投资经营行为、防范境外风险等重点工作，高质量推进“一带一路”交汇点建设，加快打造衔接陆海空交通的综合枢纽、集聚优质要素的开放门户、推动国际产能合作的示范区域、开展对外人文交流的特色品牌，在参与“一带一路”建设中走在全国前列。到 2020 年，江苏“一带一路”交汇点优势基本确立，形成更多可视性成果，在“一带一路”建设大局中先行一步、彰显特色，高水平对外开放格局初步形成。

1. 标志工程建设取得突破

形成一批标杆项目，新亚欧陆海联运通道标杆示范建设取得明显进展，中哈（连云港）物流合作基地、上合组织（连云港）国际物流园建设水平明显提升，上合组织出海基地功能基本形成。中阿（联酋）产能合作示范园成为“一带一路”产能合作、互利共赢的典范项目，柬埔寨西哈努克港经济特区成为“一带一路”务实合作、民心相通的样板园区。中欧班列提质增效，建成一体化运营的品牌线路，走在全国前列。

① 古龙高，古璇．加快“一带一路”交汇点建设的思考[EB/OL]．http://m.fx361.com/news/2018/0518/3539716.html.

2. 国际运输通道更加便捷

连云港的功能进一步完善，南京综合交通枢纽地位提升，无锡硕放区域性国际机场辐射带动能力增强，南通新机场和通州湾出海口建设取得突破，贯通向东向西开放的国际交通运输通道基本形成，国际海陆联运网络和航空运输网络进一步健全，主要节点和重要枢纽的支撑带动能力大幅提升，初步形成与"一带一路"交汇点战略地位相匹配的综合交通运输体系。

3. 国际产能合作显著加强

与重点国家建立产能合作机制，重点企业、重点产业、重点园区、重点区域对外合作取得重大进展，打造一批国际化、高标准的产能合作载体平台。建成8~10个国家级或省级境外合作园区，培育一批跨国大企业大集团。确保与"一带一路"沿线国家投资贸易结构优化、水平提升，在全国的份额增加。双边贸易在全覆盖的基础上开拓市场、提高质量，双向投资进一步拓宽领域、扩大规模。"一带一路"科技创新合作不断深化，共同实施一批重大项目，联合建设一批实验室、研究中心、国际技术转移中心以及科技合作园区。市场多元化格局进一步打开，投资贸易便利化水平进一步提升，政策保障体系和协调机制进一步完善。

4. 人文交流交往更趋活跃

多领域多层次开展对外交流，根据国家布局要求和国际产能合作需要，缔结一批友好城市及友好交流地区，友城交往实效性进一步提升，在教育医疗、体育文化、旅游侨务、媒体合作等领域打造若干具有较强影响力的活动品牌，形成交流机制完善、合作不断深化的良好格局。到2025年，与"一带一路"沿线国家和地区合作全面走向深入，重点城市、重要枢纽支撑带动作用进一步增强，重大项目建设和国际产能合作进一步拓展，以技术、品牌、质量、服务为核心的竞争优势进一步提升，科教人文交流进一步活跃，陆海内外联动、东西双向互济的开放新格局进一步确立，在全国开放大局中地位凸显，成为具有全球影响力的“一带一路”交汇点。[①] 如何让《意见》落地见效？江苏省有关部门围绕《意见》提出的国际综合交通体系拓展计划、国际产能合作深化计划、“丝路贸易”促进计划、重点合作园区提升计划、人文交流品牌塑造计划等“五大计划”，研究编制《“五大计划”专项行动方案》（以下简称《行动方案》）。2019 年 5 月上旬，《行动方案》经江苏省推进“一带一路”建设工作领导小组会议审议通过，已印发实施。江苏已形成了高质量推进“一带一路”交汇点建设的“1 +5 +1”政策文件框架体系，即 1 份指导性文件、5 个专项行动方案和 1 个年度工作要点。根据《行动方案》要求,江苏在实施国际综合交通体系拓展计划方面，将推进沿海、沿江、沿新亚欧陆海联运三大通道基础设施互联互通，着力构建综合性立体化通道网络；在实施国际产能合作深化计划方面，将分类推进国际产能合作，培育壮大跨境产业链，加强科技国际合作；在实施重点合作园区提升计划，将做大做强中阿（联酋）产能合作示范园等境外合作园区，做特做精中韩（盐城）产业园等省内合作园区。[②]

第二节 江苏“一带一路”交汇点建设的现状分析

一、江苏陆上丝绸之路建设现状

1. 道路连通方面

海陆联运是新亚欧大陆桥的本质，我国陆桥过境运输主要口岸之一的连云港是新亚欧大陆桥的东方起点，1992 年 12 月，大陆桥首次在连云港开通运行，2004—2011 年连云港依次开行至阿拉木图集装箱国际班列、至

① 资料来源：中共江苏省委、江苏省人民政府《关于高质量推进“一带一路”交汇点建设的意见》.（苏发〔2018〕30 号）.

② 顾姝姝. 江苏打出政策组合拳 高质量推进“一带一路”交汇点建设[EB/OL]. http://www.360kuai.com/pc/9d7419cb807e355dd? cota = 4&kuai_so = 1&tj_url = so_rec&sign = 360_57c3bbd1&refer_scene = so_1.

莫斯科集装箱国际班列、经阿拉山口至阿拉木图国际集装箱直达班列。目前，新亚欧大陆桥铁路开通至郑州、西安、阿拉山口等地的集装箱"五定班列"7条，日本、韩国和东南亚等20多个国家和地区利用新亚欧大陆桥开展过境运输，运输的产品主要有机械设备、汽车及配件、矿产品、农副产品等十多个大类。2014年，江苏已经开通"连新亚""苏蒙欧"以及南京到欧洲的班列。2018年4月23日，据连云港海关统计，2018年首季新亚欧大陆桥过境货物共14.9万吨、8 736标箱，同比分别上涨3.84%、2.55%。

2. 外向型经济方面

江苏是中国最早实行对外开放的省份之一。自改革开放以来，江苏外向型经济发展迅速，是经济增长的重要动力，促进了外经领域的合作。近三年来，江苏在"丝绸之路经济带"沿线国家投资项目总数196个，中方协议投资总计246 155.44万美元（见表3－1）。

表3－1　近三年来江苏在"丝绸之路"经济带国家投资情况

项目 国家	2016年		2017年		2018年	
	项目数（个）	中方协议投资（万美元）	项目数（个）	中方协议投资（万美元）	项目数（个）	中方协议投资（万美元）
俄罗斯联邦	7	8 635	2	218	7	1 802.057
吉尔吉斯斯坦	—	—	—	—	—	—
哈萨克斯坦	6	13 182	4	4 323	1	100
乌兹别克斯坦	1	130	3	15 295	3	1 065.3
土克曼斯坦	—	—	—	—	—	—
印度	17	37 072	10	12 650	24	7 470.191
巴基斯坦	9	26 136	8	5 547	6	1 535.45
蒙古	3	287.112	1	10	—	—
伊朗	2	9 925	—	—	1	69.8
合计	76	168 787.2	47	56 250	73	21 118.24

资料来源：根据江苏统计年鉴整理。

其中，2016年76个，中方协议投资168 787.2万美元，项目数占总数的38.78%，中方协议投资占总数的68.57%，是近三年来最好的年份。但是从表3-1我们可以看到，我国江苏省与吉尔吉斯斯坦、土库曼斯坦等国家几乎没有外经领域的合作，与海上丝绸之路沿线国家频繁的经贸合作形成鲜明的对比，这反映出我国江苏省与沿线国家贸易合作尚未完全建立，同时也给我国江苏省在陆上丝绸之路经济带建设中留下了巨大的进步空间。

3. 重点区域合作方面

哈萨克斯坦是世界最大的内陆国家，连云港与日韩一水之隔，是哈萨克斯坦向日韩进出口最便捷、最经济的海口口岸。哈萨克斯坦是中亚目前最大的产油国，产量不断增加。2018年，哈萨克斯坦石油总产量为9 000多万吨，其中出口7 100多万吨，占比近79%，较2017年增长了4.7%。中国作为全球最大的能源消费国，2018年原油进口量达4.619亿吨，同比增长10.1%。哈萨克斯坦积极参与中国的“一带一路”建设，与中国在能源、交通、贸易等方面密切合作。2014年5月19日，中哈（连云港）物流合作基地项目正式启动一期工程，这是中哈共同落实的第一个国际合作项目，具有十分重大的意义。哈萨克斯坦凭借连云港可以方便地与其他国家建立商贸联系，把产品出口到中国，进而走向世界。中哈（连云港）物流合作基地总投资超30亿元，重点建设物流场站、散粮筒仓、铁路装卸场站、“霍尔果斯—东门”经济特区无水港等项目，形成中哈物流合作“一园三区”链式布局。2018年8月，中哈（连云港）物流合作基地已经成为中亚五国过境运输、仓储物流、往来贸易的重要国际枢纽，亚欧跨境货物班列已连接中亚五国200多个站点，一条连通新丝绸之路经济带的黄金通道日益成型。

二、江苏海上丝绸之路建设现状

1. 海洋经济

在推动海上丝绸之路建设的过程中，国际海洋合作是主线之一。2018年，江苏省海洋经济生产总值达到7 000亿元，同比增长9.8%，海洋经济稳步增长，海洋经济发展能力进一步提升。江苏主要海洋产业包括海洋交通运输业、海洋船舶工业、海洋旅游业、海洋渔业等平稳发展，增长值占主要海洋产业增加值的比重分别为37.9%、22.5%、17.7%和11.6%。三个沿海设区市海洋生产总值为3 906.8亿元，同比增长9.5%；十个非沿海设区市海洋生产总值为3 712亿元，同比增长10.2%。盐城市海洋生产总值为1 082亿元，同比增加8.6%，占盐城生产总值的比重19.7%。

2. 与东盟国家的贸易

中国—东盟自由贸易区于2010年1月1日正式成立，标志着我国和东盟之间的贸易合作日益紧密。自由贸易区成立后，发展成了一个覆盖11个国家、19亿人口、GDP达6万多亿美元的庞大经济体，是现今世界贸易中人口最多的自由贸易区，也是发展中国家之间最大的自由贸易区，我国和东盟之间的贸易占到了世界贸易总额的13%。江苏是促进中国与东盟之间进行贸易的主要省份之一，对中国与东盟的贸易合作有重大影响。中国与东盟自由贸易区的发展、江苏与东盟双边经济实力的提升、江苏对外经济的不断开放都为江苏与东盟双边贸易的增长提供了有利契机。近年来，江苏与东盟贸易合作发展迅速，从贸易数据来看，2016—2017年，江苏与东盟的贸易额从586.7亿美元增加到681.6亿美元，居全国第三位，占全国对东盟贸易总额比重的13.2%，在国家对东盟经济贸易中处于十分重要的地位（见表3-2）。

表3-2　2016—2017年江苏与东盟国家贸易情况　　单位：万美元

进出口 国家	2016年			2017年		
	进出口	进口	出口	进出口	进口	出口
菲律宾	605 986	284 472	321 514	643 904	309 708	334 195
新加坡	979 513	386 313	593 200	1 133 209	509 946	623 263
老挝	—	—	—	—	—	—
印度尼西亚	765 010	249 764	515 247	920 078	365 134	554 944
文莱	—	—	—	—	—	—
缅甸	77 278	1 628	75 650	95 408	1 380	94 028
越南	983 470	238 776	744 694	1 234 294	329 764	904 530

续表

国家＼进出口	2016年			2017年		
	进出口	进口	出口	进出口	进口	出口
泰国	1 206 156	544 977	661 179	1 354 633	608 633	746 000
柬埔寨	91 638	14 030	77 608	123 761	146 46	109 115
马来西亚	1 143 064	632 689	510 376	1 280 092	756 130	523 962
东盟	5 867 436	2 356 850	3 510 585	6 815 957	2 902 010	3 913 946

资料来源：根据江苏统计年鉴整理。

3. 境外经贸合作园区

（1）中阿产能合作示范园。2017年7月，中国和阿联酋双方正式签署政府间合作协议和示范园正式投资协议。中阿产能合作示范园是两国合作推动国家“一带一路”建设的重大合作项目，由中江国际集团公司牵头，联合苏州工业园区、江宁、扬州、海门四个国家级开发区，共同负责管理运营。2017年9月，国家发展改革委明确中阿（联酋）产能合作示范园为全国首家“一带一路”产能合作园区，示范园获得了社会广泛的关注。目前，已有16家企业签署入园投资框架协议，预计投资总额64亿元人民币，为当地解决就业近2 500人，其中7家企业已签署正式入园投资协议。示范园已全面开工建设，力争经过3年左右的发展，成为“一带一路”建设示范项目。示范园不仅推动了阿联酋经济积极发展，对中国而言，也会在国内起到引导和示范作用，对当前中国经济的发展产生积极影响，也为国内企业海外投资，参与“一带一路”建设提供发展平台。（2）柬埔寨西哈努克港经济特区。为响应“一带一路”倡议，江苏太湖柬埔寨国际经济合作区投资有限公司与柬埔寨国际投资开发集团有限公司在柬埔寨西哈努克省共同开发建设柬埔寨西哈努克港经济特区（以下简称西港特区）。作为全国首批国家级境外经贸合作区，西港特区已成为“一带一路”建设的重大标志性项目，得到了两国领导人的高度评价。经济特区的主导产业以轻纺服装为主，在国际市场上，柬埔寨的服装行业享受较为优惠的贸易政策，具备一定的竞争力，已成为柬埔寨最重要的支柱产业和外贸经济来源。对于我国大多数纺织业和轻工业来说，成立合作区有利于促进我国轻纺等产业的转移和发展。截至2018年年底，柬埔寨西港特区入园企业161家，注册总投资9.18亿美元，创造了2.9万个就业岗位，为当地解决就业近3万人。2018年，西港特区出口总额3.72亿美元，相比2017年增长了68%。争取未来建成300家企业落户、10万产业工人就业、20万人居住的生态宜居新区。

第三节 江苏建设“一带一路”交汇点的重要意义

中共江苏省委、江苏省人民政府《关于高质量推进“一带一路”交汇点建设的意见》提出了高质量推进“一带一路”交汇点建设的重大意义。江苏省担当着“一带一路”交汇点建设的责任和使命。江苏对外开放起步早，开放型经济发达，拥有较好的区位优势和基础设施条件，与“一带一路”沿线许多国家的经贸往来和人文交流具有良好的基础。高质量推进“一带一路”交汇点建设，既是江苏高质量发展走在前列的题中之义，也是江苏为全国发展探路的重要内容。江苏必须进一步强化责任意识、担当意识，深刻领会肩负的重大使命，深挖交汇点建设的内涵，突破关键节点，探索新的路子，在“一带一路”建设大局中贡献江苏力量。一方面，江苏省参与“一带一路”建设，取得了一定的进展。同时也要清醒地看到“一带一路”交汇点建设的差距和不足。对照中央要求，对照交汇点的定位，江苏省参与“一带一路”建设的总体设计与系统谋划有待提升，战略支撑、关键平台和标志性工程建设亟须加强，有的地方和部门重视程度不够，推进成效不明显，必须强化问题导向、目标导向，聚焦薄弱环节和带动效应明显的领域，拿出务实管用、有力度的对策举措，推动“一带一路”交汇点建设取得明显突破、实现大的提升。另一方面，要牢牢把握“一带一路”交汇点建设的空间和机遇。当今世界正处于大发展大变革大调整时期，江苏既面临要素成本上升、资源环境约束加剧等内在制约，也面临国际贸易摩擦和贸易保护主义等诸多不稳定不确定性的外部因素，即有的比较优势、竞争优势在弱化。必须抓住用好“一带一路”交汇点建设的重大机遇，推动“一带一路”建设、长江经济带发展、长三角区域一体化发展等国家战略在江苏省的叠加融合，更大范围地整合配置资源要素，更深层次地融入世界经济大循环，加快培育对外开放新优势。具体而言，推进“一带一路”交汇点建设有以下重要意义。

一、有利于推进中亚、东亚国家的贸易畅通

交汇点的建设对推进中亚、东亚国家的经贸交流与合作具有全局意义。新亚欧大陆桥是沟通中亚、东亚国家经贸交流最便捷的海陆通道。新亚欧大陆桥的通过区域具有优越的地理位置和气候条件，整个陆桥避开了高寒地区，自然条件好，港口无封冻期，吞吐能力大，临港支撑配套能力强，内地拥有较大的潜力，具有较强的可持续发展能力。新亚欧大陆桥经济带极大地缩短了陆上运输距离，使国际运输更加畅通快捷、高效便利，同时，也为沿桥国家的经贸往来、亚欧经济的繁荣发展创造了有利条件。新亚欧大陆桥辐射面广，非常有利于亚太地区的发展，促进环太平洋经济圈的协调发展，也使中国江苏省进一步融入世界市场。

二、有利于江苏创新开放模式

交汇点的定位奠定了江苏在“一带一路”合作倡议中的重要地位，交汇点的建设有利于江苏创新开放格局，发挥江苏“一带一路”、长江经济带、沿海开放三大战略“交汇点”的作用，促进与丝绸之路经济带沿线国家的基础设施连接，与海上丝绸之路的相互扶持、共同发展，海陆双向开放；开拓了江苏参与对丝绸之路经济带沿线国家和地区的战略性资源、战略性产业和战略性通道的分配与控制途径；江苏在根据国家东中西区域合作示范区的基础上，建设交汇点，有利于创新共享收益机制、建设管理机制、科技合作机制、环境管理机制，为服务业开放、金融创新和政府职能转变等方面的创新发展拓展了新的思路。

三、有利于推动陆桥沿线东中西区域协同发展

连云港是新亚欧大陆桥的东方起点，是中西部地区最便捷的出海口，也是对外开放的门户。交汇点的建设，使中西部地区在远东和欧洲陆路通道的基础上，又多了一条沟通世界的通道，同时可以解决陇兰内陆地区既不沿边也不沿海的封闭状态问题。新亚欧大陆桥既是运输通道，也是促进区域经济发展的纽带，新亚欧大陆桥沿线有很多连接南北方向的重要铁路枢纽，以陆桥为依托，不仅可以促进我国中西部地区吸纳来自世界的资金、技术、人才，还将使我国东部沿海地区的资金、技术和人才逐渐向中西部转移和扩散。

四、有利于推进沿海、东陇海沿线地区快速崛起

徐州是一个综合枢纽城市，东陇海沿线形成一个整体的经济带，将增强连云港的开放功能和综合发展能力，既可以为我国中西部地区的开发开放提供支撑，也可以在江苏省沿海、沿东陇海开放方略中建立一个新的制高点，是江苏省主动融入国家"一带一路"建设，构建江苏区域发展新格局的重要举措。

五、有利于对江苏省开放布局优化和区域协调发展的牵引

建设交汇点将有利于创新江苏区域合作模式，有利于优化全省开放布局和创新区域合作模式，有利于促进区域之间的协调发展。第一，在原有南北中的板块发展模式的基础上，开拓创新，依托"1＋3"功能区的新布局，利用各区域的自身优势，挖掘苏北、苏中地区的资源优势和发展潜力，进行优势互补，拓展苏北地区发展空间，实现江苏自身南北中地区发展差距的缩小。第二，对于凸显江苏在"一带一路"倡议格局中的重要地位，建设我国横贯东中西、连接南北方的开放合作高地具有重要意义。

第四节 “一带一路”交汇点下的中韩（盐城）产业园新地位分析

一、海上丝绸之路重要节点城市

1. 地理区位优势

以上海为中心的长三角城市群是“一带一路”与“长江经济带”的重要交汇地带，对中国现代化建设和多层次开放具有举足轻重的战略意义。盐城处于“一带一路”和长江经济带交汇点，是长三角城市群入选城市，是江苏土地面积最大、海岸线最长的地级市，也是中国第十个既有空港，也有海港的地级市。临空临港的双重优势为盐城对接“一带一路”政策，加大对外开放提供了有利契机。临空临港对于要素集聚具有强大的吸引力和集散功能，对地方物资集散、要素转化、资金配置、信息交换、人才集聚具有重要意义。

2. 交通便捷优势

（1）大丰港。大丰港位于江苏省海岸线港口空白区域的中心位置，是国家交通部规划的港口项目和江苏省跨世纪五大战略工程，国家一类口岸，经国务院批准被中华人民共和国海关总署列为“十五”期间江苏省唯一开放的水运口岸，纳入上海港国际航运体系，成为上海港北翼的配套港口。截至 2018 年，大丰港已开通韩国、日本等 11 条国际航线，与台湾基隆港实现直航。15 万吨级的深水航道一期疏浚工程竣工，15 万吨级散货码头完成水工结构，集装箱码头南侧新增滚装码头，总投资 1 500 万元，泊位总长 339 米，码头预计年通过商品汽车 23 万辆，是江苏省首批绿色循环低碳主题性示范港口和沿海第二个进口粮食海进江减载口岸。截至 2018 年，有 19 个万吨级以上泊位，最高可以停泊 10 万～15 万吨级货轮，大丰港 2018 年货物吞吐量已达到 9 000 万吨，集装箱 40 万标箱。（2）南洋机场。盐城南洋机场是江苏省第二家开通国际航班的机场，是国家一类航空开放口岸机场。近年来，盐城南洋国际机场旅客吞吐量日益攀升，2016 年首次突破 100 万人次，2017 年 130.3 万人次，2018 年首次突破 180 万人次。盐城南洋机场主动融入"一带一路"倡议中，推动"海上丝绸之路"建设，紧紧围绕盐城市委、市政府决策部署，积极提升民航在综合交通枢纽的作用，不断拓展航线，优化布局。2018 年以来，盐城南洋国际机场新开或恢复南京、宁波、香港、郑州、温州、太原、烟台、银川航线，通达航点增至 34 个，在飞航线基本实现每天 1 班，日航班 60 架次，周航班量 412 架次。为地方社会经济发展和广大市民的出行作出卓越贡献。（3）铁路。建设中的徐宿淮盐铁路和连盐铁路，规划中的盐通铁路、大丰港铁路连接线等将使盐城成为新的沿海交通枢纽。随着铁路、高速公路与淮河、运河航道的建设、完善，就距离而言，盐城可以服务苏北、苏中地区；从远距离看，盐城可以成为中西部和淮河流域对外开放的门户，成为和新亚欧大陆桥东部并行的一条经济走廊，拓宽新亚欧大陆桥东部的空间。

二、中韩地方产业合作新高地

1. 汽车产业链发展新高地

以东风悦达起亚为首的汽车产业在发展过程中已经成为盐城的支柱型产业，是盐城市经济发展的巨大推动力，在盐城市经济发展过程中处于十分重要的地位。整个汽车产业对盐城工业经济增长的贡献率早在 2015 年就已经达到了 40%。东风悦达起亚集团作为其主体部分，在盐城经过多年的发展，已经形成了较为完整的产业体系。在这套长产业链的体系之下，包含的是彼此之间相互关联、能彼此带动的多个子产业，一个子产业的发展必将促进整个体系的向前发展。所以汽车产业作为一个发展载体，其发展的背后更代表着新科技的变革和产业的转型升级。现今省内最大的制造基地是盐城的乘用车制造基地，同时在新能源汽车制造和汽车零部件生产方面也取得了一系列的发展成果。盐城市工业企业在 2018 年实现全口径开票销售5 528.7亿元，其中汽车产业开票销售631.1亿元，占比11.41%。在汽车累计销售量突破500万辆的同时，东风悦达起亚也作出了开辟海外市场的决策，将汽车出口到埃及和菲律宾等国家。整个汽车产业的高速发展为中韩（盐城）产业园致力于重点发展汽车零部件的韩资工业园和专业研究将新能源汽车整车、智能网联汽车和关键零部件研发、制造、试验、检测及推广整合共同发展的新能源汽车产业园带来很大的发展机遇。

2. 智能制造大数据平台新高地

2014年，盐城建立了盐城大数据产业园，江苏省互联网经济、云计算和大数据产业发展总体规划将盐城大数据产业园纳入其中，成为中韩（盐城）产业园的重要组成部分之一。盐城大数据产业园是全国第一个国家制造业大数据高新技术产业化基地，也是第一个由省市合作共建的国家级大数据产业基地。是江苏省内设立的第一个大数据产业专业化园区，也是省内第一个在市级层面设立的大数据产业专门管理机构，盐城大数据产业园在2017年位列全国大数据产业园区关注度排名第一，关注度高达82.3。自2014年建设以来，盐城市已经先后投入100亿元，凭借部省市合作共建的独特优势条件，建立了科创大厦、软通大数据创新园等产业载体。园内已经驻有阿里、华为等大数据企业300多家，“大数据+”工业、医疗、金融等大数据分析应用企业也不在少数，形成了完备的大数据产业链条。2018年以来，大数据产业继续保持良好的发展势头，陆续引进了浪潮、国家信息中心、云端网络等40多个项目，上半年园区开票、税收同比分别增长50.4%、56.2%。根据中研普化产业研究院做出的市场规模预测，未来大数据行业的市场前景巨大。盐城大数据产业凭借自身的优势，按照目前的发展速度，将在其中占据较大的份额。

3. 大丰港临港产业新高地

（1）产业基础。大丰港经济区是依托大丰港而建设的省级开发区，辖区面积500平方千米，规划建设面积396平方千米。大丰港是由江苏省委、省政府着重建设的江苏沿海三大深水海港之一，是江苏沿海开发的重要节点和面向世界的特色产业港。大丰港经济区内含有石化新材料产业园、盐城海洋生物产业园、重型装备产业园和大丰港物流产业园四个特色园区。目前，大丰港经济区形成石化与新材料、新能源、新型医药、冶金及机械制造、木材及农产品加工五大特色产业。同时利用港口优势发展了石油化工产业、特钢新材料产业和造纸与木材产业等临港产业。（2）港口建设突飞猛进。作为大丰港经济开发区的核心，大丰港在多年的发展过程中积攒了众多优势。与韩国、日本和俄罗斯等国家在建设港口上互有合作，并且成功建立起与台湾基隆港的直航，更拥有国际、国内物流货代企业40多家，展示出连接南北、沟通西东的大港气派。2019年4月7日，马耳他籍散货船"米妮"（MINI）轮顺利靠妥大丰港，该轮长255.3米，吃水13.60米、装载10万吨铁矿，是大丰港自建港以来接靠的最大船舶，标志着大丰港从此进入十万吨级港口行列，为实现盐城港亿吨大港梦迈进了一大步。按规划，到2020年，将建成泊位25个，建立以15万吨级泊位为龙头，5万~10万吨泊位为主体的码头集群，集装箱50万标箱。（3）临港产业迅速集聚。木材、石化等临港产业园区竞相发展，盐土大地海洋生物产业科技园建成江苏首家"国家级科技兴海产业示范基地"和"国家级农业科技园区"；新能源淡化海水产业园建成国家"973"计划大规模非并网风电产业化示范基地，建成了世界首台兆瓦级非并网风电淡化海水示范项目。新能源、新材料、海洋生物等特色产业迅速集聚，落户企业300多家，加快推进博汇集团、联鑫钢铁等一批重大项目，产业集聚优势日益显著。利用好与上海漕河泾园区、大丰临港产业区的优势叠加，充分发挥与韩国、俄罗斯、日本、印度尼西亚等重要港口的通航优势，新组建20亿元临港产业发展基金，推进新材料、高端装备制造、海洋生物、保税仓储物流等产业的发展，加快建设国际化临港高端装备制造基地。

三、国际化一流生态园区

中韩（盐城）产业园是中韩两国政府间签署中韩自贸协定支持建设的园区，2017年由国务院正式批复设立。园区自建设之初，坚持开放发展，不断积聚国际创新要素，力争打造国际一流生态园区。

1. 绿色发展理念引导“生态化”建设

坚持传统产业提升和新兴产业培养，系统推进现代化经济体系建设，努力发展新动能。提出可持续发展思想，牢牢守住安全、环保、廉政、稳定四条底线，加快淘汰落后产能、压缩过剩产能，建设低消耗、低排放的绿色工业，发展循环经济，大幅度降低经济活动对环境的影响。强化机遇意识，主动融入上海大产业链发展的高平台，用好中韩（盐城）产业园、沪苏大丰产业联动集聚区、滨海港工业园区等平台载体，全面提升盐城发展能级。贯彻落实习近平总书记的“绿水青山就是金山银山”理念，依托中韩（盐城）产业园，推进产业结构优化升级，加快经济发展方式转变，逐步优化产业结构。加快建设循环经济产业园，积极探索生态优先、绿色发展的盐城道路。未来，中韩（盐城）产业园的发展目标分三步走。2018—2020 年，中韩（盐城）产业园平均每公顷投资不少于 8 820 万元，平均每公顷税收不少于 550 万元，单位工业增加值能耗降至 0.05 吨标准煤/万元以下，主要生态环境指标优于全省平均水平，发展水平走在全国对韩合作产业园前列。2021—2025 年，中韩（盐城）产业园平均每公顷投资和税收高于全省国家级开发区平均水平，单位工业增加值能耗在全国开发区排名前列，成为全省江海联动发展的引领园区、江苏融入“一带一路”开放的重要平台、中韩经贸合作典范园区。2026—2035 年，中韩（盐城）产业园经济实力、科技实力、生态质量大幅跃升，形成高水平的国际化、法治化环境，成为中韩地方经济合作和产业合作的新高地，推动形成全面开放新格局的创新型国际生态园区。

2. 产业合作引领绿色转型

（1）汽车产业。支持东风悦达起亚加强纯电动和氢燃料汽车技术研发、量产上市和扩大出口。积极引进新能源汽车及零部件等项目，发展电动化、轻量化、智能化、网联化新能源汽车产业链，打造国家新能源汽车产业基地。发展汽车研发设计、检测改装、商贸物流、金融保险、文化创意等汽车服务业，建设智尚汽车小镇、汽车服务业集聚区和智能汽车科创园。力争通过3～5年的努力，实现汽车整车、零部件和服务业销售收入"三个千亿"目标。（2）电子信息产业。着力引进韩国半导体研发、制造、封测等高端产业项目，重点发展集成电路、新型显示、汽车电子、高端软件、高端服务器等核心基础产业，积极发展新一代信息技术、5G、人工智能、OLED等产业，打造中韩信息通信技术产业基地。加强与国内优势企业的战略合作，发展工业互联网，打造智能制造大数据云服务平台，提高制造业智能化、数字化、网络化水平。（3）新能源装备产业。发展新能源装备制造、光伏发电、风力发电、海洋可再生能源、新能源海水淡化设备制造与综合利用、海底电缆制造等产业，加快储能技术和物联网开发应用，构建"新能源＋"全产业链，培育绿色主导产业，打造国家清洁能源基地。（4）临港产业。大丰港与韩国釜山、仁川、平泽等重要港口有着通航优势，不断深化与韩国优势企业合作，着重发展高端装备制造、新材料、海洋生物、保税仓储物流等产业，建设成为国际化临港高端装备制造基地。（5）现代服务业。坚持高端制造业和现代服务业共同发展，加快发展数字经济、枢纽经济和都市产业，着力提升服务业发展水平。推动中韩合资合作，加快发展健康医疗产业。发展跨境电商产业，着力打造中韩进出口商品物流和贸易基地。积极挖掘在软件、工业设计、检测、人工智能、供应链管理等领域的服务外包业务，带动盐城服务外包产业发展。

小结

美国波士顿大学的凯文·加拉格尔和前美中政策基金会研究人员香农·蒂耶齐等把"一带一路"倡议称为21世纪"中国的马歇尔计划"。澳大利亚悉尼科技大学澳中关系研究院副院长 James Laurenceson 认为，落后的基础设施正成为阻碍国际贸易进一步发展的一大障碍。"一带一路"建设通过促进相关国家的互联互通，降低贸易成本，从而促进两国经贸合作，实现互利共赢。新加坡国立大学东亚研究所所长郑永年认为，丝绸之路可以帮助中国和平崛起。中国人民大学国际关系学院教授王义桅认为，

“一带一路”倡议的意义在于推动中华文明的转型，从农业文明转向工业信息文明，从陆地文明转向海洋文明，从地域文明转向全球文明。在“一带一路”倡议所推动的文明转型下，中国自身崛起，获得国际话语权，助力实现“中国梦”。

近年来，中韩（盐城）产业园通过确定自身的发展规划、主导产业，获得了良好的成绩。盐城作为长三角都市圈的一个后进城市，蕴藏着很多的优势。对于中韩（盐城）产业园，国内外学者基本都持肯定态度，中韩合作将会是盐城迅速发展的重要机遇，也会对我国“一带一路”建设提供有力的支持。本部分对“一带一路”交汇点和中韩（盐城）产业园发展的地位进行了详细的阐述和探讨，“一带一路”是我国现阶段对外开放的重大战略，为沿线国家地区和相关产业带来了重要的发展机遇。盐城作为沿海城市，交通发达，拥有港口优势，2015 年 6 月 1 日，中韩自贸协定签订，盐城被确定为中韩产业园地方合作城市。2017 年 12 月 11 日，国务院正式批复设立中韩（盐城）产业园，高质量发展大幕全面开启。中韩（盐城）产业园使盐城成为江苏融入“一带一路”国家战略的重要平台，也是全国对韩交流合作的重要通道和基地。经过数年来的不断发展，产业园已经成为国家一流生态园区，为盐城的 GDP 增长做出了重大贡献。在“一带一路”倡议下，盐城应加大对外开放力度，加强与韩方合作城市沟通，积极争取国家政策支持，努力推动中韩（盐城）产业园的建设发展。中韩（盐城）产业园按照“一高两区”的定位和“为国家试制度，为开放探路径，为转型做示范，为未来谋发展”的要求，致力建成高端产业集聚、高端研发引领、高端人才支撑、高端品牌经营的中韩经贸合作标杆区，努力实现探索性、创新性、引领性发展。

第四章　中韩（盐城）产业园建设特征及“两国双园”模式分析

“一带一路”倡议是中国对外开放的一项重要举措，盐城处于中国“一带一路”、长江经济带和亚太自贸区建设的交汇区域，拥有优越的区位条件、独特的资源、便捷的交通运输、雄厚的产业优势，是江苏对外开放合作的重要窗口。盐城与韩国隔海相望、往来密切，双方在经济上互补性强、发展潜力大、合作空间广阔。大力推动中韩（盐城）产业园建设，有利于盐城全面开放，有利于江苏争创对外开放新优势，有利于加强“一带一路”交汇点建设。

第一节　中国“一带一路”倡议与韩国“欧亚倡议”共同性分析

一、中国“一带一路”倡议

1. “一带一路”倡议的提出

“一带一路”始于2000多年前的古代丝绸之路，既是商贸之路，也是东西方文化交流之路。而今“一带一路”是“丝绸之路经济带”和“21世纪海上丝绸之路”的简称，是对千年古代丝绸文化与精神的继承与发扬，2013年由国家主席习近平提出此倡议。它将充分利用中国与相关国家已有的双多边机制，依靠现存的有效合作平台，积极发展与沿线国家的经济合作伙伴关系，共同打造政治互信、经济融合、文化包容的利益共同体、命运共同体和责任共同体。2019 年 4 月 25 日至 27 日，举行了第二届“一带一路”国际合作高峰论坛，中方提出了二十六条合作新倡议，签署 42 个多边合作文件，建立了 27 个多边合作平台，签订了 17 个投资项目清单、4 个融资类项目以及中外地方政府和企业开展的合作项目。建立和加强沿线各国互联互通网络，实现沿线各国多元、自主、平衡、可持续发展。“一带一路”将推动沿线各国经济往来，发掘区域内市场的潜力，促进投资和消费，创造需求和就业，使沿线各国人文交流更加深入，经济联系更加密切。

2. “一带一路”倡议的积极影响

“一带一路”倡议的提出与实施，不仅为中国经济建设增速，也为全球融合发挥着积极作用。“一带一路”倡议不仅给我国的区域经济发展带来了机遇，同时也给沿线许多国家和地区带来了巨大的经济发展机遇。从国内看，自我国改革开放以来，东部沿海成为国家重点投资发展的区域，长三角、珠三角、环渤海等地区是中国经济发展速度最快的地区，这也导致了东西部经济发展差距越来越大。自 2013 年我国提出“一带一路”倡议以来，中国中西部地区大部分城市的经济增长速度高于沿海城市的经济增长速度，“一带一路”调整了我国经济发展的格局，促进我国中西部地区经济稳健、协调发展，进一步加快了中西部地区的崛起。从国际看，“一带一路”沿线有 60 多个国家，其中以发展中国家和新兴经济体为主。沿途有些国家国内局势尚未稳定，基础设施建设较差，交通不够便利，经济发展差距较大，区域与区域之间的交流交往较少。即使是高收入国家也大多是依靠能源输出，产业结构单一。通过“一带一路”建设，带动沿线国家基础设施建设，推动与周边国家的经贸合作，优化产业结构，提高众多国家的经济发展水平。同时基础设施建设需要庞大的资金，我国积极推动建立亚洲投资建设银行、丝绸之路基金等新兴金融合作机制，推动沿线国家经济发展，如图 4－1 所示。

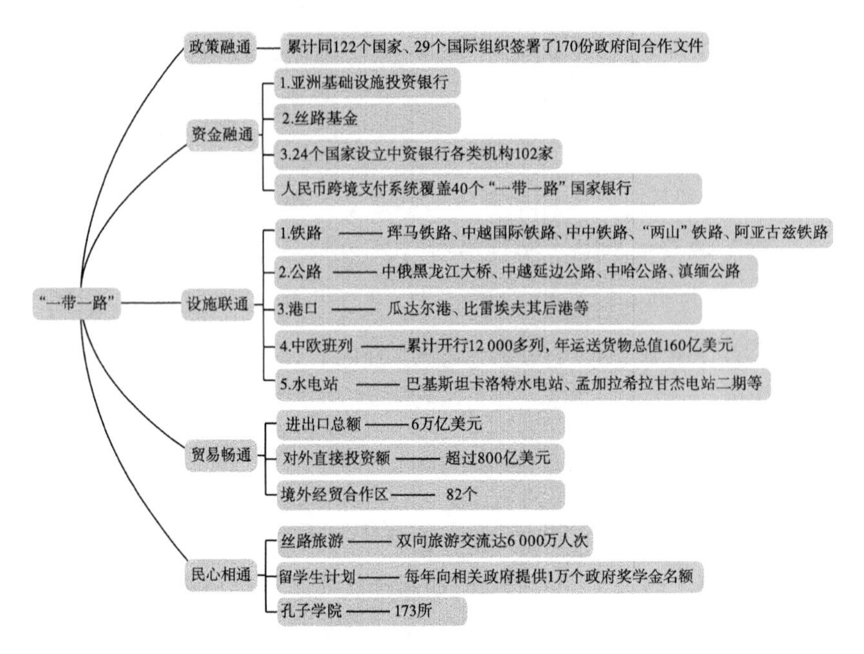

图4－1　截至2018年"一带一路"取得的部分成果

资料来源：根据中国一带一路网整理。

二、韩国"欧亚倡议"

"欧亚倡议"的提出。自2013年10月以来，韩国原总统朴槿惠首次提出了所谓的"欧亚倡议"（Eurasia）。"欧亚倡议"通过与欧亚地区国家的经贸合作，扩大韩国的对外贸易，推动朝鲜的发展和开放，缓解甚至消除韩国与朝鲜半岛的紧张局势。"欧亚倡议"三大目标分别是"一个大陆""创造的大陆"以及"和平的大陆"。它是泛指欧亚外交、安保、交通、能源、技术、文化等诸多领域的欧亚国家合作体系。

表4－1　韩国"欧亚倡议"的基本内涵

	核心	地区	具体内容
一个大陆	横穿欧亚大陆的交通物流网络	韩国、朝鲜、中亚、俄罗斯、中国以及欧洲	建设纵贯朝鲜半岛的铁路（TKR），TKR与西伯利亚横贯铁路（TSR）、中国横贯铁路（TCR）、蒙古横贯铁路（TMGR）的连接以及中亚、欧洲铁路网的丝绸之路快速铁路

续表

	核心	地区	具体内容
创造的大陆	科技文化交流	欧亚国家	物流、能源与IT连接起来，充分利用科学信息技术，打造产业、技术、文化相互融合的大环境
和平的大陆	解决和平和安保威胁的问题	朝鲜半岛、东北亚	韩国努力推进朝鲜半岛信赖进程和东北亚和平合作构想，推进欧亚区域内在经济、外交、安保上的合作

资料来源：根据朴英爱，张林国．中国“一带一路”与韩国“欧亚倡议”的战略对接探析［J］．东北亚论坛，2016（1）：106－116整理．

三、二者共同点分析

1. 相近的提出时间

“一带一路”倡议是2013年9月、10月，中国国家主席习近平出访中亚和东南亚时提出来的。“欧亚倡议”则是2013年10月18日，韩国原总统朴槿惠在首尔举行的“欧亚时代的国际合作大会”上提出的。两者提出时间十分相近。

2. 相似的理念

中国提出了建设“丝绸之路经济带”，与韩国倡导的“丝绸之路快车”，两国政府的理念不谋而合。“一带一路”倡议是通过现代交通基础设施与服务来连接太平洋和大西洋之间的欧亚陆上经济纽带。“欧亚倡议”的出发点是重建与朝鲜半岛之间的铁路线，建立贯通韩国、朝鲜半岛、中亚、俄罗斯及欧洲的交通网络，将欧亚大陆构建成一个经济共同体。因此“一带一路”倡议与“欧亚倡议”能够实现战略合作。

3. 相似的主张

“一带一路”倡议提出的合作方向是实现五通，即政策沟通、设施联通、贸易畅通、资金融通、民心相通。其战略意义在于政治互信、经济融合及文化包容。中国在国际关系上主张加强交流、互利互惠、合作双赢，与韩国所倡导的共同繁荣高度契合。中韩以开拓第三方市场开展合作为契机，注重创新技术与智能制造，促进地区互联互通，共同发展。

4. 大部分的区域重叠

“一带一路”是中国沿古代丝绸之路，构建亚欧大陆经济走廊，带动中亚、西亚、南亚、东南亚并向非洲等区域辐射，推进中国与沿线国家乃至亚欧的经济发展与人文交流。“欧亚倡议”经过韩国、朝鲜半岛、中亚、俄罗斯、欧洲，促进共同发展。俄罗斯、中亚、蒙古成了交汇地区。两者都以欧亚为区域背景，核心是中亚地区，整合欧亚大陆，实现欧亚经济一体化。

5. 建设项目相似，所需资金庞大

“一带一路”与“欧亚倡议”既涉及基础设施建设、建立产业园区以及工业产能，也包括发展生态环保、电子商务、海洋经济等新兴领域。在这些项目建设上，必定需要庞大的资金支持，金融需求急切又长久。因此，亚洲基础设施投资银行、丝路基金等新兴金融合作机制的建设尤为重要。

第二节　中韩（盐城）产业园与韩国新万金开发区的对接现状分析

一、中韩（盐城）产业园现状

1. 区域位置

盐城位于及中国东部沿海地区，是“一带一路”发展战略的重要城市之一。盐城是中韩产业园建设首批合作城市、韩国在华投资发展产业集聚基地、韩国对华贸易物流集散基地、中韩友好交往窗口城市以及韩国游客首选目的地城市。作为江苏韩资密集城市，韩国已成为盐城最大的外资来源国和贸易伙伴国。

2. 园区规划

中韩（盐城）产业园按“一园三区”发展布局，“一园”即中韩盐城产业园，“三区”即盐城经济技术开发区、盐城城南新区和大丰港经济区，总规划面积为210平方千米，启动区45平方千米。

表4－2　中韩（盐城）产业园规划

一园	中韩盐城产业园			
三区	名称	园区	规划面积	启动区
	核心区	盐城经济开发区	100平方千米	20平方千米
	主体区	盐城经济开发区	210平方千米	45平方千米
		城南新区	40平方千米	10平方千米
		大丰港经济区	70平方千米	15平方千米
	联动区	市域10个省级以上开发区或平台载体		

资料来源：根据中韩产业园网整理。

核心区的园区重点包括六大产业（汽车、新能源汽车、光电光伏、智能装备制造、软件及服务外包和电商物流）以及五大功能平台（中国沿海汽车城、韩资工业园、盐城综合保税区、新嘉源人才公寓、韩国社区）；主体区分为盐城经济技术开发区、城南新区、大丰港经济区，其中城南新区重点发展大数据产业和健康美容产业，大丰港经济区致力于发展临港物流、重型装备等产业。

3. 产业成效

截至2018年，中韩（盐城）产业园累计落户现代起亚、新韩银行、摩比斯汽配、京信电子、中韩机器人学企业3 190家，其中包括韩资企业165家；累计注册外资实际到账26.05亿美元，其中韩资17.2亿美元；累计实现外贸进出口总额203.8亿美元，其中对韩进出口98亿美元。其中，盐城经济开发区2017年以来新开工亿元以上项目24个，新竣工亿元以上项目21个，大批龙头项目正式落户盐城。江苏省政府批准中韩（盐城）产业园建设方案，其发展基金引导投资76.3亿元，其中撬动社会资本

59.6亿元。中韩产业园合作协调机制第二次会议、第一届中韩产业园合作交流会以及第六届中韩公共外交论坛在盐城召开。推动园区等级创建，滨海港工业园区加快建设，射阳港经济开发区成为省级开发区，建湖高新区、盐南高新区、盐城环保高新区获批省级高新区。随着盐城被列为中韩产业园合作城市，盐城对韩国进出口贸易总额占外贸进出口总额的48%，有利于盐城与韩国在经济交流、人文交流上不断深入，吸引了更多优质项目进驻中韩（盐城）产业园，韩国企业聚集在盐城的前景优势越来越明显，为盐城与韩国全面合作、共同发展构建了更大的平台。

4. 战略目标

近期目标（2018—2020年），中韩（盐城）产业园累计新增外商投资企业100家以上，外贸进出口总额占盐城市外贸进出口。总额的15%以上；中期目标（2021—2025年），中韩（盐城）产业园质量将持续提升，继续深化对外开放程度，外贸进出口总额占盐城市的比重要达到25%以上；远期目标（2026—2035年），中韩（盐城）产业园经济、科技实力大幅度上升，建造"一带一路"中韩经济贸易合作的先行区。

二、韩国新万金开发区概述

新万金开发区是韩国中央政府主导开发的国家级园区，位于韩国西海岸全罗北道沿海地区，占地总面积约401平方千米，地跨群山市、金堤市、扶安郡，土地主要通过围海造田形成。全部建成后的开发区面积相当于首尔市面积的2/3。韩国政府计划到2030年投入21万亿韩元（约合人民币1 290亿元），把该区域建成"东北亚经济中心城市"。政府计划将其划分开发成产业、观光旅游、休闲、国际业务、科学研究、新型再生能源、城市、生态环境、农业等9个不同功能区。2016年2月，新万金开发厅和盐城市人民政府就深化全方位合作，共同推进中韩（盐城）产业园建设进行亲切友好交流，并共同签署了合作备忘录。

1. 开发区建立

韩国新万金是由世界上最长的海堤围海造陆形成的土地开发区，总面积是401平方千米，总工程费约为1 290亿元人民币。该项目完工后，韩国继续建造机场以及工业园区，即新万金开发区。全部建成后的开发区面积将十分庞大，相当于新加坡国土面积的2/3、香港面积的1/3、巴黎面积的4倍。新万金开发区是韩国未来寻找新的经济增长动力的项目，这项项目经过填海造地从无到有，令世界瞩目。新万金项目一开始的初衷是建立“粮食生产基地”，现如今开发多种综合用地，包括农业用地、国际合作、环境生态、旅游休闲等，“东北亚经济中心地”建设成为该项目的主要目标。

2. 地理位置

新万金开发区位于韩国西海岸中部，全罗北道沿海地区，锦江下游滨海区，跨越群山市、金堤、沃沟、伏安三个市（县）共19个县镇。该区为锦江、万倾江、东律江汇集入海处，位置独特，水资源非常丰富。新万金开发区是由韩国政府极力主导并进行开发的国家级园区，站在15亿东北亚经济的中心，将成为实现45亿亚洲人的梦想和希望的一片天地。

3. 园区规划

新万金开发区总开发规模为409平方千米，其中填埋地291平方千米，淡水湖118平方千米。建成后的总工程费预计约为22.2万亿韩元（约1 340亿元人民币）。该项目开发计划为第一阶段：2017年先行项目明朗化；第二阶段：2018—2022年扩大民间投资；第三阶段：2023年以后内部开发加速化。新万金开发区用地规划见表4-3。

表4-3　新万金开发区用地规划

区分	合计（平方千米）	构成比率（%）
合计	291	100
产业研究用地	41.7	14.3

续表

区分	合计（平方千米）	构成比率（%）
国际合作用地	52.0	17.9
旅游休闲用地	36.8	12.7
农业生命用地	94.3	32.4
环境生态用地	42.0	14.4
配套城市用地	24.2	8.3

资料来源：根据韩国新万金网整理。

4. 政策优惠

新万金开发区是韩国唯一一个由政府直接管理的经济特区，在法律上享受"新万金特别法"的特权优待，同时也拥有土地使用权，有利于快速推进项目发展，提供定制型支援，利用韩国国家预算建设许多重要的基础设施，比如港湾、机场、高速公路等。韩国政府利用中韩自贸协定（FTA）以及韩流在全世界的扩散，计划将新万金开发区建设成东北亚自由贸易和半成品生产、加工、出口的核心据点。因此，韩国政府将新万金开发区建设成无投资企业活动障碍、无社会文化差别、无生活障碍的三无自由贸易投资据点。中韩 FTA 的签订，关税率由以前的 6.5% 每年递减 1.3%，到 2019 年也就是今年将全部废除关税，对于中国企业来说，入驻新万金开发区更加方便进入世界市场。因此，新万金开发区的建设与发展不仅有利于韩国发展西海岸的经济，对我国对外开放的进一步深化以及促进中韩经贸合作，共建中韩"一带一路"有着重要的经济战略意义。

三、"两国双园"对接分析

1. 两国政府高层共同推动

2015 年 6 月 1 日，中韩自贸协定签订，盐城被确定为中韩产业园地方合作城市。在我国商务部与韩国产业通商资源部的支持与指导下，盐城市依靠韩资密集区的区位优势和条件，全面推进中韩（盐城）产业园建设。2016 年 2 月 24 日，盐城市城府与韩国新万金开发厅签署合作备忘录，携手加快推进建设中韩（盐城）产业园和新万金中韩经济合作园区。2017 年 12 月，国务院正式批复成立中韩（盐城）产业园，推动中韩（盐城）产业园朝着高质量方向发展。2018 年 9 月 27 日，江苏省人民政府印发《中韩（盐城）产业园建设实施方案》，明确了总体要求、功能布局、主要任务和保障措施，扎实推进中韩（盐城）产业园发展，积极落实中韩自贸协定，支撑全省经济高质量高水平发展和“一带一路”交汇点建设。

2. 两国双园区位优势明显

新万金开发区具有优越的环境条件，地处与中国沿海经济开发区最近的位置，与中国隔海相望，与日本及俄罗斯相邻。

新万金新港到中国的距离非常近，除烟台市以外，盐城是距离新万金开发区最近的中国城市，距离为 650 千米。因此，在中国与韩国的进出口贸易中，若选择在盐城与新万金进出口货物，就可以节省一大笔的物流费用，交易成本会降低，贸易机会将大大增加。

3. 人文交流越发频繁

表 4－4　2016 年以来盐城与韩国的部分人文交流活动

时间	主要领导	主要事件
2016 年 5 月 27 日	原盐城市市长王荣平	第十四次中韩经济部长会议
2016 年 11 月 8 日	韩国亚洲大学附属医院代表团	城南新区与韩国在健康美容产业方面的合作与交流
2018 年 4 月 15 日	金振杓先生以及韩国议会和企业家代表团、孙轶、董玲玲以及盐城市政府、盐城市经济技术开发区相关领导	考察参观光华教育集团、盐城外国语学校
2018 年 5 月 8 日—12 日	陈红红、盐城市各县（市、区）、盐城经济技术开发区、城南新区和市有关部门、悦达集团、国投集团负责同志	2018 江苏—盐城（首尔）沿海发展暨中韩（盐城）产业园投资合作说明会
2018 年 6 月 12 日	中国上海 WTO 事务咨询中心总裁王新奎、韩国国土研究院博士李范贤、中国商务部国际合作研究院亚洲研究所所长宋志勇以及韩国对外经济政策研究院博士李尚勋	第一届中韩产业园合作交流会

资料来源：根据中韩产业园网整理。

4. 互动发展机制逐步完善

中韩（盐城）产业园是中韩两国元首达成共识，并将其纳入中韩自贸协定（FTA）框架下的两国共同建造的产业园区。江苏省委、省政府极其重视中韩（盐城）产业园的建设，江苏省政府专门出台20条政策措施，江苏省与盐城市共同设立20亿元发展基金，支持中韩（盐城）产业园的建设与发展。积极有效地建立盐城、烟台、惠州、韩国新万金中韩产业园区联合沟通机制，在盐城组织首届中韩贸易博览会，建设中韩贸易跨境电商综合试验区。建立中韩（盐城）产业园与韩国新万金开发区间转口贸易联动机制，积极探索“两国双园”建设新路径。

5. 产业合作投资建设力度加大

2019年，中韩（盐城）产业园集中注意力于韩国前20强企业投资项目，包括新能源汽车、动力电池、半导体等重大韩资投资项目。中韩（盐城）产业园目前储备的投资项目众多，有总投资1亿美元的韩国SKC半导体、6 000万美元的韩国LG汽车新材料等，中韩合作投资共同促进大型项目的签订。盐城联合韩方有关企业在新万金建立物流基地以及海外仓，共商开发现代农业的有关项目，在新万金进行风电等新能源建设。

第三节　“两国双园”对接中存在的问题及成因

一、建设进度不够均衡

因为中韩两国国情与政治经济体制的不同，导致中韩“两国双园”建设呈现出中方快，韩方慢的现象。中国政府在很多方面上给予中韩（盐城）产业园大量的支持。虽然韩国新万金计划与江苏省的沿海开发战略相似，与我国上海浦东几乎是同时开发的，但到目前为止，我国浦东的发展速度之快令世界瞩目，而韩国新万金开发区建设却颇为缓慢。新万金计划首先因为环保问题被搁置很久，其次新万金计划经历了韩国多位总统，造成新万金计划只能通过严格的法律程序确定以及发展下去。

二、劳动力成本优势弱化

近年来，中国劳动力成本快速上升，资本外流、产业转移的现象频发。我国劳动力成本优势不再明显，虽然与欧美日韩等一些发达国家相比，仍然具有较大的劳动力成本优势，但是与一些新兴经济体比较，我国的劳动力成本优势不再明显，甚至不具有劳动力成本优势。

由表 4 - 5、表 4 - 6 可以看出，盐城全市总人口增速不断放缓，在 2017 年甚至有所下降，而盐城职工平均工资在不断上升，导致了盐城市的劳动力成本不断上升，造成了一些韩资企业资本外流，寻找劳动力成本低、土地价格低的国家投资建厂。

表 4 - 5　2010—2017 年盐城人口情况　单位：万人

年份 人口	2010 年	2011 年	2012 年	2013 年	2014 年	2015 年	2016 年	2017 年
全市总人口	816.12	820.69	822.40	823.77	828.54	828.03	830.53	826.15
农业人口	491.72	472.24	456.09	452.25	454.25	351.10	346.11	336.96
非农业人口	324.40	348.45	366.31	371.52	374.29	476.93	484.42	489.19

资料来源：盐城市统计局，tjj. yancheng. gov. cn/.

表 4 - 6　2010—2017 年盐城职工平均工资　单位：元

年份 项目	2009 年	2010 年	2011 年	2012 年	2013 年	2014 年	2015 年	2016 年	2017 年
绝对数	26 674	30 462	35 499	40 357	43 052	47 200	52 389	57 374	63 286
指数（上年 = 100）		114.20	116.50	113.70	109.30	109.60	111.00	109.50	110.30

资料来源：盐城市统计局，tjj. yancheng. gov. cn/.

三、韩资产业链单一，技术水平不高

盐城与韩国的经济合作始于韩国现代起亚项目。盐城主要以汽车产业为纽带与韩国进行经济交往。虽然目前从汽车产业发展到了环保、医疗美容、新能源等产业，但总体来说，韩资产业链比较单一，还是以汽车产业为主导地位，已经形成一条集研发、整车、零部件汽车服务业的全产业链。截至2018年，盐城拥有148家汽车制造企业，占全市工业企业的5.1%，其中47家处于亏损状态，汽车制造业总产值为7 674 924万元，销售产值为7 480 506万元，资产总计6 013 225万元，占全市工业资产的11.38%。由此可见，汽车制造业所占比重较小，产业规模较小，中韩（盐城）核心产业园汽车产业一业独大，但核心技术仍掌握在韩方手里。

四、"萨德"事件对"两国双园"建设的影响

2016年7月，韩国政府决定部署"萨德"，这对盐城经济发展造成了一定程度上的影响，尤其是起亚汽车在盐城销量急剧下降。

由表4－7可见，2016年韩国部署"萨德"，2017年盐城对韩国进出口总额急剧下降，下降了55%，对中韩（盐城）产业园与韩国新万金开发区的对接造成了一定的阻碍。

表4－7　2015—2017年盐城对韩国进出口总额　　单位：万美元

项目 年份	进出口	出口	进口
2015年	233 677	40 146	193 531
2016年	221 456	25 820	195 637
2017年	142 466	31 306	111 160

资料来源：盐城市统计局，tjj. yancheng. gov. cn/.

第四节　强化"两国双园"对接机制的路径分析

学者对于"一带一路"和"欧亚倡议"战略对接进行了相关的研究。牛林杰在《"欧亚倡议"＋"一带一路"：深化中韩合作的新机遇》（2015）中提出，"欧亚倡议"和"一带一路"倡议的对接可以大幅度拓展两大构想的辐射区域，也可以给两国双边合作乃至东北亚的多边合作带

来新的机遇。学者对“两国双园”模式进行了深入研究。陈正湘、陈惟杉在《中马钦州产业园：依托“两国双园”实现国际产能大合作》（2015）中对“两国双园”发展历史进行了详细地解释说明。早在 2011 年 4 月，时任国务院总理温家宝访问马来西亚，与马来西亚总理纳吉布达成两国政府共建中马钦州产业园区的共识；2012 年 4 月 1 日，两国总理共同出席中马钦州产业园区开园仪式。与此同时，两国同意在马来西亚关丹市同步建设马中产业园区。2013 年 2 月，马中关丹产业园正式开园，“两国双园”进入互动并进建设的新时期。2013 年 10 月，国家主席习近平在印度尼西亚发表演讲时创造性地提出构建中国—马来西亚“两国双园”国际园区合作的新模式，这些为实现中韩“两国双园”模式合作提供了成功借鉴。

一、最大限度发挥长三角城市群的优势

盐城是在江苏苏北五市中唯一一个成为长三角城市群的城市，因此盐城成为非常珍贵的区域合作平台。通过这个平台，盐城可以共享全世界最新的发展信息以及理念。盐城可以借鉴上海、苏州等产业园区的成功经验，以此推动中韩（盐城）产业园发展。作为长三角发展中的“洼地”，肯定会有越来越多的产业项目转移到盐城，扩大盐城产业结构。因此，中韩（盐城）产业园不仅聚集着韩国的新产业，也会有大量长三角都市圈内产业转移到盐城。

二、推动劳动力资源向人才资本的转型

虽然中国劳动力优势不再像过去那样明显，但是盐城作为长三角都市圈后发城市，还是具有劳动力、土地等方面的比较优势，有利于盐城吸引韩资。为了促进产业升级，劳动力资源转化为人力资本极为重要。第一，应提高职业教育的规模与质量，促进盐城的各大高校向应用型学府的转型。应用型学府不仅可以满足产业转型升级的需要，满足学生高质量就业的需求。而且更重要的是通过应用型学府来与地方、产业对接。依托“产

教融合、校企合作"，重点实现学校的特色发展，更好地培养大批优质人才。第二，应支持盐城高校与韩国高校的交流与合作。推动中韩高校的交流与合作，不仅可以实现在科研、教学资源上的优势互补，也可以提升盐城高校在国际上的知名度。因此要坚持"科教兴国、人才强国"战略，充分发挥中韩高校交流与合作的巨大潜力。第三，应支持企业建立国家级实验室，创建研发平台，申报各种国家、省、市的科研课题，进一步提高企业的创新科研能力。建设企业国家重点实验室有利于企业招揽大批量的科技人才，加快研究出科研成果；有利于转变企业经济增长方式，增强产业自主创新能力，提高企业国际竞争力。

三、加强招商投资，推动高端产业合作

首先，推进中韩（盐城）产业园与韩国大型企业集团的合作项目早日落户盐城，加快外资结构优化升级。支持中韩（盐城）产业园主攻韩资高端产业项目，主攻韩国大集团大企业。支持园区拓展日本、欧美等市场，突破一批重大产业项目。其次，探索建立中韩（盐城）产业园与韩国新万金开发区的招商联动机制，联合招商，优势互补。与韩国各大企业加强交流与合作，大力支持韩国企业到中韩（盐城）产业园创新创业。支持江苏企业入驻新万金韩中产业园，大力推动全省企业"走出去"。最后，推进中韩（盐城）产业园和韩国新万金开发区、大韩贸易振兴公社等的合作招商，深化贸易投资，促进中韩产业园建设的各种经贸活动，探索中韩盐城"两国双园"建设新路径。

四、促进高新技术产业发展，提高产业园质量

抓住中韩自贸区实施新机遇，加快推进产业转型升级，提高发展质量，加强建设创新载体、服务平台以及中韩企业孵化基地。重点培育新能源汽车、5G、半导体、光电光伏节能环保、医疗美容、"互联网＋"、大数据、跨境电商、智能制造、现代服务业等新兴产业和高新技术产业，推动

中韩（盐城）产业园融合发展，建立具有国际标准、带有盐城特色的产业园区。

五、加大改革试点力度，打造改革创新先行区

盐城对照国际一流标准，加快投资贸易便利化改革，发展中韩（盐城）产业园基金，营造国际化的经商环境，不断加强盐城对韩国资本、人才、技术等的吸引力。首先，应大力发展中韩跨境电子商务，创建跨境电子商务综合试验区，让盐城成为韩国对中国出口商品的集中点以及江苏出口特色商品的新通道。其次，推进韩资银行跨境人民币贷款业务，韩资公司开展跨境双向人民币业务，使中韩（盐城）产业园在进出口贸易、投资项目等领域进一步扩大对韩开放范围，充分发挥中韩（盐城）产业园在中国新一轮对外开放进程中的示范与带动作用。

六、加强人文交流，推动全面开放

盐城快速推进韩国城、韩国社区、韩国医院、韩国风情街等基础设施的建设，为中韩（盐城）产业园的建设融入更多韩国元素，打造一流经商环境，为来盐城投资合作、旅游观光的韩国人提供更好的环境和条件。盐城有着浓厚的韩国文化氛围、良好的商务投资环境，中韩双方应紧抓中国进一步扩大对外开放的发展机遇，不断深化在各个领域的交流合作，实现盐城全方位对韩开放。

小结

国外学者对“一带一路”和“欧亚倡议”进行了一定研究。Churl Gyu Lee（2008）在 *Toward Strategy Partnership with Countries in Northeast and Central Asia* 中阐述了韩国在东北亚和中亚的战略合作，突出了中国在韩国“欧亚战略”进程中的重要地位。Dong Xiangrong（2013）在 *Sino - South Korea Economic Relations：AsymmetricalInterdependence and Prospects* 中表示

中韩两国经济互相依赖，限制了中韩经济领域矛盾的升级，但是韩国试图通过与欧美签订 FTA 等降低对中国的经济依赖。James D. Sidaway、Chih Yuan Woon（2017）在 *Chinese Narratives on "One Belt, One Road" in Geopolitical and Imperial Contexts* 中表示"一带一路"倡议带来了巨大的经济增量，也带来了地缘政治格局重建的机遇。朴英爱、张林国（2016）在《中国"一带一路"与韩国"欧亚倡议"的战略对接探析》中表明，"一带一路"与"欧亚倡议"是相近相通，但又相差相异。这两个战略优势互补，共同提升，两国研究"一带一路"和"欧亚倡议"对接的路径，强强联合，共同开拓欧亚合作新空间。学者对韩国"欧亚倡议"进行了一定的研究。汪伟民（2017）在《韩国欧亚战略的演进》中表示，韩国处在欧亚大陆的边缘地带，在欧亚大陆的影响力受到一定程度的限制。韩国"欧亚战略"经过长时间的酝酿，已经有了比较系统的蓝图。未来韩国在欧亚大陆上的发展必定离不开中国，中韩合作对韩国"欧亚战略"的推进具有重要意义。按照"两国双园"的合作模式，中韩（盐城）产业园"一园三区"的规划格局基本成型。因此，中韩（盐城）产业园与韩国新万金开发区的对接对促进中韩贸易的深度合作，加深"一带一路"与"欧亚倡议"对接有着重要意义。通过上述国内外文献研究可以发现，虽然对于中国"一带一路"倡议、韩国"欧亚倡议"、中韩（盐城）产业园与韩国新万金产业园的研究很多，但是对于中韩（盐城）产业园如何与韩国新万金产业园对接的研究较少。本部分利用比较分析法，对韩国"欧亚倡议"与中国"一带一路"倡议共同性进行了分析，分析发现两者在提出时间、理念、主张、涉及地区、建设项目等方面具有共同性，这些为两国建设产业园提供了战略对接的基础。中韩（盐城）产业园与韩中（新万金）产业园是基于两国共同性战略共建的地方合作城市，对于提升经济发展竞争力和提供两国经济发展新动能创造了新的动力源。研究发现，两国地方产业园合作对接中还存在建设进度不够均衡、劳动力成本优势弱化、韩资产业链单一、技术水平不高等问题，由此提出了盐城应最大限度地发挥长三角都市圈的优势，推动劳动力资源向人力资本转型，加强招商投资，促进高新技术产业发展，提高产业园的质量，加大改革试点力度，打造改革创新先行区，加强人文交流，促进盐城对韩国的全面开放的建议。本部分在此基础上提出了三点政策建议。

一是两国政府要深化合作。中韩两国应加强发展战略对接，深化各大领域的合作，扩大互利共赢。两国政府应该增强经济交流，促进两国企业合作，推动两国产业合作迈向更高的阶段。国家商务部与韩国产业通商资源部要强化中韩产业园合作协调机制，在体制创新和政策实施等方面给予积极支持。江苏省政府要加强中韩（盐城）产业园发展工作协调小组工作。

二是盐城政府与新万金政府要加强沟通。盐城市要进一步与省商务厅建立联席会议工作制度，盐城经济技术开发区管委会作为中韩（盐城）产业园的建设管理机构，要协调统筹大丰港经济开发区联动开展工作，保障中韩（盐城）产业园建设发展各项工作顺利推进。

三是中韩（盐城）产业园要持续扩大与新万金产业园的交流合作。一方面应积极参加在新万金举办的各类中韩经济交流活动，大力宣传中韩（盐城）产业园的发展现状。积极推动市内悦达、国投、远景能源等企业赴新万金投资考察，洽谈合作。另一方面应加大宣传力度。邀请韩国各大主流媒体来盐宣传报道，举办各式各类的演出活动，使盐城真正成为新万金项目投资者熟悉而向往的中国城市。

第五章　东风悦达起亚汽车韩国内销现状及对中韩（盐城）产业园的影响

目前的汽车销售环境越来越具有挑战性。一方面还没有走出全球经济放缓的阴影，自 2008 年金融危机以来，美国经济增长放慢，脱欧投票导致欧洲经济复苏放缓，许多发展中国家继续保持缓慢的增长模式。由于经济增长的持续下行压力，预计美国、欧洲和中国在内的主要市场的增长将减少，韩国市场的需求也将下降。另一方面由于中国本土品牌的增长，汽车市场的竞争将加剧。与此同时，技术创新的加速导致了汽车工业的迅速和戏剧性的变化。例如，汽车电子化程度提高，自动驾驶汽车和移动服务将以快速的速度发生。同时全球对二氧化碳排放的担忧，迫使全球汽车制造商将重点放在电动汽车上。对混合动力汽车的需求也受到比传统汽车效率更高的驱动。总之，预计汽车行业将在不久的将来发生广泛的变化。面对如此激烈的竞争，东风悦达起亚（以下简称起亚）汽车在韩国市场增速也在放缓，面临着韩国车市渐趋饱和的问题，不利于中韩（盐城）产业园东风悦达起亚汽车的持续性发展。

第一节　韩国起亚汽车内销现状及特点

一、韩国起亚汽车发展概况

韩国起亚汽车公司隶属现代起亚汽车集团，与韩国现代汽车公司是兄弟公司，但二者又独立运作，互不干涉经营，是两个完全不同的汽车品牌。起亚汽车公司是韩国最早的汽车生产制造商，也是当今世界最大的20家汽车企业之一，在全球的汽车行业中具有极高的声望。目前起亚汽车公司拥有完善的乘用车和商用车两套生产流水线，在韩国拥有并运营着三个主要汽车生产基地，包括Sohari工厂、Hwa－sung工厂和光州工厂。此外，起亚汽车公司还在斯洛伐克的兹利纳以及中国和美国等8个国家和地区设有制造工厂和装配工厂来生产和组装起亚汽车，这些车辆可以通过遍布172个国家的3 000多家分销商和经销商网络销售和维修。经过多年的不断发展，起亚汽车公司的整体实力得到了提升，基本上已经覆盖了从轿车到SUV、MPV等各种车型，并且拥有了千里马、索纳塔等一系列特色产品。从韩国起亚汽车的发展概况来说，具体可以分为以下四个发展阶段：

第一阶段是学习效仿外国技术阶段（1944—1984年）。早期起亚汽车公司成立时，因缺乏相关经验和关键技术，所以把重点放在了如何引进国外新技术上，选择和福斯特公司合作，学习福斯特公司先进的生产技术，重点发展轿车和小货车的生产，同时也注重自我的消化和吸收。第二阶段是自主研发设计阶段（1984—2000年）。起亚汽车公司在引入国外先进技术的基础上，结合本国实际情况进行研究探索，逐渐培养出企业自身独特的研发设计能力。从最初单纯依靠技术引进，到不断提高企业国产化和本土化能力，再到最后实现了自主生产，起亚汽车在韩国的市场份额不断扩大，和现代汽车一起，成为韩国车市的“领头羊”，成功拥有韩国新车市场近68.1%的市场占有率。第三阶段是走向中国阶段（2000—2007年）。随着韩国市场渐趋饱和，起亚汽车公司将目光转向了市场广阔、劳动力低廉的中国市场。2000年12月，现代起亚汽车中国总部在上海成立，2001年全面进入中国汽车市场。综合考虑后在江苏盐城建设第一、第二、第三工厂，利用当地的政策和资源优势，对汽车进行组合装配，之后再运回韩国本土销售。同时盐城三个工厂将和韩国新万金产业园联手进行研发生产，共同构建产品研发中心，致力于构建全新的发展平台，形成规模经济，为起亚汽车公司带来质与量的全面提升。第四阶段是扩展世界市场阶段（2007—2019年）。为提高起亚汽车在中亚、西亚以及非洲等地的市场占有率，起亚汽车继续进军新市场，以增强其未来增长的驱动力。在过去几年里，起亚汽车在包括美国在内的战略市场建立了强大的制造网络，此外还向充满巨大潜力的印度市场进军，在印度建立一家工厂，并开发符合当地需求的新车，为开拓新市场打下了基础。与此同时，为扩大北美销售和开拓中南美洲新市场，起亚汽车正在加强全球生产基地包括已经完工现投产的拥有年产30万辆能力的墨西哥蒙特雷海外工厂，以进一步加强整个组织的沟通和合作，确保起亚汽车全球生产和销售系统的高效运行，从而满足起亚汽车在世界各地不断增长的需要，并确保其永续发展。

二、韩国起亚汽车内销现状

起亚汽车在韩国政府的支持下得到迅速发展，市场占有率进一步扩大，和现代汽车一起成为韩国汽车市场的“领头羊”。起亚汽车也因其舒适、安全、先进的设施，强劲的动力和流线型和动感时尚的外形，牢牢抓住了追求生活品质、生活时尚的消费者的需求和心理，使其在韩国本地的销售量一直处于稳步上升阶段。

1. 内销数量逐渐增长

从图5－1可以看出，起亚汽车销售总体上属于上升状态，从最初的40多万辆到突破50万辆大关。具体来看，2011年是全球经济的动荡时期，包括日本地震、中东和亚洲的民主化运动以及欧洲的经济危机。尽管如此，起亚汽车谨慎地克服了所有障碍，取得了创纪录的业绩，销量高达49.2万辆。2012年全球经济还没有走出放缓的阴影，起亚汽车国内销量略微下降，共48.1万辆，但依然跻身全球百强品牌行列，巩固了起亚汽车作为世界级汽车制造商的地位。2013年，由于韩元走强日元走弱，进入韩国的日本汽车数量增加，对起亚汽车造成一定冲击，销售量大幅度下降，比上年下降了2.3万辆。2014年，虽然全球经济依然不稳定加之汽车制造商之间竞争加剧，但是起亚汽车通过专注于提高产品质量和客户满意度，销售量实现了一定的增长。2015年是起亚汽车充满活力的一年，为起亚汽车在韩国汽车市场不断发展的成功历史增添了新的里程碑——起亚汽车第一次在韩国本土售出超过 50 万辆。2016 年起亚汽车连续第二年在市场条件困难的情况下销售超过 50 万辆，进一步巩固了起亚汽车在韩国汽车市场的领先地位。2017 年受韩国市场增长乏力、韩元走强以及全球贸易保护主义蔓延等因素的影响，起亚汽车的竞争环境比以往任何时候都激烈。面对如此激烈的竞争环境，起亚汽车在韩国市场售出 51.8 万辆汽车，同比下降 1.5 万辆。2018 年起亚汽车韩国国内销量为 52.8 万辆，比上年增长 2.00%。2019 年预计内销增长为 53 万辆。

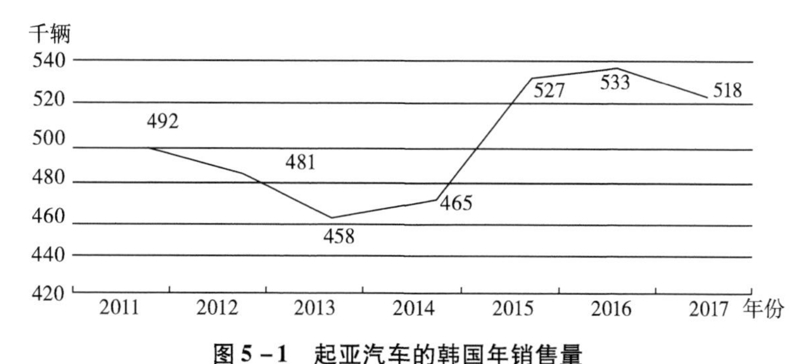

图 5－1　起亚汽车的韩国年销售量

资料来源：起亚汽车 2011—2017 年度报告，http：//www. kiya. com.

2. 销售收入逐年递增

从图 5－2 可以清晰地看出，起亚汽车在韩国的年销售收入总体上呈稳步增长态势。但是 2012—2014 年的增长速度较慢，这是由于全球经济不确定性的增加和汽车制造商之间的竞争加剧造成的。在此背景下，起亚汽车专注于提高产品竞争力和客户满意度，为成为全球领先企业奠定了基础，同时也加强了环保和战略性本地化汽车的开发活动，从而确保了起亚汽车其在韩国市场的竞争力并且提升起亚汽车的企业形象。2015 年起亚汽车大幅度增加研发投资，同时通过发布稳定的高竞争力、高品质的新车流从而进一步增加了销售收入。2016 年起亚汽车持续保持良好的态势，实现了销售收入的稳步增长，保持了在韩国本土车市领先的市场竞争力。起亚汽车通过努力创造差异化的销售和服务运营模式，进一步增强了客户对起亚品牌的信心。2017 年销售收入增速放缓，由于“萨德”事件的影响，中国市场大大萎缩，起亚汽车在此情况下加大本土汽车市场的开拓，不断提高起亚汽车的产品竞争力和品牌影响力，以灵活措施应对挑战。

3. 系列品牌产品市场占有率稳步提升

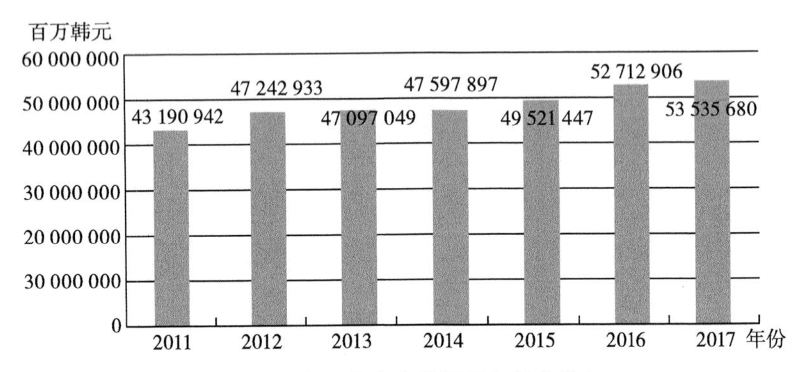

图 5－2　起亚汽车在韩国的年销售收入

资料来源：起亚汽车 2011—2017 年度报告，http：//www. kiya. com.

从表 5－1 可以清楚地看出起亚汽车主要车型的销售情况。索兰托是韩国起亚汽车 SUV 系列车型的代表，在韩国本土相当热销。STONIC 则完美地展示了起亚汽车紧凑型 SUV 的优势，价低质优，外观运动时尚，内饰彰显了居家个性，是优质的 SUV 入门型产品。霸锐是一款豪华 SUV 系列，储物空间丰富，操控灵动，动力优秀，变速平稳有力，目标人群指向那些活跃、追求独立和充满激情的生活方式的高层人士以及经济实力较强、在社会上比较成功的中层人士。而起亚 NIRO（极睿）是起亚集团新能源汽车的代表，随着环保观念的深入人心，NIRO 销售量的增长是大势所趋。总体来说起亚汽车具体车型的销售均属于增长状态。

表 5－1　2017 年 12 月韩国车市销量　　单位：辆

车型	2016 年 12 月	2017 年 12 月
现代雅尊	9 080	17 247
现代 PORTER	7 152	9 973
现代领动	6 848	7 799

续表

车型	2016 年 12 月	2017 年 12 月
起亚索兰托	6 750	7 292
现代索纳塔	6 319	7 257
起亚 NRIO	1 629	2 926
起亚 K3	2 344	3 539
起亚 STONIC	1 813	—
起亚霸锐	985	1 803

资料来源：起亚汽车 2011－2017 年度报告，http：//www. kiya. com.

三、韩国起亚汽车内销特点

1. 车型多元化

起亚汽车车型丰富，覆盖了韩国微型车、小型车、紧凑型、中大型车和大型车等多个领域。例如，紧凑型车起亚 K3 目前已经完成了换代，新车外观有所改良，并且使用了 CVT 变速箱，代替了上一代的 AT 和双离合变速箱，整车更加注重车辆的顺性和油耗。起亚 MORNING 和 RAY 是微型车，前者市场销售量比较大，一直在更新换代；后者最大的优点是实用性强，它的设计就像一个方盒子，车内空间特别大。K9 属于大型车，相比捷恩斯 G80，价格更便宜，内饰更豪华，宜商宜家。起亚汽车如此多元化的车型系列满足了韩国人民多样化的需求，最大限度地占领了韩国汽车消费市场的份额。

2. 以 SUV 和 MPV 车型为主

例如，索兰托、狮跑、NIRO、嘉华等车型销量就很高。SUV 是一种运动型多用途车，具有旅行车的空间功能和卡车的越野能力，动力强劲、越野性强、宽敞舒适、携带和载客功能好。近年来 SUV 作为新型城市购车者的首选车型，已成为韩国汽车市场增长的主力军。MPV 是指由旅行车演变而来的多用途汽车，它结合了旅行车巨大的乘客空间、汽车的舒适性和货车的功能。一般为双室结构，可容纳 7～8 人。随着家庭结构的变化，MPV

多功能汽车已成为一种全新的家庭汽车消费。这种家庭消费的增加将大大加速 MPV 进军家庭汽车市场，家用车的购买已成为市场新的消费增长点。

3. 韩国人汽车消费水平较高

韩国热销的乘用车分别是雅尊、领动、索纳塔、索兰托。其中雅尊是 B + 级中型车、索纳塔是 B 级车、索兰托是 7 座中型 SUV、领动是 A 级紧凑型轿车，这四款车型都使用了最新的技术，款式新颖，销量非常高，也体现了韩国人整体的较高的汽车消费水平。

4. 韩国人对互联网汽车热情不高

目前，互联网汽车的实际功能主要包括以下几个方面：一是手机跟汽车互联；二是车内互联网服务，主要包含语音控制车窗及空调，精准导航，道路救援，甚至还有支付功能。未来互联网汽车的终极目标是所有车内互联网相连。而现阶段，互联网服务只是基础设施的延伸和补充。在 2017 年上市的新车中，韩国本土市场却没有有关语音控制车内功能的车型，而在中国市场投放的车型中，因为与百度合作，也推出了互联网汽车。

第二节　韩国起亚汽车内销存在的问题及成因

一、内销存在的问题

虽然起亚汽车在韩国本土的销售量稳步上升，销售收入稳步增长，但仍然存在一些问题，严重制约了起亚汽车的跨越式发展，成为未来可持续发展的瓶颈和阻碍，具体表现在以下三个方面。

1. 销售增长比较低

从表 5 - 2 可以看出，即使起亚汽车在韩国本土销售量总体处于增长态势，但是销售增长比很低，增速缓慢。一方面与韩国汽车市场渐趋饱和，汽车产能过剩有关；另一方面也和起亚汽车在豪华车研发上处于劣势有关。起亚汽车一直走低端廉价路线，随着韩国民众收入和消费水平的不断提高，他们看中汽车的舒适度和价值度，靠经济型车开拓市场已不是长久之计，起亚汽车的价格战失去了优势，不利于现代起亚汽车集团的持续性发展。

表 5－2　起亚汽车销售量增长比

年份	销售量（千辆）	销售增长比（%）
2011 年	492	
2012 年	481	－2. 24
2013 年	458	－4. 78
2014 年	465	1. 97
2015 年	527	13. 3
2016 年	533	1. 14
2017 年	518	－2. 81

资料来源：起亚汽车 2011—2017 年度报告，http：//www. kiya. com.

2. 销售收入增加但净利润下降

从表 5－3 可以看出，起亚汽车的年销售收入虽然有所增加，但净利润却在下降。销售成本、销售净利润之比已经突破了 3 并呈现逐步扩大的趋势，说明企业实际上已经处于成本多于利润的经营模式阶段，极容易造成汽车研发—生产—销售产业链的断裂，阻碍起亚汽车的发展。

表 5－3　起亚汽车年销售收入及净利润　　单位：百万韩元

年份	销售收入	销售净利润
2011 年	43 190 942	3 519 236
2012 年	47 242 933	3 864 704
2013 年	47 597 897	3 817 059
2014 年	47 097 049	2 993 593
2015 年	49 521 447	2 630 600
2016 年	52 712 906	2 754 640
2017 年	53 535 680	968 018

资料来源：起亚汽车 2011—2017 年度报告，http：//www. kiya. com.

3. 车型结构不合理

与欧美、日本等国家的汽车市场相比，起亚汽车集团生产的低、中、高档汽车没有构成合理恰当的比例关系。目前起亚汽车的中、低档车在韩国市场上占据了绝对重要的地位，但是高档车却销售惨淡。反观现代汽车的豪华车品牌捷恩斯已经逐渐完善了产品线布局，旗下三款车型高低搭配，入门级的中型车 G70、中大型车 G80 和大型车 EQ900，针对不同的目标消费人群。而起亚汽车 K9 给人孤军奋战的感觉，K9 下面有 K7，而 K7 只是一个普通的 B 级车。可见起亚汽车在高档车方面存在劣势，低、中、高档车比例严重失调。

二、内销问题的成因

1. 韩国汽车消费市场渐趋饱和，起亚汽车产能过剩

韩国作为一个发达的资本主义国家，在整体经济实力、国民收入和消费水平方面位于世界前列。因此，其汽车消费能力也很强大。伴随着汽车产业的不断扩展，韩国民众的人均汽车持有量也在逐渐增加，从 1978 年的平均 96. 1 个韩国人拥有一辆汽车发展到 2017 年平均 2. 3 个韩国人就拥有一辆汽车。但是在看到迅猛发展的韩国汽车业时，我们也要清醒地认识到韩国总人口只有 5 000 多万，即使之后会有一些增长，但是总人口基数小，人口增长率远低于韩国汽车生产增长率，韩国国内汽车消费市场将逐渐饱和。

2. 以廉价车为主，品牌优势不足

要想销量好，不能只看技术、舒适程度，还要看品牌。起亚汽车拥有独立完善的技术，可以生产优质汽车。起亚汽车一直主打的高性价比，不仅车的价格便宜，而且质量还很好，给人一种低端廉价的感觉，甚至价格比现代汽车还要低一些，这对于起亚汽车来说是很不利的。最好的例子就是辉腾，辉腾是大众汽车集合了集团最优质的资源，甚至把奥迪顶级的

W12 发动机都拿来使用后制造出的高级豪华车，实力绝对不亚于奔驰 S 级和宝马 7 系，而且性价比也很高。但是它的知名度始终不高，消费者依然不会把它当成豪华汽车，就是因为它的 LOGO 是大众。同样的道理，起亚汽车最缺少也是品牌价值。从短期来看，以较低的价格打破壁垒具有竞争优势。但是从长远发展来看，价格战要受到韩国政治经济环境、关税水平、贸易状况等多方面因素的共同影响，很难成为汽车企业发展的内在动力，也不是从根本上促进起亚汽车长远发展的有效手段。

3. 研发支出过大

起亚汽车在韩国本土发展已经有 75 年，见证了韩国车市从小到大，韩国汽车品牌从弱到强的历程。目前起亚汽车正在寻求转型，未来车市将是新能源汽车的天下，为此起亚汽车加强了在新能源汽车应用领域的开拓，加大了清洁能源汽车的研发支出，目前上市的新能源汽车有三款，分别是索纳塔混动、K5 混动、进口起亚 NIRO 极睿。此外，该公司还推出了“2020 年燃油效率提升路线图”，目标是到 2020 年将其汽车的平均燃油效率从目前的水平提高 25%。路线图的重点是三个关键政策：下一代动力系统的开发、关键车型的减重，以及扩大其环保汽车阵容。同时该公司正致力于开发通过缩小发动机尺寸、开发连续可变变速器、减轻车身重量、采用空气阻力最小的空气动力学设计、使用超低摩擦轮胎以及采用限制空转的系统来提供高能效的产品，并计划将这些努力获得的科技成果广泛应用于整个产品线。为了确保公司和整个行业的可持续发展，起亚汽车一直在不断加大研发投入。同时，由于韩国消费者的换车速度比较快，一般富裕一些的家庭 3 ~5 年就换车，经济条件适中的家庭换车时间是 5 ~8 年。韩国人对汽车外貌的要求显然比其他国家的消费者更高些。因此起亚汽车要不断研发最新款式，不断更新换代，以适应市场需求，但这无形中增加了厂商的研发成本。

4. 给厂商补贴，促销金额的支出过大

经过几次重组和收购，韩国汽车企业已在本国内形成现代、起亚、通

用、雷诺三星、双龙五大汽车制造商。韩国车市被这五大汽车公司垄断，同时他们之间也存在强大的竞争关系。在没有充分优势的情况下，为了刺激销售，起亚汽车就采取补贴厂商，降价促销的手段。例如，起亚豪华车定位的 K9，实际销量非常低，销售只是捷恩斯 G80 的一个零头而已。一般韩国人会选择购买 K7，而不是 K9，于是起亚汽车通过对 K9 的打折促销来增加销量和知名度，这样做虽然表面上增加了销售量，但是无形中削弱了起亚的品牌价值，大大降低了利润空间。

第三节　盐城起亚汽车对韩出口情况

盐城汽车产业以起亚汽车为支柱，目前已形成集研发、整车、零部件、汽车服务业一体化的全生产链，成为江苏省内最大的轿车生产基地。从 2002 年揭牌成立至今，盐城起亚汽车大部分时间的发展都是顺风顺水。十几年的时间内，三座工厂落地。其中一工厂年设计产能 14 万辆、二工厂年设计产能 30 万辆、三工厂年设计产能 45 万辆，总产能规模为年产乘用车 89 万辆。据不完全统计，盐城共有汽车相关配套企业 60 余家，从业人员约 12 万人。

目前盐城的汽车产业属于低层次发展模式，是韩国起亚汽车的生产装配工厂，就是将汽车组合装配后再运回韩国销售，因此韩国作为其主要销售市场直接影响着盐城汽车产业的发展。随着韩国汽车市场渐趋饱和，盐城起亚汽车对韩国出口量也严重下滑，盐城汽车产业面临着诸多问题：一方面，库存堆积。由于韩国市场渐趋饱和，导致盐城起亚汽车大量产品压库。根据公开数据显示，2018 年 2 月起亚的库存指数已经达到 3.92，在中国市场所有汽车品牌中排名第一，库存逼近 4 个月。全国工商联汽车经销商商会东风悦达起亚经销商工作委员会会长披露，大部分经销商的库存指数在 3 个月左右，还有部分达到约 5 个月的。这种情况会造成研发—生产—销售的汽车产业链和企业资金链的断裂，导致没有充足的资金研发设计新技术、新车型，而进入恶性循环的产业圈。另一方面，韩国起亚汽车

2019 年 3 月 10 日发布消息，为提高生产效率和营利能力，计划暂停位于中国江苏省盐城的第一工厂生产方案。与此同时，由于进入销售困境，不仅位于江苏盐城的起亚汽车第一工厂进入停产状态，起亚汽车第二工厂的工人也开始分两班隔日上班，第三工厂采取“做三休四”的上班方式，甚至有工人每月只上 5 天班。这种生产工作模式已对盐城汽车产业造成实质的伤害。

总的来说，在现有产品体系缺乏竞争力的情况下，起亚汽车很难化解沉积已久的“压库”问题；随着减产或停工“常态化”，其产能利用率也在不断降低，人力成本升高，前几年因快速扩张建立的工厂也将成为沉重的“包袱”，这就很有可能打破原有的脆弱的营利平衡点，进而导致资金链的断裂，这正是盐城汽车产业面临的“生死危局”。根据韩国进口汽车协会（KAIDA）的统计，韩国地区非韩系车的进口数量 2016 年、2017 年、2018 年分别为 22.5 万辆、23.3 万辆和 26 万辆。随着进口车辆的增加，日系车的占有率一直在猛增，起亚汽车位于江苏盐城的第一工厂（年产能 14 万辆）将于 2019 年 6 月底停止运营，未来该工厂将长期租赁给悦达集团。来自《朝鲜日报》的最新消息，悦达集团计划将该工厂转变为电动汽车工厂，项目从 2021 年开始重新启动。此前在盐城第一工厂生产的狮跑汽车将安排在同城的第二工厂生产，1 000 多名相关员工也将陆续转移至第二及第三工厂。该工厂经过升级改造后，会以“长期租赁”的形式租给造车新势力华人运通，用于后者生产新能源汽车。华人运通控股有限公司成立于 2017 年 8 月，之后与江苏悦达集团有限公司、盐城市国有资产投资集团有限公司签署合作协议书，决定成立华人运通（江苏）技术有限公司（简称“华人运通技术公司”），而江苏悦达集团也是起亚汽车的股东之一。

第四节　优化盐城汽车产业未来发展路径及对策

预计未来韩国起亚汽车发展将进一步加快，生产规模将进一步扩大，但在韩国本土汽车消费市场近乎饱和的状态下，有可能造成产能过剩。因此，面对日益饱和的国内市场，如何稳定韩国国内市场，同时促进盐城起亚汽车高端化、高质量化发展，扩大国际市场已成为盐城汽车产业发展的重要任务，也是盐城汽车产业持续性发展的必然选择。

一、稳定韩国内销市场，促进汽车高端化

1. 创新技术，联合开发

盐城起亚汽车一直在加速研发创新，以实现“清洁机动”（无排放）、“智能机动”（无驾驶不便和事故风险）和“无边无际”（无所有旅行限制）。目前在新能源汽车市场这块还属于空白，未来发展前景无限。因此要加大科技研发的力度，抢占这块市场。但是无理论，没有充分的借鉴经验，因此盐城起亚汽车要携手联合进行开发。一方面充分发挥韩国起亚汽车和盐城起亚汽车技术创新的优势，合作开发，实现良性互动。另一方面要加强和盐城市高等院校和科研机构（盐城师范学院、盐城工学院、盐城第四代产业园区）合作[①]，借助他们的研发力量联合开发，如创新完善新能源汽车的综合蓄能，并且在高效驾驶和能量回收、轻型车身等方面做出巨大努力。同时也要加大对于燃料电池发动机的研究开发力度，进一步推进盐城起亚汽车的商业化路程。此外，盐城起亚汽车应该加大对“自主”“联网”“生态/电气”和“移动服务”等新技术的研发和投入，逐步实现基于安全和便利的自动驾驶技术，开发出一款能在盐城不需要驾驶员干预即可自行驾驶的车型。同时盐城起亚汽车要通过构建开放平台和加强开放创新，为所有模式提供超链接服务来实现“互联”。在“生态/电气”领域，要大幅加强环保汽车的生产线，并且致力于开发“移动服务”，创造新的客户体验和价值。除此之外，盐城起亚汽车也要致力于发动机和变速器领域的技术研发，因为这是汽车制造业的基础。因此韩国起亚汽车要与盐城起亚汽车积极实现合作开发下一代动力总成“智能流”，以提高燃油

① 东风悦达起亚盐城工厂“转产”韩系车关停多余产能，止损调整．快资讯．http://www.360kuai.com/pc/9d8f9e6812ec0b01b?cota=4&kuai_so=1&sign=360_57c3bbd1&refer_scene=so_1.

效率并优化驾驶性能。

2. 加强品牌价值

品牌是企业的标志、徽章，是产品的重要组成部分。随着汽车市场的逐渐成熟，汽车技术、服务、性能等趋于一致时，品牌价值就显得十分重要。这时品牌就不只是一种标识，更代表一种企业文化和发展的历史。反观盐城起亚汽车，因为起步较晚，品牌价值远不如欧系车和日系车，给人一种廉价的感觉。随着消费者收入的提高，他们考虑更多的不再是价格，而是品牌价值。因此，盐城起亚汽车应从以下方面增加品牌价值的塑造。

（1）加强营销沟通。盐城起亚汽车可以通过独特的营销活动使其能够与世界各地的客户接触，并提供新的和特殊的价值。特别是，盐城起亚汽车可以根据他们年轻、充满活力的品牌形象，将“重新设计”的理念应用到每个客户接触点。例如，体育营销和青年营销。盐城起亚汽车可以赞助全球体育，包括国际足联世界杯、澳大利亚公开赛和欧洲联盟，作为官方赞助商，来进一步增强盐城起亚汽车品牌的知名度，以一种简单、友好的方式向世界各地的足球迷宣传起亚汽车品牌。可以将这些赞助视为与世界各地的年轻人更紧密接触的机会，通过充满活力和年轻的品牌形象，支持努力瞄准“内心年轻”的消费者。除此之外还有青年营销。例如，开发的“恩兹和朋友”的角色，使消费者们能够熟悉汽车并对汽车产生好奇心，从而更加了解交通安全。自2005年以来，盐城起亚汽车一直在使用这些字符进行“慢速运动”，这是一项旨在为盐城儿童普及交通安全的运动。“慢行”活动为家长、幼儿园和小学生提供交通安全教育，主要关注“停、看、走”的交通安全信息。2017年，盐城起亚汽车还举办了“enzy day”，一次交通安全教育体验，并创建了“enzy kit”，一个供当地教育机构使用的交通安全教育包。这既帮助了53 249名家长和儿童养成正确的安全习惯，提高道路安全意识，又加强了消费者对盐城起亚汽车品牌价值的认可度。

（2）加强情感体验。盐城起亚汽车不应单是一家汽车公司，还应该成为一个传递情感体验为目标的品牌公司。因此公司引入了"感官品牌"的概念，通过推出感官品牌化项目，鼓励客户体验起亚汽车品牌。例如，推出了品牌标识歌曲《Kians' s》，让人们通过声音来体验起亚汽车的活力，开发了"起亚香水"，通过嗅觉来宣传盐城起亚汽车年轻、精致的品牌特色。除此之外还可以推出以起亚汽车为代表的品牌系列，例如，从汽车配件到旅游用品的休闲物品，以家居用品、办公用品、时装为主的生活物品来强化盐城起亚汽车独特的品牌特征。

（3）创新客户渠道。盐城起亚汽车不仅将通过加强营销沟通和产品质量来改善客户对起亚汽车品牌的看法，还将在销售和服务点提供最好的客户服务，始终满足客户的需求。给客户提供满意的购车体验，追踪记录客户的汽车使用感受，虚心接纳反馈意见。同时要通过改进所有客户联系点，建立创新的销售和服务计划，并建立全面的客户管理系统，努力使起亚客户体验成为真正的独家体验。客户对盐城起亚汽车品牌的情感体验将使起亚汽车成为一个越来越值得信赖和有价值的购买品牌。

二、注重开发中国市场，细分中国消费市场

为了进一步开拓中国市场，盐城起亚汽车企业需要开展大量的调研工作，例如，包括气候、环境和道路条件，以及经济和客户的偏好和习惯，以便能够开发并推出具有竞争力的本地化战略汽车。从当前盐城轿车消费市场的具体发展情况来看，盐城的轿车消费主体具有多元化的特点，大致可分为三大类：政府机构和机构、私家车和出租车。这三种类型的消费需求存在明显的差异。因此，盐城起亚汽车应采取差异化产品战略，具体体现在以下方面。

1. 出租车市场

就出租车消费而言，中国人口众多，对出租车的需求必然很旺盛，出租车消费也是汽车产品市场中非常重要的消费群体，而且出租车的车型相对来说是比较统一的，如果一个车型能够顺利打入出租车市场，那么它就

能够获得比较高的销量。例如，盐城建湖县政府提供了三款车型供出租车选择，分别是起亚赛拉图、现代悦动和大众捷达。由于现代悦动的市场保有量高、87L 的气罐、空间大等优点，大部分车主会选择现代悦动。所以盐城起亚汽车也可以牢牢抓住这个契机，结合盐城当地的实际情况，不断地进行设计研发改造车型，不断地提升产品的质量，以适应盐城出租车市场的需求，从而扩大起亚汽车的销售量。

2. 私人汽车市场

对于个人消费而言，必须要充分考虑盐城居民的收入消费水平和社会地位。对于一些老板和企业家，他们更在乎汽车的品牌和豪华度，以凸显身份和地位。对于一些社会精英，他们倾向于经济舒适的汽车，更在乎汽车的使用感。而对于低收入者，他们更关注汽车的质量价格比，是否做到物美价廉。因此盐城起亚汽车公司要对产品进行细分，针对不同的潜在顾客开发不同的产品来参与竞争。例如，价格定位在 10 万元以下的千里马就是一款经济实用型轿车，其目标市场也是追求便捷舒适生活的盐城普通工作者；赛拉图的价格在 9 万～15 万元之间，其目标消费群是年轻时尚的盐城都市白领和精英；而远舰属于高档车，价格在 15 万～20 万之间，目标市场群是年龄界于 28～45 岁之间的事业有成、经济富裕的盐城市白领阶层。就目前的盐城人均收入来看，盐城经济水平不高，人均收入在 3 000～4 000元。因此，盐城起亚汽车要主打经济型轿车来抢占盐城汽车市场，要延续低档型汽车的优势。在经济型汽车的外观设计上多下功夫，同时也要保持优等质量，将经济型车做精、做好。多开发不同的低档型汽车，尽可能地占领年轻消费者市场，在此基础上向中高档型汽车市场延伸。同时也要关注男女消费偏好，一般来说男性更偏向于汽车的动力即性能特点，女性更关注汽车的外观即时尚性。

3. 农村市场

同时起亚公司要充分认识到中国城市汽车消费市场已渐趋饱和且变化较快，但是中国农村地区还有很大的开发空间。例如，盐城，盐城位于苏北，经济不是十分发达，面积广阔但城镇化比例不高。所以盐城起亚汽车在致力于扩大城镇人口汽车购买量的同时，通过细分市场找到城镇以外的市场空白点，抓住盐城农村地区的广阔市场，生产出符合农村居民使用的轿车和各种小型货车，大力发展个性化销售和柔性供应。

总之，盐城起亚汽车应该不放过任何一个潜在的市场增长空间，针对不同的市场特点及时推出不同的类型产品，最大限度地满足盐城汽车消费市场的需求，尽可能地占领中国汽车消费市场份额。

三、拓展国际市场，提高起亚在中西亚、非洲等地汽车占有率

1. 建立全面的质量控制体系

质量管理是盐城起亚汽车能够持续发展的基础，是提高公司价值和未来竞争力的基础，也是制造企业赢得客户信任的最重要因素，直接关系到起亚汽车客户的安全和情感满足。质量是起亚汽车的根本，也是目标，所以盐城起亚汽车要秉持和追求"质量第一"的原则。为了支持起亚汽车致力于质量创新的努力，盐城起亚汽车正在申请"Q－标准"，一套比之前应用于汽车开发的标准更强的标准。同时还使用"Q－cluster"，这是一个协作系统，通过它可以与供应商一起验证现场的质量。总之，这些便捷科学的系统使起亚汽车将精力集中于市场和客户需求的质量提高改进。除此之外，盐城起亚汽车在海外建立了零部件质量创新中心，同时还运营全球情况室，以监控车辆售后出现的任何质量问题，以便能够立即改进。通过盐城起亚汽车严格的质量管理赢得汽车市场的广泛认可，从而进一步巩固了起亚作为一家真正的全球汽车公司的地位，加强了品牌效应。

2. 加强销售，发布新车

为了提高盐城起亚汽车在包括南美洲和中美洲在内的主要市场的竞争力，并使起亚汽车能够在东盟国家等新市场中发挥先锋作用，盐城起亚汽车要不断推出具有卓越品质和市场竞争力的新车，为客户提供广泛的汽车新体验。例如，通过发布 K900/Quoris（K9）的新版本来进一步提升起亚

汽车的品牌。K900/Quoris 是一款旗舰轿车，融合了盐城起亚汽车的设计竞争力和最先进的技术。同时也要扩大环保车辆的阵容，以配合燃油效益规例和主要市场对电动汽车的需求趋势。

3. 加强管理和服务运营

盐城起亚汽车应通过加强基于营利能力的决策和风险管理体系，提高竞争力。同时建立一个负责任的区域管理体系，加强高效率、高回报体系建设，对销售、生产、利润和亏损进行综合管理，使起亚汽车能够更快、更灵活地响应客户的需求。盐城起亚汽车还需通过加强全球业务运营和管理系统来提高组织效率和活力，通过改造经销商和服务中心，升级计算机系统，引入定制的销售和服务程序，通过提供差异化的品牌体验，提高起亚汽车的客户价值。在利润方面，盐城起亚汽车需要监控全球库存水平，降低成本并消除浪费，以提高营利能力。同时盐城起亚汽车也要在生产成本和整体成本结构上进行创新，从而产生稳定的利润。

小结

国内学者对中韩（盐城）产业园汽车产业进行了比较深入的研究。学者们对韩国汽车产业的发展过程作了详尽阐述。欧阳铭珂（2010）在《韩国汽车产业的发展以及启示》一文中指出，韩国汽车产业的发展可以大概分为 5 个阶段：起步探索汽车阶段—零部件国产化及生产结构调整阶段—扩大生产和出口规模阶段—产业兼并收购阶段—生产全球化和技术先进化阶段。金保均、王晴（2008）在《韩国汽车产业成功之路及给中国的启示》中指出韩国汽车工业发展的过程分为借鉴外国技术组装起步阶段—改良技术及国产化阶段—开发国产车及准备出口阶段—规模生产及扩大出口阶段—国际化阶段。学者们对韩国汽车产业发展特征及缘由也展开了相关的调查研究。学者夏光宇（2011）在《中韩汽车产业发展比较研究》中总结出韩国汽车产业的几个主要特征。其中之一是保护政策方针显著，韩国政府通过税收等措施限制进口汽车，并且颁布“汽车工业保护法”来推动本民族汽车产业的蓬勃发展。除此之外，韩国汽车产业实行集团化发展战略。韩国政府中止了中小企业的组装许可权，集中扶植起亚、现代、大宇、通用等几家大型汽车公司。王晶（2003）在《韩国汽车产业发展状况及对中国的启示》中指出韩国汽车产业还具有重视技术引进与自主开发能力的特点。在引进国外先进生产技术的同时，结合本地实际进行自主研发制造，大大提高了独立研究创新的能力。学者们对中韩（盐城）汽车产业发展的战略目标做了详细描述。田芳（2016）在《韩国新万金开发厅拜会中汽联促中韩汽车业发展》中指出当前中韩（盐城）汽车产业实际上走的是组合装配的低层次发展道路，从短期来看，这种方法可以使双方都盈利，但从长远来看，它已经成为制约双方利益的瓶颈。因此要注重核心技术和自主研发的能力，以推动中韩（盐城）汽车产业高质量发展为目标，形成了中间生产制造强，研发和销售都强的汽车经济发展模式。欧阳晓（2007）在《中日韩汽车产业合作优势及发展前景》中谈到要加快促进中韩（盐城）汽车产业向高端化方向发展，推动汽车产业由合作走向自主创新。以及朱益民（2016）在《努力打造中韩（盐城）第四代产业园区》中指出中韩（盐城）汽车产业发展要以可持续发展为目标，以产城深度融合为核心理念，以战略性新兴产业为基础，以品牌特色为灵魂。学者们还就中韩（盐城）汽车产业发展战略规划进行了深入探讨。戴源（2019）在《对标一流国际园区，建中韩合作标杆》中指出为了中韩（盐城）汽车产业未来的进一步发展需要，推动盐城与韩国未来科学部、板桥科技谷等科研机构合作，创建技术研发、市场协作等多应用领域的创新型汽车产业同盟和中韩（盐城）科技培育基地，促进中韩（盐城）汽车产业高端化、高质量化等多方面的探讨交流。马强（2015）在《推进盐城创建国家级韩国产业转移集聚示范区的战略思考》中提出要重点发展轻量、智能、网联化新能源汽车，全力突破氢燃料电池汽车，积极拓展海外市场，打造国际汽车生产工厂，同时大力发展新一代信息技术、培育"新能源+"全汽车产业链。指出为了推动中韩（盐城）汽车产业高质量发展，要具备高端的维修技术，优质快捷的配件供应，打造先进的管理平台，使其向高端个性化方向发展。

国外学者对起亚汽车韩国内销情况也做了深入研究。MarketLine（2019）在 *Kia Motors Corporation SWOT Analysis* 中系统地分析阐述了起亚汽车在韩国国内销售的优势、机会、劣势和威胁。优势方面包括强大的研发能力，弱点是营利能力，营利能力下降限制了该公司无法向股东提供足够的回报。机会包括商业联盟，乐观的混合动力汽车前景和全球汽车制造业前景。威胁包括严格的环境管制，世界范围内的汽车行业正受到一系列法律法规的冲击。除此之外，还有激烈的全球汽车市场竞争。起亚汽车在各个消费市场都遭遇了来自大型汽车生产制造商的激烈竞争。随着全球汽车工业的不断全球化和一体化，汽车制造商之间的竞争可能加剧。学者对起亚汽车韩国内销困境做了深入探讨。Byoung - Hoon Lee（2004）在 *Merger and Reconfiguring of Hyundai - Kia* 中指出起亚汽车销售情况一致处于稳步增长状态，但鉴于韩国地域狭窄，国内汽车市场几近饱和状态，所以起亚汽车正全力以赴开拓海外市场以谋求自身长远发展，成为世界主要的汽车出口国，并且加快建设世界工厂，以进一步扩大国际汽车市场占有率。学者对起亚汽车韩国内销困境的破解策略做了系统介绍。DYER、EZRA（2018）在 *How KIA Got* 中指出面对汽车产业发展较快，韩国市场渐趋饱和的情况，起亚汽车需要通过技术研发不断推出新车来稳定韩国内销市场，促进汽车产业高端化，同时要建立一个积极主动的风险管理体系并对商业环境中的不确定性作出先发制人的反应。还应通过加强全球组织和员工技能来改善起亚汽车的海外业务。

综上所述，现在的研究主要侧重于中韩（盐城）产业园的研究以及起亚汽车在中国境内销售的研究，对起亚汽车在韩国内销情况及问题分析不够。因此，本部分着重分析韩国起亚汽车在韩国国内的销售情况并为中韩（盐城）汽车产业的高质量发展提供建议。本部分在查阅相关文献的基础上，首先对起亚汽车在韩国内销现状和特点进行了分析，起亚汽车在韩国销售总体上属于上升状态，且呈现销售多元化，以 SUV、MPV 车型为主等特点；同时也注意到韩国起亚汽车内销存在销售上升利润下降等问题，并对其成因进行了探究，通过最新数据的研究分析，发现与研发支出过大、韩国市场渐趋饱和、厂商促销支出过高、以廉价车为主品牌价值低等都有密切联系；最后，对盐城起亚汽车如何在韩国本土市场饱和，产能过剩的情况下，通过促进中韩（盐城）汽车产业高质量发展提出了一些建议，主要从稳定韩国内销市场促进汽车产业高端化，注重开发中国市场细分中国消费市场，扩展国际市场提高在中西亚欧洲等地的几个方面进行具体阐述。

第六章　中韩（盐城）产业园对盐城经济转型贡献度的分析

从历史发展看，盐城属于江苏省落后地区。江苏省发达地区主要集中在苏州、无锡、常州地区，而作为苏北组成地区之一的盐城，由于地理位置偏远、区位优势欠缺、创新意识不强、市场经济不发达等原因，一直处于欠发达状态，成为江苏省现代化发展的短板，经济发展的“洼地”，全面小康建设的制约因素。中国经济进入了高质量发展阶段，2009 年随着江苏沿海地区开发上升为国家战略，江苏省沿海地区成为江苏经济增长最快，也是最有活力的地区。作为江苏沿海地区主要组成城市之一，1978 年，盐城市生产总值为 18.6 亿元，到了 2018 年，盐城市生产总值跃上 5 480亿元台阶，比改革开放初期增长了 273 倍。在新的历史起点上，盐城市按照把握高质量发展要求，围绕着高水平全面建设小康社会、走在苏北前列的“两高”目标，深入推进生态立市、产业强市、富民兴市的战略，加快开放沿海、接轨上海、绿色跨越、绿色转型的“两海两绿”步伐，努力推进盐城高质量发展。

2015 年，中韩（盐城）产业园成立以来，极大地促进了盐城地区经济社会发展，为盐城经济社会转型、经济增长、财政收入、就业增量做出了重大贡献。现如今，中韩（盐城）产业园又面临长三角一体化、“一带一路”倡议、淮河生态经济带发展等新的战略机遇，着眼江苏“六个高质量”发展要求，中韩（盐城）产业园必将为盐城经济转型、交通运输业、新经济发展作出新贡献，本部分系统分析了中韩（盐城）产业园对盐城经济转型的贡献，为进一步推动盐城经济增长与经济转型、经济发展与社会发展、经济增长与生态保护的良好协调的关系提供了理论方案。

第一节　中韩（盐城）产业园对盐城经济增长的贡献度分析

一、盐城2015年前的经济增长状况

盐城位于江苏省苏北地区，长期以来，由于实体经济发展不足，盐城一直是江苏省比较落后的地方，2015年以前GDP没有超过4 000亿元，见表6-1、图6-1。

表6-1　盐城2009—2010年GDP产值　　单位：亿元

年份	2009年	2010年	2011年	2012年	2013年	2014年
GDP	1 917	2 266.26	2 771.33	3 120	3 475.5	3 835.6

资料来源：根据江苏省统计年鉴整理。

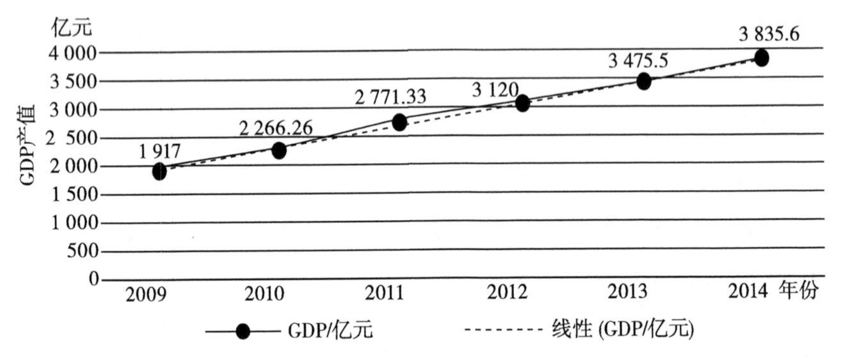

图6-1　2009—2014年盐城GDP增长折线图

资料来源：根据江苏省统计年鉴整理。

二、盐城2015年以后的经济增长状况

2015年以后，中韩（盐城）产业园被正式确立为中韩产业园首批合作

城市，江苏省将这个汽车产业的巨型航空旗舰店企业放到盐城市，以促进盐城市实体经济发展，拉动盐城 GDP，缩小盐城与苏南地区差距，实现江苏南北经济均衡发展，有利于加速江苏现代化进程，确保江苏现代化处于全国领先行列。中韩（盐城）汽车产业园的成立，推动了盐城经济的迅速增长。初步统计，截至 2018 年，盐城市实现地区 GDP 5 487. 1 亿元，总量位居江苏省第 7 位，见表 6 －2、图 6 －2。

表 6 －2　盐城 2015—2018 年 GDP 产值　　单位：亿元

年份	2015 年	2016 年	2017 年	2018 年
GDP	4 212. 5	4 591	5 050	5 487. 1

资料来源：江苏省统计年鉴整理。

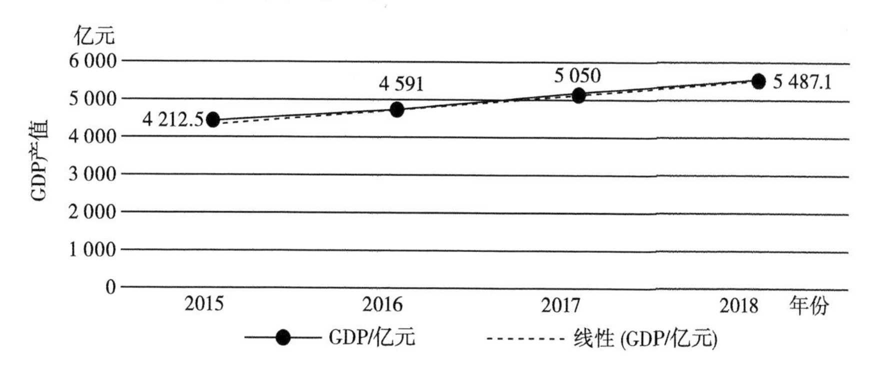

图 6 －2　盐城 2015—2018 年 GDP 增长折线图

资料来源：江苏省统计年鉴整理。

三、东风悦达起亚汽车销量增长成为盐城经济增长的重要推动因素

盐城地处长三角的独特区位、低廉优质的生产要素、日趋完善的基础设施、政府改善投资环境，成为该地区优质不可移动的生产要素，对国内外汽车零部件企业产生投资吸引力，盐城具备汽车产业集群衍生的形成机制。初步形成轿车、新能源车、专用车及汽车零部件的汽车制造体系，以汽车为主的交通运输设备制造业迅速成为盐城经济支柱产业，具有产业关联度、资金技术密集、规模经济效益的汽车产业成为盐城重要的经济引

擎。盐城已经成为江苏乃至全国重要的乘用车制造基地、东部沿海新能源汽车产业孵化基地。目前在盐城的发展中，汽车行业可以说是盐城工业发展的龙头行业，产值在全市工业产值的发展中占据近40%。在盐城市的工业发展中，汽车行业起到引领作用。早在2015年，起亚汽车产量就达到150万辆；到2017年，具有5万辆左右的纯电动新能源汽车生产制造能力；到2018年为止，起亚汽车已经形成了近500万辆生产制造能力，累计乘用车生产数量超500万辆，集聚400多家企业；到2019年，起亚汽车向新能源汽车转型，目前已经对第一车间进行了改造。现在盐城政府围绕“十三五”末实现整车、零部件、服务业3个千亿级产业目标，努力建设国家新能源汽车产业基地和中国沿海汽车城。

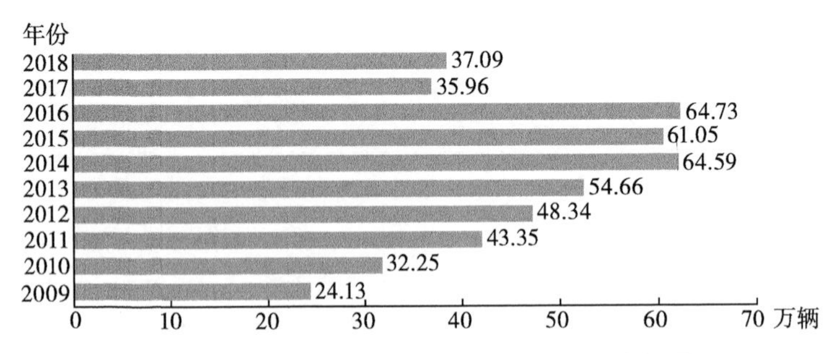

图6-3　2009—2018年东风悦达起亚汽车销量

资料来源：根据盐城网有关数据整理。

起亚汽车和中威客车两个整体制造企业具有一定的辐射性和衍生能力，成为盐城汽车产业集群形成的原动力，迅速积累超越资源禀赋优势的稀缺技术要素。随着起亚汽车第二、第三工厂相继投产、形成80万辆乘用车产能规模，相继推出K系、SUV乘用车等多款经济型、中档车型，辐射、吸引大批汽车零部件相关配套企业集聚盐城。盐城中威客车具有15 000辆多品种中高档客车生产规模（目前处于资产重组）。盐城汽车产业集群依托具有国际影响力的起亚品牌和国内竞争潜力的奥新品牌，东风悦达起亚和奥新新能源这两个核心整车制造企业为盐城传统汽车和电动汽车的零部件配套产业提供内在动力和现实条件，具备培育优势产业集群的现实基础。世界汽车巨头投资汽车整车制造，相对欧美企业，韩资企业倾向于采购原有产业供应链，汽车零部件配套供应商随之前来。韩资整车制造企业几乎每引进一种韩系车型，都会吸引众多韩资配套企业投资设厂。韩国起亚整车制造企业带动上下游配套零部件产业入驻盐城汽车产业园，迅速引进盐城汽车产业急需的技术、资金等要素。东风悦达起亚作为实力雄厚的核心整体制造企业，对吸引零配件企业进入产业集群发挥了示范作用。

新能源汽车异军突起。研发自主核心技术部件、1 亿盐城市奥新新能源产业基地项目，计划年产 15 万辆轻量化电动用车完成样车。由美国、澳大利亚检测、试制，2015 年 1 月，首辆具有自主知识产权的新能源汽车成功下线。筹建江苏奥新电动汽车研究院、轻量化纯电动汽车国际联盟，围绕电机、电池、电控等核心零部件及关键技术，研发整车、驱动和增程发电、轻质合金、智能化网络等。与此同时也要看到，韩方操纵配套零部件采购权（高价采购关联公司零部件、从供应商处返还利润），发动机、自动变速器、控制器、电喷系统及安全气囊等关键零部件和核心技术被韩方掌控，难以形成知识、技术溢出效应，“以市场换技术”遥遥无期。本地中威客车研制车型依赖国家机械设计院、清华大学及武汉汽车工业大学等。盐城汽车产业依靠廉价劳动力、原材料和优惠税收，徘徊在中间装配制造强、研发销售两头弱的“橄榄形”低附加值模式。随着资源成本上升，汽车产业制造基地通过“傍大款”（跨国汽车公司），存在产业转移风险，盐城本土汽车产业极易“空心化”。

第二节　中韩（盐城）产业园对盐城交通运输业的贡献度分析

一、中韩（盐城）产业园的建立促进了盐城机场的发展

盐城机场年客流量超过 130 万人次，货邮吞吐量超 5 000 吨，跻身全国中型机场行列。盐城南洋机场飞行区等级 4C 级，跑道 2 800 米，机坪 15 万平方米，停机位 20 个，可保障波音 737、空客 320 等中等机型全载起

降。对外开通韩国首尔、泰国曼谷2个国际航线，对内通达北京、上海、广州、深圳、南京、台北等航线，主要航线每天1班，周航班412架次。目前，往返仁川机场每周5班10架次。南洋机场目前空港物流主要依托客机腹舱带货，进出港物流品种主要是快递、邮件、电子元件、农副产品以及大闸蟹、龙虾等鲜活产品。2017年实现货量5 539.6吨，在全国229个运输机场中货运排名第69位，2018年实现货邮吞吐量6 500吨。为进一步抢抓跨境电商发展机遇，由市邮政管理局、盐城海关合力争取国际邮件互换局（交换站）、国际快件监管中心，可多渠道降低物流成本，缩短物流时间，提升区域核心竞争力，促进跨境电商的集聚和产业的持续发展。

南洋机场是盐城市目前仅有的机场，南洋机场建设初期只是作为军用机场，后来为了盐城经济的发展和促进中韩（盐城）产业园的建设，将军用机场发展成为民用机场。盐城南洋机场始建于1958年，初期为空军二级永备机场。1984年，时任盐城市委书记的杨明，把“要求恢复和开通盐城民用航线”的提案带到全国人大六届二次会议上，引起了人大代表和有关部门的高度重视。同年8月，国务院、中央军委同意盐城空军机场为军民合用机场。1986年4月29日，盐城民用航空恢复通航，由原南京军区空军派出里-2型飞机，开通了南京—盐城—上海的空中航线。从此，盐城民用航空业步入正常发展的轨道。1988年2月5日，盐城市政府与空军中国联航合作，将盐城民用航空营业处改为“中国联合航空公司盐城公司”。11月11日，盐城—北京南苑航班首航，由中国联合航空公司先后使用子爵号、伊尔18、三叉戟飞机执飞。

1989年6月12日，中国联合航空公司盐城公司更名为“江苏盐城联合航空公司”，从此步入了联航新时代。1986—1995年，市政府累计投资近7 000万元，新建候机楼1 664平方米，停机坪4 000平方米、停车场2 000平方米、武警宿舍300平方米，并改建了市区与机场的道路专线3.25千米，还购置了专用车辆。对机场跑道、滑行道、联络道、指挥塔等设施进行了改造和新建。1994年年底又动工安装盲降设施。1996年，为适应盐城航空客运市场需求，进一步改善交通环境，促进地方经济的发展，盐城市委、市政府于1月18日向江苏省政府提出请求，在原设施基础上新征土地250亩，自筹资金1.2亿元，按照4C级标准，年旅客吞吐量30万人次规模在盐城机场恢复筹建盐城民航站。同年12月，得到有关部门批准。1999年2月2日，已开通到北京南苑、佛山、惠州等多处航线，均使用当时最为先进的中远程图－154M飞机，告别了“螺旋桨”岁月，迎来了“喷气式”时代。1999年年底盐城民航站建成，机场跑道全长2 200米，宽50米，客机位3个，设计年旅客吞吐量30万人次，机场等级为4C级，并于2000年1月27日举行了盐城民航站竣工典礼，3月29日盐城机场正式加入中国民航，首航航班由中国南方航空公司广西公司B737－500客机执飞广州—盐城—北京首都往返航线。此后又使用山东航空公司CRJ200、国航内蒙古公司BAE146－100、中国新疆航空公司ATR72－210、海南航空DON328等机型开通了盐城至北京、广州、桂林、徐州、上海、南通、温州等地航班，与此同时，空军中国联航TU154M飞机执行的北京南苑—盐城—广东佛山航班在民航通航之日起正式停飞。盐城民航也跃进了一个崭新的发展时期。2004年4月，盐城机场口岸临时开放，中国东方航空公司使用空客A320飞机开通盐城—韩国汉城（后改称首尔）国际定期往返包机航线。

随着中韩（盐城）产业园在盐城的发展，盐城南洋机场目前的流通量大量增加，直接带动盐城交通运输业的发展，改变了在初期政府用公共财政收入补贴机场开支的局面，见表6－3、表6－4。

表6－3　盐城机场2005—2018年流量状况

年份	旅客吞吐量（人次）	货邮吞吐量（吨）	起降架次（次）
2005年	38 022	277.5	1 186
2006年	50 674	365.2	1 126
2007年	73 892	578.369	1 162
2008年	101 278	604.826	1 628
2009年	161 682	1 211.5	2 216
2010年	191 336	1 615.2	2 092
2011年	23 2315	2 323.3	2 558

续表

年份	旅客吞吐量（人次）	货邮吞吐量（吨）	起降架次（次）
2012 年	316 913	2 842. 351	3 350
2013 年	354 251	3 034. 614	3 668
2014 年	528 749	2 162. 133	5 636
2015 年	851 990	3 005. 683	8 842
2016 年	1 209 004	5 118. 02	12 402
2017 年	1 302 974	5 539. 634	13 121
2018 年	1 822 173	6 587. 146	16 711

资料来源：盐城南洋机场官网数据整理。

表 6－4　盐城 2014—2018 年航班航线统计

年份	2014 年		2015 年		2016 年		2017 年		2018 年	
季节	夏秋航班	冬春航班	夏秋航班	冬春航班	夏秋航班	冬春航班	夏秋航班	冬春航班	夏秋航班	冬春航班
国际（地区）航线	1 条	3 条	1 条	3 条	1 条	2 条	3 条	3 条	3 条	3 条
国内航线	7 条	10 条	15 条	19 条	20 条	21 条	21 条	29 条	28 条	33 条
新开航线	4 条：上海、西安、深圳、天津		2 条：海口、成都		2 条：贵阳烟台		7 条：北京南苑、福州、曼谷、乌鲁木齐、兰州、郑州、石家庄	7 条：银川、杭州、郑州、温州、天津、海口、成都	1 条：呼和浩特	5 条：南昌、珠海、桂林、延吉、大庆
对盐城经济发展的影响	加密台北航线		江苏沿海中心机场航线网络布局基本完成		到达大型航空枢纽及省会城市机场总量较大			加密了盐城至深圳航线	加密了哈尔滨、海口、贵阳、长春航线	加密了贵阳航线

资料来源：盐城南洋机场官网数据整理。

2013 年 2 月 2 日，韩国韩亚航空公司加盟盐城—首尔航空市场，实现中韩两国航空公司对飞，使用机型为空中客车 A321。2 月 5 日，盐城南洋机场台湾居民口岸签注点正式启用，盐城南洋机场是 2013 年大陆新增的两个台湾居民口岸签注点之一，也是大陆第 31 个、江苏省第 4 个获批开办台湾居民口岸签注的机场。为了进一步扩大盐台两地经贸文化交流，盐城机场于 4 月增开盐城—高雄临时包机航班，航班由台湾立荣航空公司麦克唐纳道格拉斯 MD－90 飞机执飞。9 月 6 日，厦门航空公司使用 B737 机型开通厦门—盐城—哈尔滨往返航线，盐城是厦航在国内布局的第四个三线城市航点。11 月 20 日，南航湖北公司使用 B737 机型开通武汉—盐城—沈阳往返航线。2015 年，盐城南洋机场安全保障航班 8 840 架次（上年 5 536 架次），完成旅客吞吐量 851 990 人次（上年 528 766 人次），货邮吞吐量 3 005.7 吨（上年 2 162.7 吨），分别比上年增加 59.68%、61.13%、38.98%。2017 年盐城南洋机场旅客吞吐量达到 130 万人次，货邮吞吐量达 5000 吨，已具备国家发展改革委和中国民航局《关于临空经济示范区建设发展的指导意见》所要求的设立产业园的“设立条件”。2017 年 12 月 19 日，盐城南洋机场正式开通外国人口岸签证业务，为来盐城商务、投资等外国人提供口岸签证便利，有利于吸引外国客商直接来盐城投资，对加快盐城开放型经济发展、服务“强富美高”新盐城建设具有重要意义。在 2019 年航班换季之际，盐城南洋机场公司根据盐城市委、市政府和东部机场集团决策部署，全力服务和支撑中韩（盐城）产业园的建设，与民航主管部门积极协调，争取对韩航权的增加。在 2019 年 3 月 13—15 日，中韩两国航权谈判在南京举行，有效解决了盐城至首尔的航权问题，同时还增开了新航点釜山，打造了长三角北翼对韩航空运输旅客集散基地。①②

经过历年的发展，盐城南洋机场目前已经成功晋级国家一类航空开放

① 张利明．盐城机场引入驻场飞机［EB/OL］. https://news.163.com/air/19/0323/10/EAUP166T00018106.html.

② 江苏省政府办公厅．江苏省中长期通用机场布局规划（2018—2035 年）［Z］，2018－07－06.

口岸，现已开通多条国际（地区）航线。韩国首尔航线由之前的国际定期包机航班变更为国际定期航班；机场也将根据客源及市场陆续开通香港和日本、东南亚的近程航线；开通亚洲和东欧国际货运航线也在规划之中。中韩产业园经济贸易的增长促进了南洋机场的进一步发展，这对盐城市加快经济社会发展、促进改革开放和对外文化交流具有重要意义。

二、中韩（盐城）产业园的建立提升了盐城港口的规模

中韩（盐城）产业园已形成国家一类开放口岸，港口吞吐量超亿吨，已开通符拉迪沃斯托克、釜山、长崎、基隆等 27 条航线。距上海港 250 海里，距台湾隆基港 620 海里，距韩国釜山港、日本长崎港均只有 460 海里左右。以大丰港区为主，射阳港区、滨海港区、响水港区为依托的"一港四区"发展格局基本形成。其中中韩（盐城）产业园的出海门户是大丰港经济开发区，其肩负着建设临港产业配套区的重任。只是单单从港口本身来看，港口是每个港口城市必不可缺的关键一环，它在诸多港口城市的发展中担当着该城市的龙头。而现代港口的基本要求就是经济的快速发展，只有这样，港口的发展才能推动港口所在城市的发展和进步。第一，港口所在城市是养育港口的摇篮，对港口的进步和发展具有不可替代的重要性；第二，港口的自带属性有着带动城市快速进步的特质，它能保证港口所在城市快速且平稳的进步。当港口的港航产业一步步成为其载体城市的重要支撑产业的时候，那么这个城市的城市效用就会产生出相应的变化和发展，举几个例子来看，我国上海、深圳、广州、天津、福州等地都是由于港口的兴旺从而带来城市的进步，实现"港兴城兴"，进一步实现港口的作用最大化，也只有这样，才能更好地带动城市的发展。

对中韩（盐城）产业园起主要作用的是大丰港。大丰海港建成泊位 19 个，其中 5 000 吨级泊位 6 个、万吨级以上泊位 12 个、救助码头 1 个，类型涵盖集装箱、散杂货、风电大件、液体化工、粮食、汽车滚装等，设计通过能力 2 960 万吨。建成进口粮食指定口岸、全国沿海第二个进口粮食海进江减载口岸，B 型保税物流中心、进口木材检疫处理区投入运营，汽

车整车进口口岸已申报至中华人民共和国海关总署。已开通集装箱班轮航线 7 条，班轮密度达 48 班/月，实现至上海港集装箱航线的自主运营，货物可经上海港中转至欧美各国及 20 多个“一带一路”沿线国家，已具有至韩国仁川港航线。2018 年大丰港完成货物吞吐量 5 115 万吨，集装箱 20. 5 万标箱。大丰港铁路支线新建 59. 5 千米单线国铁Ⅱ级铁路，总投资 35. 8 亿元，目前已完成工可审查。盐丰快速通道已完成路线方案研究，盐宝线航道整治提升工程完成可行报告审查。沈海高速大丰港连接线建设 20 千米一级公路，计划总投资 9. 2 亿元，目前正在进行前期研究。内环高架快速路网三期，新建约 33 千米城市快速路，总投资 75. 9 亿元，目前已完成主体工程的 50%。东环路南延及高速互通，新建道路约 5 千米，在盐淮高速公路增设互通出入口，计划总投资 5. 8 亿元，目前完成预可行性研究报告和可行性研究报告。

盐城的港口兴建与发展。盐城市位于江苏省沿海中部，海岸线全长 582 千米，约占全省的 60%，其中宜建港岸线 134 千米。盐城港是江苏省沿海区域性重要港口，是上海国际航运中心的喂给港和连云港的组合港，是盐城市和苏北地区实施沿海开发战略、加快发展外向型经济及推进工业化进程的重要依托，是以通用散杂货、石油化工和集装箱运输为主，有条件发展成为多功能、综合性的现代化港口。盐城港划分为大丰、射阳、滨海、响水四个港区。全市沿海共有一类口岸 1 个，拥有码头泊位 59 个，泊位总长度 3 729 米，综合通过能力 1 816 万吨。2010 年四个港区完成港口货物吞吐量 1 107 万吨，集装箱 3. 7 万标箱，同比分别增长 33% 和 108%，跨入全国规模港口行列。其中，大丰港的发展尤为迅速。2008 年 4 月，大丰港至韩国釜山港国际航线正式开通。这是大丰港继开通韩国仁川港后的第二条国际集装箱班轮航线，有力地促进了盐城、大丰外向型经济的发展。大丰港一类口岸是 2007 年 9 月 20 日对外开放的，随即开通大丰港至韩国仁川港的首条国际航线。短短的 5 个月，就靠泊外轮 30 多艘，进出外贸集装箱 6 000 多标箱，并顺利通关运来日本、俄罗斯、韩国等国的汽车配件、卷钢、木材、金属材料 3 万多吨。2018 年第一季度，大丰港码头货物吞吐达 19.8 万吨、3 045 标箱。这次开通釜山港国际航线每周四进入大丰港，腹地的货物从这里走向世界各地。①②

随着中国各地港口的发展，港口也开始逐步成为未来国家与国家、城市与城市之间的贸易聚焦地。成为多数港口城市实现城市经济快速增长的新的增长契机。盐城市也如此，盐城市拥有大丰港港口，为了同步实现港口带动城市，城市推动港口的国家政策。盐城市政府决定在大丰港开通与上海港口的内部支线航线与通往日本门司港的国际航线，从而深度实现东南亚各国经济的贸易连接。据了解，大丰港 2019 年的货物吞吐量将超过 100 万吨、2 万标箱。预计到 2020 年，可建成 34 个万吨级以上泊位，年吞吐能力达 5 000 万吨的散杂货、100 万的标箱。大丰港至欧美等地重要港口开通航线，将成为江苏省中部最大的对外开放的综合性商港，远期建设成为我国沿海又一个亿吨大港。

三、中韩（盐城）产业园的建立加快了盐城铁路和公路建设

2005 年 7 月 1 日，穿越盐城境内的新长铁路全线贯通，正式纳入全国铁路网运营。2006 年 3 月，"四路一广场"全部建成，建筑面积 10 669 平方米的新站房投入使用，设计新颖、造型别致的盐城火车站成了这座中国东部沿海新兴工商业城市的新地标，进站、出站立体设计，车流、人流科学疏导，给盐城人出行带来了前所未有的全新体验。盐城境内当时只有一条新长铁路，虽然横跨了阜宁、建湖、亭湖、大丰、东台等县（市、区），对于地区经济社会发展具有一定的促进作用，但还远远不够，盐城火车站自开通客运以来，最初只有淮安至南通往返的每日 4 趟列车通行，到 2009 年 6 月，每日增加到 16 趟列车通行，从最初的只能到淮安和南通，到后来可以到达全国多个城市，变化可谓巨大。然而，盐城市一直没有始发车，是江苏全省唯一没有始发列车的城市。盐连铁路是国家中长期铁路网规划

① 吕安．江苏大丰港开建深水航道 将开辟新"海上高速"[EB/OL]. http://news.163.com/15/0930/15/B4P67VGV00014JB6.html.

② 季唯平．大丰港争当东部沿海开放排头兵[N]. 中国水运报，2017-01-21.

项目，是我国沿海铁路大动脉的重要组成部分，实现了从连云港到盐城的南北贯穿。从全国铁路网来看，国家正在打造烟台—青岛—连云港—盐城—南通—上海—宁波—深圳的沿海大通道。盐连铁路建成通车后，向北通过青连铁路连接青岛，向南通过盐通、沪通铁路直抵上海。2018 年 12 月 26 日，青盐铁路建成通车，动车组列车从青岛至盐城全程最快只需 3 小时 11 分钟。①②③

盐城市政府为推动中韩（盐城）产业园的发展，积极响应国家“十三五”号召，初步建设的盐城市周边铁路线路图。新长铁路贯穿南北，实现客运两运。可直通哈尔滨、北京、兰州、成都、南京等地。通往北京、西安、南京、上海、杭州和青岛方向的“5 +1”高速铁路正在加快建设，盐城即将步入“高铁时代”。

新中国成立之初，由于战争的摧毁导致道路失修，盐城境内可通行汽车的仅有通榆线弯弯曲曲、宽狭不一的 122. 9 千米土路，公路桥梁全部是木质结构的临时性桥梁。新中国成立后，在党和政府的领导下，公路交通发生了根本性变化。到 1978 年年底，盐城全市通车总里程达 2 036. 7 千米。但当时没有一条等级公路，路面狭窄，坑坑洼洼，180 个乡镇不通汽车的仍有 29 个。改革开放的春风吹遍了神州大地，也为盐城公路事业注入了生机和活力。1998 年，江苏省干线公路网化工程建设全面启动后，盐城市又抓住了历史机遇，积极采取措施，全力推进网化工程建设。“九五”后期和“十五”初期，盐城制定了“基础设施快上”战略，推进“主攻公路”方针，出台了一系列加快公路建设的政策，推动了全市公路建设的蓬勃发展。到 2008 年年底，全市通车总里程已达 17 570. 6 千米，全社会路网密度达到 103. 53 千米/百平方千米，基本形成南北联系畅通，东西往来便捷的交通新格局。

---

① 王博. 新时代 新作为 新篇章盐城高铁[N]. 盐阜大众报,2015 -12 -07.

② 张虎. 江苏盐城驶入“高铁时代”[N]. 人民日报,2017 -08 -09.

③ 徐卡. 盐城高铁走在全省前沿[N]. 第一财经日报,2015 -05 -04.

第三节　中韩（盐城）产业园对盐城新经济的贡献度分析

一、中韩（盐城）产业园促进了盐城新产业的兴起

1. 信息产业和新能源产业快速发展

园区的产业建设是中韩（盐城）产业园发展中重要的一环。在开展产业建设中，相对较好的创业环境、比较完备的相关配套设施以及多数企业感兴趣的发展氛围是必不可缺的。中韩（盐城）产业园就抓住了这一点，吸引了华为新科技和国家信大数据等知名企业的入驻，中科伺服、东方国信、新诺灵蜂等七十几家大数据分析应用项目也先后在产业园落户运营，目前已经初步形成了以大数据云计算、数据存储、大数据实时交易、大数据共享分析为主的四大产业体系。在大数据、智能AI等行业的发展中，企业添加了新建载体设计，推动着产业园的一步步发展。在新能源装备企业的发展中，企业充分发挥盐城风能资源优势，积极发展风力发电、海洋可再生能源、新能源装备制造、太阳能光伏、新能源海水淡化等产业，力求构建"新能源+"的产业链，用以打造国家清洁能源型基地。盐城市政府在城南地区建设一个集中发展的核心区，重点发展目前流行的"互联网+"的产业形式，包括发展对其发展有利的硬件设施基础，以及各项衍生行业的发展。并且在产业园集聚中国电子、盐城信息港等30多家重点发展5G、IPv6及其衍生产业，主攻传感器、物联网、智能终端、应用服务等领域，致力于形成千亿电子信息产业家。

2. 现代服务业正由生活型服务业转向生产型服务业

盐城市把推进载体建设作为加快服务业发展的重要途径，一直在推进服务业集聚区、文化产业、生产性服务业发展。依托盐城南洋机场、盐城综合保税区，发展跨境交易平台、跨境物流、跨境仓储等产业，建设跨境

电商与现代物流相融合的发展聚集区；依托智尚汽车小镇、卡迪 VR 主题公园、中汽中心汽车试验场等，致力于打造以汽车为主题、以韩资为品牌的文化创意产业基地；发展健康医疗、健康管理、康体运动等产业，着力打造“盐城健康品牌”；深入挖掘地区资源，积极开发人力资源，加强盐城当地人才建设。近年来，金融业发展势头良好，交通运输业增势平稳，也在一定程度上提升了服务业产业形态。

二、中韩（盐城）产业园创新了盐城新流通模式

1. 推进跨境电商快速发展

随着互联网技术与人工智能技术的深入发展与广泛的应用，国际贸易从最初传统的贸易模式发展成为当前的从市场发掘开拓到订单拟合、产品生产等全体系贸易链条都可以在跨境电商平台上实现。发展跨境电商有利于促进区域经济发展，吸引更多企业入驻园区，促进区域经济结构和产业结构升级。因此，优化跨境电商监管是实现贸易新业态快速发展的重要支撑。一是简化通关手续。海关实行“简化申报、清单核放、汇总统计”，推行全程无纸化等措施。二是建设线上综合服务平台，打造信息枢纽。通过监管部门和各类市场主体，集成在线通关、物流、退免税、支付、融资、风控等多种功能，实现“一点接入、一站服务、一平台汇总”。三是发展海外仓，推动 B2B 出口。积极创建中韩跨境电商综合试验区，培育跨境电商新业态，加快在各社区和便利店开设跨境电商体验店，促进跨境电商应用普及。与新万金互设“海外仓”，鼓励和引导优质企业到韩国投资兴建产业和商贸基地，合作开展招商引资、共同开拓第三方市场，构筑韩国商品出口中国的集散地和江苏特色商品出口的新通道。四是创新金融支持模式，提升金融服务水平。可以与知名企业共建跨境电商 B2B 信保资金池、进口商风险资金池等，提高中小跨境电商企业交易能力。支持金融机构与跨境电商企业加强合作。支持中国出口信用保险公司与外贸综合服务企业合作，通过出口信用保险和外贸综合服务平台对跨境电商海外仓出口

业务提供金融及外贸综合服务支持。

2. 物流产业获得大发展

目前，我国正处于消费产业的升级与技术突破的关键时刻，物联网技术、跟踪技术、共享经济、无人机（车、仓）、信息查询技术、共享平台网络、快递周转箱、大数据云计算、快递组织技术等高新技术在物流领域的广泛应用，深深地改变着物流行业的形势。在"互联网 +"的驱动下，物流行业已经开始进行新一轮的变革。结合沿海开放和"一带一路"建设等国家政策，物流产业可以联合产业园或跨境电子商务网络平台，在跨境电子商务市场份额较大的国家建立海外仓储基地，以海运或铁路运输的形式，先将货物运输至仓库，再进行本地发货，缩短物流周期，提高物流经营的效率。盐城的城西南物流园荣膺国家级优秀物流园、省级示范物流园区、省级重点物流基地、省级现代服务业集聚区等多项殊荣。全力打造集约化、智慧化、融合化的现代物流园，建成投入使用物流公共信息服务平台，初步形成商贸物流产业生态圈，目前已形成"汽车整车和零部件、家用电器、医药、公路港、快递"五大物流集群。成立盐城的大丰港保税物流中心。盐城市长曹路宝指出，中韩（盐城）产业园是国家层面的合作园区，各地各部门要进一步认清中韩（盐城）产业园建设的重要意义，深刻理解产业园设计的盐城经济技术开发区和大丰港联动建设格局的重要内涵，建立区、港合作联动机制，携手实现共赢发展，要加快大丰港铁路支线等基础设施建设，打造公路、铁路、水路运的物流基地，实现现代物流业快速发展。

三、中韩（盐城）产业园发展带动了平台经济的崛起

韩资工业园规划面积 15 平方千米，重点发展汽车零部件、健康医疗、文公创意、人工智能等产业。盐城综合保税区规划面积 5 平方千米，重点发展新一代信息技术、智能制造、跨境电商产业，致力于打造全国领先的区域性商贸物流中心和先进制造业基地。光电产业园规划面积 7 平方千米，围绕产业集群培育，重点发展光能源、光照明、光显示三大产业，致力于

实现千亿产业目标。新能源汽车产业园规划面积7平方千米，集新能源汽车整车、智能网联汽车和关键零部件的研发、制造、试验、检测、推广于一体，是江苏省首家新能源汽车产业基地。智尚汽车小镇规划面积3平方千米，注重产、城、人、文、旅融合发展，致力于打造江苏汽车智慧产业发展集聚区，全国知名的汽车产业特色小镇。

第四节　中韩（盐城）产业园对盐城经济转型贡献的趋势展望

近年来，盐城市主动融入国家发展战略，抢抓重大发展机遇，扎实推进开放沿海、接轨上海、绿色转型、绿色跨越“两海两绿”新路径，在全市范围内推进中韩（盐城）产业园建设，致力于打造中韩经贸合作典范。目前，中韩（盐城）产业园已有近千家韩资企业入驻，年销售额突破150亿美元。中韩（盐城）产业园是“一带一路”合作创新的国家级载体，依托国家级盐城经济技术开发区建设。目前，正加快建设国际化的韩资密集区、汽车科技园、电子信息港、东部光谷、临港产业高地和现代服务名城六大载体。2019年以来，该区对照省实施方案，围绕招商引资、制度创新、人文交流、基础设施四大主要任务，拟订三年行动计划，出台了《中韩（盐城）产业园建设工作意见》；聚焦世界500强、韩国20强企业，每月在韩国举办招商周活动，主攻重大产业项目。中韩（盐城）产业园将充分发挥对韩合作综合优势，致力于打造中韩地方经济合作和高端产业合作的新高地，加快建设成为深化供给侧结构改革、加快建设创新型国家、推动形成全面开放新格局的示范区，中韩对接发展战略、共建“一带一路”深化贸易和投资合作的先行区。

加快建设国际化的韩资密集区。韩资密集区致力于发展汽车及汽车电子产业，已集聚现代起亚、京信电子、新韩银行等韩资企业近千家，总投资70多亿美元。对韩合作从汽车产业拓展到新能源、电子信息等新兴产业，延伸到经贸科技、文化创意等诸多领域。聚焦汽车整车、关键零部件、半导体、智能装备、健康美容等领域，新组建30亿元韩资科技产业基金，中韩（盐城）产业园发展基金增至50亿元，深化与世界500强、国内100强、行业20强企业，特别是韩国20强企业的合作，打造国际一流、全国知名的韩资密集区。

加快建设国际化的汽车科技园。汽车产业是中韩（盐城）产业园的主导产业，以东风悦达起亚汽车公司为龙头，集聚了韩国摩比斯、美国德纳、法国佛吉亚等企业400多家，建成开放了江苏新能源汽车产业园、中汽中心试验场、华人运通全球首条"智路"等产业载体，正在加快建设5万辆纯电动SUV、15万辆新能源乘用车、江苏省新能源汽车研究院等项目。中韩（盐城）产业园新组建30亿元新能源汽车等专项基金，引进新能源整车及关键零部件项目，打造电动轻量、智能网联的新能源汽车全产业链，加快建成国际化的汽车科技园和国家新能源汽车产业基地。加快建设国际化的电子信息港。电子信息产业是中韩（盐城）产业园重点打造的新兴特色产业。依托盐城综合保税功能的政策优势，集聚了中国电子、中国深圳英锐、中国台湾正崴、韩国雅思等40多家企业。中韩（盐城）产业园抢抓5G和新一代信息技术发展机遇，聚焦智能终端、集成电路、人工智能等领域，新组建30亿元燕舞半导体、30亿元光大产业等专项基金，打造中国电子信息江苏产业基地。

加快建设国际化的东部光谷。新能源光电产业在中韩（盐城）产业园已形成集聚效应，落户了天合国能、阿特斯、润阳、晶澳等40多家企业，2019年将实现硅片、电池、组件3个"10GW"以上目标，产能占全球市场十分之一。中韩（盐城）产业园新组建25亿元光电光伏、20亿元半导体照明专项基金，全力支持光能源、光照明、光显示三大领域重大项目落户发展；通过3～5年的努力，形成3个"20GW"以上规模，产能占全球1/5。

加快建设国际化的临港产业高地。临港产业高地是践行"三市战略"、走好"两海两绿"路径、落实"五个三"工作部署的重要载体。中韩（盐城）产业园用足用好与上海漕河泾园区、大丰临港产业区合作叠加优势，充分发挥与韩国、俄罗斯、日本、印度尼西亚等重要港口的通航优势，新组建20亿元临港产业发展基金，加快建设国际化临港高端装备制造基地。加快建设国际化的现代服务名城。建设现代服务名城，是完善产城融合核心区功能配套的重要举措。中韩（盐城）产业园与北京师范大学、上海光华深度合作，建成了北师大附校、外国语学校，打造十五年一贯制优质教育标杆；与首尔、上海、北京等地知名医院联手合作，加快建设“五中心”三甲综合医院。新组建总规模40亿元新城建设基金，全力推进中韩文化交流中心，及健康医疗、影视文娱、名品商贸、科研总部等“一中心四街区”建设。全力推动韩风国际文化名城、智尚汽车小镇开发建设，造国家级产城融合发展示范区。中韩（盐城）产业园已经站在新的更高的起点上，不仅是中韩两国共同推动的合作园区，更是中韩两国共同搭建的面向世界的开放平台。①

一、中韩（盐城）产业园对促进经济增长趋势的探析

1. 中韩（盐城）产业园对促进经济增长趋势的有利影响

综合盐城的基础优势和韩国的产业优势，中韩（盐城）产业园未来将重点发展五大合作产业，即汽车产业（包括新能源汽车、智能网联汽车）、新一代信息技术产业、智能制造产业、临港产业和现代服务业。产业园资本投入将持续增加，财政支持力度逐步加大。中韩（盐城）产业园将紧盯韩国20强企业投资项目，全力突破氢燃料新能源汽车、动力电池、半导体等重点项目，推动三星、SK等一批韩资重大项目加快集聚。同时，充分发挥综合保税区、新能源汽车产业园、光电产业园等产业载体集聚作用，围绕建链、补链、强链，主攻巨人型、财源型、科技型项目，招大引强项目，培大育强企业，大力发展高新技术产业。努力将盐城建设成为韩国在华投资的新高地。加快建设国际化的韩资密集区、汽车科技园、电子信息

① 范进．中韩(盐城)产业园年销售额突破150亿美元[N]．盐阜大众报,2019-06-17.

港、东部光谷、临港产业高地和现代服务名城六大产业载体，努力把中韩（盐城）产业园建设成为中韩经贸合作的成功范例，深化盐韩全产业链、全市域、全方位合作，努力在重大产业、沿海发展、合作能级上求突破。

2. 中韩（盐城）产业园对推进经济增长趋势的不利影响

劳动、土地成本上升。近年来，中国投资环境发生较大变化。劳动力成本、土地成本、环保成本、能源资源使用成本都在不断上升，伴随着的还有政府加强劳动保护、取消优惠政策，所以外资企业要在高的成本的基础上与内资企业进行竞争，这是外资企业不可避免的趋势。

二、中韩（盐城）产业园将推进立体式交通运输业体系的形成

盐城已形成集高速公路、城市内环高架、铁路、航空、海运为一体的现代交通网络，是江苏省沿海地区和淮河经济带对外开放的重要门户。2015 年后，中韩（盐城）产业园在盐城的建立和发展，带动了盐城交通运输业的发展。中韩（盐城）产业园是盐城政府的重点发展产业之一，盐城政府为了能让产业园更好地适应在盐城的发展，积极规划和完善了盐城的交通运输体制，中韩（盐城）产业园为了盐城的交通运输业做出了重大贡献，同时也促进了盐城和周边城市的经济往来和外贸交易。盐城市南洋机场已开通至北京、温州、昆明、广州、韩国首尔等地的航线；经通内陆河可直达长江系；从徐州到盐城的快速公路已经建成，盐城到大丰港的高速公路目前也已经开工。大丰港支线现在已经被列入国家规划。"海、陆、空"现代化交通格局即将形成。

三、中韩（盐城）产业园将进一步促进盐城新经济的兴起

1. 汽车产业

东风悦达起亚汽车公司已形成 90 万辆产能，累计生产乘用车超 500 万辆，集聚企业 400 多家。围绕"十三五"末实现整车、零部件、服务业 3

个千亿产业目标，加快推动转型发展和质量变革，致力于拥有自主知识产权的电动化、轻量化、智能化、网联化、共享化核心技术，建设国家新能源汽车产业基地和中国沿海汽车城。

2. 电子信息产业

集聚中国电子盐城信息港、英锐晶圆等30多家企业，重点发展5G、IPV6及其衍生业，主攻传感器、物联网、智能终端、应用服务等领域，推动中国知名品牌“燕舞”重登市场，致力于形成千亿电子信息产业。

3. 新能源装备产业

充分发挥盐城风能、光能资源优势，积极发展火力发电、太阳能光伏、新能源装备制造、海洋可再生能源、新能源海水淡化等产业，构建“新能源+”全产业链，打造国家清洁能源基地。

4. 临港产业

发挥大丰港与韩国釜山、仁川、平泽等重要港口通航优势，深化与韩国优势企业合作，重点发展高端装备制造、新材料、海洋生物、保税仓储物流等产业，建设国际化临港高端装备制造基地。

5. 现代服务业

发展健康医疗、健康养老、健康管理、康体运动等产业，着力打造“盐城健康品牌”。依托智尚汽车小镇、卡迪VR主题公园、中汽中心汽车试验场等，致力于打造以汽车为主体、以韩资为品牌的文化创意产业基地。加快建设大数据交易中心，致力于打造云存储绿色数据中心、重点行业大数据应用产业基地、大数据创新业孵化基地。依托盐城南洋机场、盐城综合保税区、发展跨境交易平台、跨境仓储等产业，建设跨境电商与现代物流融合发展聚集区。

为实现上述目标，需要抓好以下工作。

1. 完善汽车零件制造能力

自从中韩（盐城）产业园在盐城建立，致使目前的盐城拥有汽车整车资源相当丰富：基本形成了乘用车与商用车，常规汽车与专用汽车，传统汽车与新能源汽车，各项品类俱全的汽车资源。符合国家公告管理要求的整车资源全覆盖多系列的产品格局，其中核心企业东风悦达起亚在国内的市场地位稳步提升。围绕着悦达起亚等整车资源，目前已经定址于盐城地区的TR1零部件供应商，既有佛吉亚、凌云等相对独立、可为各体系配套的国际零部件供应商；也有摩比斯、东西、斗源等韩系配套供应商。这些TR1零部件供应商有效地满足了当地整车一、二级OEM配套的发展需求，同时也在逐渐地走出盐城市，为江苏省其他地区的整车企业生产配套设施，盐城零部件已经形成了本地配套的制造能力。盐城地区现在也从整车制造到零部件生产，形成了比较完善的汽车产业链。

2. 积极创新金融服务

在全省率先开展人民币跨境结算便利化试点，并充分发挥财政的杠杆作用，发展中韩（盐城）产业园基金出资项目；与临港集团、君和资本、上海电科等深入合作；设立产业基金；撬动合作银行贷款；新增企业信贷融资等。

3. 提升承载能力，打造中韩（盐城）产业园高端服务业集聚区

加快建设汽车小镇组团，重点引进汽车后服务业、汽车研发、汽车智慧等项目；围绕世纪大道和五台山路轴线，引入建设城市综合体、商贸综合体和科研创新创业载体，打造总部经济集聚区；加快建设健康养老组团，推进北师大附属学校、市妇幼保健院等项目建设，重点引进韩国、上海高端医疗资源，培育美容、理疗及卒中、胸痛、创伤中心特色专科医院，打造美容与养生、慢病与养老一体发展的大健康产业。

4. 促进盐城产城融合发展

"十三五"期间，盐城市将以"城市十大升级工程"为出发点，提高城市功能，提高城市质量，突出城市国际特色。加快韩城、朝鲜族社区、韩国医院、韩国特色街道、韩国海关园区等功能设施的建设，并将更多的

韩国元素融入城市和公园，创造一流的商业环境，为韩国朋友来盐城投资观光创造更好的条件，并为韩国商人及其家人、居住儿童、医疗保健和学校教育提供公民服务。

在新发展理念的推动下，放大中韩（盐城）产业园带动效应，江苏省盐城市经济发展环境发生了根本性变化，正站在更高起点上、更高层次上、更高目标上推动全面改革开放。抓住中韩（盐城）产业园建设，加快全产业链、全市域、全方位对外合作，积极融入"一带一路"国家对外开放大战略，利用国际大趋势更好地配置生产要素资源，为盐城经济更大发展注入新动力，推动盐城经济高质量发展走在苏北地区前列，与苏南地区和上海形成"一小时经济圈"。

小结

金森久雄（1988）在《东洋经济》周刊上著文指出，应当给予东亚经济圈发展前景足够的重视，过去沿海地区经济发展之所以落后，有一个重要原因就是当时沿海各国国际环境欠佳，现在则不同，阻碍国际经济合作的外部障碍已经或即将排除，因此我们可以与各国开展国际经济合作，这对沿海各国都大有裨益。金泰相（1990）指出，目前广泛开展东北亚地区区域性经济合作条件已经具备，由于地理位置的接近，货运距离很短，使这一地区在经贸合作中都会得到好处，由于各个国家不同的社会结构和不同层次的经济发展水平，各国在未来的经济可持续发展中也具有较大的互补性。牛岛俊一郎（2003）从直接投资的角度研究了中韩两国经济一体化的重要性，从两国的经济和政治两个方面，研究了两国的战略，得出建立中韩产业园对两国和整个东亚都有十分重要的意义。朴英爱（2016）认为，中韩 FTA 的签署和生效，将为推进"一带一路"提供对接制度基础和内在动力。

黄春媛（2004）指出，在推进贸易投资自由化，推动 APEC 成员间的贸易、投资和技术领域的合作，开放的贸易与投资自由化、开放的多边贸易体系是 APEC 存在和发展的基石。宋薇（2010）在《全球商理》中表示在世界经济竞争越发激烈的大形势下，中、日、韩三国单打独斗的劣势显得愈加明显。若中、日、韩三国继续游离于区域经济合作的进程之外，将会对三国各自的利益造成一定的负面影响；相反，若三国建立正式的自由贸易区，不仅会给三国带来巨大的经济效应，并且对三国在世界上的政治地位的提升有很大的帮助。因此，建立中日韩自由贸易区是三国内部经济向前发展的必然产物，更是应对经济全球化大背景下的机遇和挑战以及谋求政治经济文化共同繁荣的必经之路。朱益民（2016）认为第四代产业园区是以低碳循环和绿色可持续发展为基本理念，以实现产业业态、空间形态、自然生态的三态共融为发展目标的区域性现代新城。刘吉双（2016）认为，中韩（盐城）产业园的建设经历了三个阶段，是盐城开放水平最高，经济发展最快，产业辐射最强的重要增长极。黄庆庆（2017）认为中韩产业园的主要任务就是全力突破重大项目、加快新兴产业发展、加快实施重点工程，形成强大发展合力。为了促进中韩产业园的发展，要创新金融产品，为小微企业提供服务，深化中韩金融创新合作点。刘耀庭（2018）认为在制定支持中韩产业园建设金融方案时，既要承担国家金融改革的共性任务，又要结合盐城韩资企业集聚的实际，积极创新中韩金融合作，对现有的金融制度与产品进一步完善与创新。刘吉双（2018）认为园区对江苏沿海地区经济发展起到支撑和带动作用。要坚持以提高质量和效益为中心，不断加强园区对沿海地区经济转型升级和扩大开放的引领作用。

国外学者研究了工业园发展对区域经济的影响，特别是工业园进入4.0升级改革以后，园区经济发展对区域经济发展的显著影响。国内学者对经济增长贡献度的研究比国外学者研究得更为细致。国内学者具体研究了中韩（盐城）产业园和盐城经济的发展关系。有学者研究了园区发展与盐城经济增长的互动关系；还有学者研究了园区发展与交通运输业的关系。但系统研究园区如何发展对盐城经济转型关系还没有，本部分通过分析中韩（盐城）产业园对盐城经济增长、交通运输、新经济的影响，从而系统地研究中韩（盐城）产业园对盐城经济转型升级的贡献度。中韩（盐城）产业园上升为国家级园区后，为盐城经济发展带来了历史性的机遇，利用社会经济效应导向法进行分析研究发现，自从建立中韩（盐城）产业园以来，盐城经济出现了质的变化，经济增长速度加快，交通运输业飞速发展，新经济、新业态发展层出不穷。盐城政府应该抓住园区上升为国家园的重大机遇，推动盐城经济增长、交通运输业和新经济上层次、上水平，加快盐城经济转型升级，推进盐城经济现代化产业体系的构建。

第七章　中韩（惠州）产业园发展及对中韩（盐城）产业园发展的启示

中韩（惠州）产业园是中韩产业园三大项目之一，拥有国家级平台支撑，自建立以来一直以稳定的步伐向更高级别的产业项目方向迈进。惠州市利用其自身的多方位优势，通过建立中韩产业园的工作推进机制，加速了同韩国的贸易进程，促进了地区经济增长，推动了地区设施建设，在发展过程中积累了一系列发展经验。同为中韩产业园的中韩（盐城）产业园，需要通过借鉴中韩（惠州）产业园在发展中的合作战略性新兴产业、打造招商引资平台双向化中韩合作、错位发展突出惠州产业特色、政府积极优化产业政策体系、利用良好区位优势助力等利好措施，通过开展对韩合作交流活动，促进中韩（盐城）产业园与韩国的经济贸易往来，提升盐城产业园的经济开放水平，促进产业园高质量发展。

第一节　中韩（惠州）产业园

惠州位于广东省中南部东江之滨，珠江三角洲东北端，南临南海大亚湾，毗邻深圳、香港，北连河源市，东接汕尾市，西邻东莞市和广州市，是珠江三角洲地区中心城市之一。惠州是个山水城市，空气好，生活节奏慢。惠州发展潜力大，赶上了珠江三角洲融合发展的好机会，石化产业有了较大的发展，壳牌和中石油正在建设大型石化基地。2017 年 12 月 15 日，国务院办公厅在中国政府网上发布了关于同意设立中韩产业园的批复，同意在广东省惠州市设立中韩（惠州）产业园。产业园依托现有经济技术开发区、高新技术产业开发区建设。1992 年，韩国三星电子株式会社与广东省惠州地产总公司成立惠州三星电子有限公司。1993 年 9 月正式投产，注册资金为 3 200 万美元。2006 年开始引进手机生产。截至 2017 年，惠州市累计批准设立韩资企业 235 家，合同利用韩资 9. 1 亿美元，实际利用韩资 6. 6 亿美元。累计投资总额超过千万美元的韩资企业有 32 家，主要集中在电子信息和化工行业。①

一、中韩（惠州）产业园概述

1. 发展进程

中韩产业园是推动“一带一路”建设进程的重要国家级平台。2015 年中韩（惠州）产业园在广东省惠州市建立，并作为中韩产业园的主要承载建设区域投入启动项目。图 7 - 1 是近年来中韩（惠州）产业园的主要发展历程。

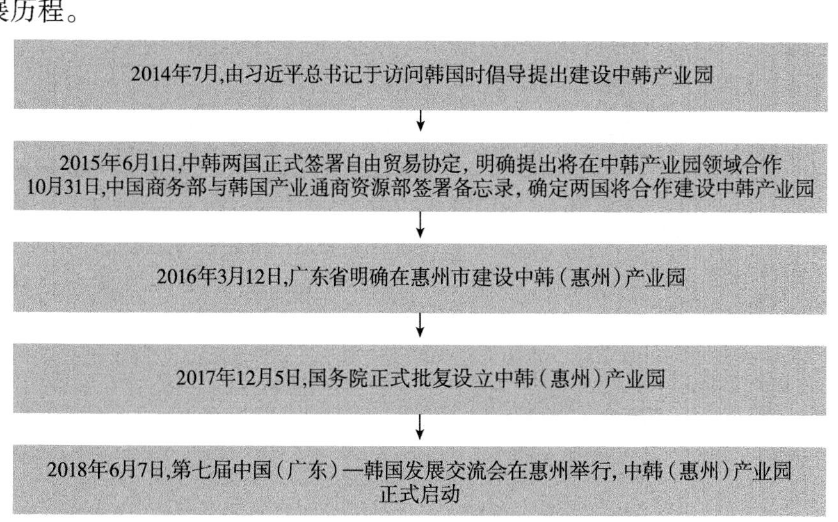

图 7 - 1　中韩（惠州）产业园发展进程图

资料来源：根据惠州市人民政府发布数据整理所得，http：//www. huizhou. gov. cn/.

① 解读国务院批复 . 2017 年 12 月 21 日，http：//www. atcfw. com/news/show - 63. html.

2014年国家提议建立中韩（惠州）产业园，2017年得到国家正式批复，该项目已于2018年6月正式启动，开启了惠州中韩企业合作交流发展的新纪元。2019年3月21日，产业园入选广东省重点项目，总投资数额约40亿元，正开创更高水平的科技创新平台，进入加速建设新时期。4月5日，随着起步区第一宗土地的正式挂牌出让，产业园迈入发展新阶段。

2. 发展现状

中韩自由贸易协定（FTA）签订后，惠州政府积极落实各项政策，自2015年以来，中韩（惠州）产业园规划和开发工作已初具规模。20多年以来，三星、LG等韩资企业纷纷抢滩惠州，投资创办企业，其中惠州三星已成为三星集团在中国最大的生产基地。2017年，惠州出口市场占比中，韩国占28.0%，位居第二位；惠州对韩贸易总额占广东省对韩贸易总值高达19.7%。惠州将以电子信息和石油化工两大支柱产业的合作为基础，围绕“互联网+”、智能制造和生命科学等领域，大力引进和培育符合惠州与韩国未来产业发展方向的新产业、新业态，做大做强做优电子信息、石油化工两大核心支柱产业，推进汽车与装备制造、清洁能源成为新的支柱产业，加快发展现代服务业，培育壮大战略性新兴产业，加快构建“2+2+N”现代产业新体系。围绕这一产业规划，惠州将科学制定“招商图谱”，加大对韩宣传推介，通过办好第七届中国（广东）—韩国发展交流会、组团赴韩国招商选资等形式，吸引韩国现代、LG、晓星等企业到园区发展。①

二、中韩（惠州）产业园的发展

1. 巨型韩国公司已经入驻

如今中韩（惠州）产业园吸引了韩国排名前三的世界500强跨国企

---

① 林铭涛. 关于产业园的定位. 南方网. 2018年6月7日, http://www.huizhou.cn/news./newsc_counties/newsc_hz/201806/t20180608_1231663.htm.

业——三星、LG、SK 集团入驻投资，目前正积极推动乐金化学 ABS 三期项目、东进世美肯铜蚀剂等项目落地中韩（惠州）产业园。2018 年以来，产业园交接工业经济项目共 70 宗，专门成立市商务局对韩工作小组，5 次前往韩国开展招商推介活动，在韩国设立产业园事务所，为加强对韩国招商目标规划和数据库建设，目前已建立 500 多个韩资企业客户及机构数据库，其中重点跟进的韩资项目有 22 宗。

2. 对外引资工作显著

2018 年，随着产业园项目的正式启动，惠州外商投资合同宗数增加至 2 006 宗，同比增长 203.5%，此外，外商投资合同总额达到 181.08 亿元，同比增长 91.3%。中韩（惠州）产业园自开设建立以来，强有力地促进了惠州对外招商引资项目的进程。

3. 韩国成为惠州市最大贸易伙伴国

惠州市所在区域拥有独特的市场优势，是中国经济最活跃、市场最繁华的地区之一，这为惠韩两地的经贸合作提供了坚实的基础。作为惠州最大的贸易伙伴国，2017 年，惠州对韩贸易总额达 889.5 亿元，占广东省对韩贸易总值的 19.7%、全国对韩贸易的 4.7%，占惠州市贸易总额的 22.9%。

表 7－1 惠州市对外经济现状调查 单位：亿美元

年份	2012 年	2013 年	2014 年	2015 年	2016 年	2017 年
外贸进出口总额	495.00	573.94	597.12	543.55	3 044.78	3 415.99
出口总额	292.05	333.21	363.31	347.76	1 972.52	2 233.13
韩国	95.41	128.97	133.30	112.91	521.94	626.06
进口总额	202.96	240.72	230.81	195.79	1 072.26	1 182.86

资料来源：根据惠州统计年鉴 2018 数据整理所得。

4. 产业迈向高质量发展

2019 年 3 月 28 日，亿纬集能动力电池项目在惠州高新区正式投资建立，这是产业园首个中韩大型合作项目。在 2018 年中韩（惠州）产业园项目正式启动以来，2019 年惠州入选省重点项目的数量达到 8 年以来新高，总投资额高达3 400亿元，标志着产业园项目自建立以来取得显著成效，同时也体现了广东省对中韩（惠州）产业园项目的高度重视，如今惠州市正在加快建设步伐，促使产业园区蓬勃有力发展。惠州市拥有优越的电子信息产业基础，是中国首批国家级电子信息技术产业基地，石油化工产业发达，同时也是国家重要的石油化工基地，这是可供中韩（惠州）产业园加以利用的优势产业基础。据统计，中韩（惠州）产业园的第二产业占比由52.7%增长为57.1%，第三产业占比由38.4%增长为43.0%，这与中韩（惠州）产业园产业发展战略息息相关。目前惠州市正在加快建设以电子信息、石油化工、新清洁能源为核心的现代化产业体系，这套产业体系与韩国的优势产业高度契合互补，为深化惠韩两地企业合作提供了产业保障。

第二节　中韩（惠州）产业园发展措施

随着对外开放发展步伐的不断加快，中韩（惠州）产业园迎来了加速建设的新时代。充分利用"一带一路"平台优势，依靠良好地理区位，实施政府新政策，科学规划探索，开发对外经济合作新模式，构建现代化产业体系，依靠核心联动片区形成四大产业集聚区，开创惠州市开放发展新局面，成为珠江东岸新的增长支柱。

一、逐步建设六大核心组团片区

中韩（惠州）产业园综合规划园区范围，融合区域经济之间的产业联动，利用核心组团打造多元化片区。核心组团区域共划分为六个主要区域，总面积为94.1平方千米，利用发展产业类别进行区分，带动周边经济区域形成6大核心组团，见表7－2。

表7－2　核心组团片区功能布局一览

核心组团区域	规模（平方千米）	产业门类
潼湖生态智慧区	32.3	金融产业、文化创意产业、旅游产业

续表

核心组团区域	规模（平方千米）	产业门类
仲恺高新区高端产业合作区	23.6	电子信息产业、节能环保产业、智慧产业、新材料产业、新能源产业
大亚湾化工与海港保税区	7.6	石油化工产业、节能环保产业
惠州空港经济产业园	21.7	物流产业
惠城区高新科技产业园	6.4	光电产业、电子信息产业、智慧产业
罗浮新区康养国际合作园	2.5	健康医疗产业、电子信息产业、文化创意产业、智慧产业

资料来源：根据惠州市人民政府发布数据整理所得，http：//www.huizhou.gov.cn/.

二、联动组团片区稳步配套建设

为了辅助配套建设核心组团区域，中韩（惠州）产业园开发了联动组团区域。通过产业辐射带动区域发展，统筹核心组团区域以外的其余部分，实行产业联动合作，协同区域产业门类发展，形成优质产业布局，见表7－3。

表7－3　联动组团片区功能布局一览

联动组团区域	协同发展的产业门类
惠东稔平半岛环考洲洋经济带	旅游产业、海洋产业、节能环保产业、健康医疗产业
惠州空港经济区	物流产业、智慧产业
惠城区高新技术开发区	汽车与装备产业、电子信息产业、文化创意产业、智慧产业、健康医疗产业
仲恺高新区产业联动区	电子信息产业、节能环保产业、旅游产业、健康医疗产业、文化创意产业
大亚湾开发区产业联动区	石油化工产业、物流产业、海洋产业、智慧产业、旅游产业

资料来源：根据惠州市人民政府发布数据整理所得，http：//www.huizhou.gov.cn/.

三、逐步形成四大产业集聚区域

中韩（惠州）产业园以产业为依据导向，依托产业组团进行经济片区划分空间分布格局，最终形成“四个产业片区”，利用各个区域的产业协同效应和经济协调效益，形成四大产业集聚区，推进片区产业共同繁荣发展，实现多元化的区域产业经济合作，见表 7－4。

表 7－4　产业集聚区域一览

产业集聚区域	集聚产业
仲恺—潼湖高端产业区	光电产业、移动互联网产业、智能终端产业、云计算与大数据产业
大亚湾世界级石化产业区	石油化工产业、新型复合及聚合物材料产业
惠州空港及周边智能制造产业区	海洋产业、先进智能制造产业、节能环保产业、汽车与装备制造产业
罗浮新区国际康养文旅产业区	健康养生产业、金融服务业、现代物流产业、文化创意产业、旅游产业

资料来源：根据广东招商网发布数据整理所得，http：//gd. zhaoshang. net/.

四、政府加大政策支持力度

按照国务院下发的文件要求，为了促进中韩产业园的发展，惠州政府相继出台了多份文件保障政策实施。惠州市政府积极落实上级文件精神，并因地制宜发布一系列对惠州的利好政策，推动产业园项目的建设进程，促进中韩两地企业间的合作交流。自中韩（惠州）产业园成立至今，惠州市政府共出台了 85 项新政策支持产业项目启动，推动园区产业高速运转，为产业园发展提供政策保障。2018 年 6 月 7 日产业园项目正式启动，为响应加快中韩（惠州）产业园发展进程，6 月 8 日，惠州市政府就下发了新政策，该新政策一共 13 条，分别从 13 个不同层面扶持中韩（惠州）产业园项目的进行，在吸引人才、优化服务、增资研发、鼓励创新项目等方面给予政策支持。惠州市出台的扶持中韩（惠州）产业园的具体政策包括以下方面。

1. 鼓励现有韩资企业投资新项目及增资扩产

对符合产业园产业发展方向的韩资企业，在产业园设立年实际外资金额（不含外方股东贷款）超过 2 000 万美元的新项目（房地产、金融业及类金融业项目除外）、超过 1 000 万美元的增资项目，市财政按其当年实际外资金额的 2% 给予奖励，最高不超过 2 000 万元。

2. 支持韩资企业研发创新

对新落户经省级以上认定的新型研发机构、科技企业孵化器、实验室体系和企业技术创新平台（主要包括工程研究中心、技术创新中心、制造业创新中心等），按照“一事一议”的方式给予奖励，最高不超过2 000万元；购买自用办公用房（不含配套设施），按500元/平方米的标准给予最高不超过200万元的资金补贴；租赁的自用办公用房（不含配套设施），给予连续3年的租房补贴，补贴标准为房屋租金市场指导价的30%，每年最高不超过100万元；对有特殊需求的重点新型研发机构、科技企业孵化器、实验室体系、企业技术创新平台等，可根据实际需求代为订制办公用房。依法设立天使投资基金，助推创新型初创期企业快速成长。①

3. 吸引高层次人才创新创业

允许在产业园工作的韩资企业高层次人才同等享受市级和有关县（区）科技创新、人才引进各类政策措施。

4. 加大金融支持力度

允许韩资企业同等享受惠州市对民营企业境内上市、“新三板”挂牌和区域性股权市场融资的相关扶持政策。市财政安排3亿元成立中韩（惠州）产业园发展母基金，母基金通过与国内外金融机构、企业和其他社会资本合作设立若干专项子基金（产业投资基金、风险投资基金、股权投资基金等），以股权投资等方式重点支持电子信息、石油化工、汽车与装备制造、清洁能源、生命健康等战略性新兴产业发展。②

5. 提供优质公共配套服务

在市内指定医院设立韩资企业人士专门接诊处室或VIP诊室，畅通预

① 惠州市人民政府关于印发惠州市支持中韩（惠州）产业园加快发展若干政策措施的通知（惠府〔2018〕39号）第五条。

② 惠州市人民政府关于印发惠州市支持中韩（惠州）产业园加快发展若干政策措施的通知（惠府〔2018〕39号）第九条。

约、挂号、检查、治疗等诊疗服务"绿色通道"。支持产业园建设中韩双语国际学校和现有学校开设韩语班级、韩语课程。产业园建设的人才公寓优先提供给韩资企业高层次人才使用。

五、推动地区韩资企业数量增长

自 2015 年以来，韩资企业数量增加了 72 家，涨幅为 38.7%，实际利用投资额同比上涨了 13.2%。其中，2018 年惠州市韩资企业共有 250 家。截至 2019 年 3 月底，惠州市累计设立韩资企业为 258 家。

结合图 7－2 中数据可以看出，得益于产业园产业项目的稳步建设，2015 年至今惠州实有韩资企业数量及实有投资总额每年都呈增长趋势并没有高于以往。据统计，目前对惠投资的众多韩资企业中，共有 31 家累计投资总额超 1 000 万美元，这些企业的投资范围主要集中在电子信息产业和化工产业，这正是中韩（惠州）产业园的两大支柱产业，由此可见中韩（惠州）产业园在发展过程中对惠州市与韩资企业的合作交流起到了重要的促进作用，同时也带动了惠州地区外向型经济的增长。

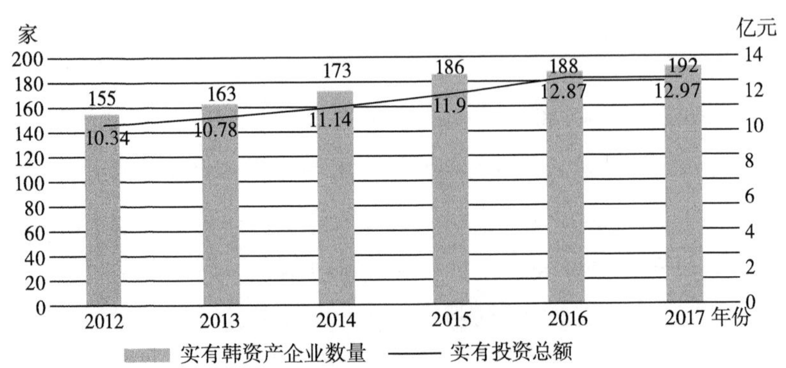

图 7－2　2017 年末惠州实有韩资企业数量及投资总额

资料来源：根据南方网数据整理所得。

惠州市与韩国具有非常好的产业合作基础，截至 2017 年年底，已有包括三星、LG 和 SK 集团等世界 500 强企业在内的 250 家韩资企业落户惠州；实际利用韩资 7.3 亿美元，累计投资总额超千万美元的韩资企业共 33 家，主要集中在电子信息和化工产业。目前，约有 3 500 名韩国人在惠州工作和生活。2017 年，广东与韩国进出口贸易总额达 708 亿美元，占中韩双边贸易总额约 1/4。惠州市对韩贸易总额达 889.5 亿元，占广东省对韩贸易总值的 19.7%、全国对韩贸易的 4.7%。2018 年 1—3 月，惠州市对韩国进出口 176 亿元，同比增长 44.2%。其中，出口 111.4 亿元，同比增长 34.5%；进口 64.6 亿元，同比增长 64.5%。[①]

第三节　中韩（惠州）产业园发展经验

1. 将合作战略性新兴产业作为新方向

目前，中韩（惠州）产业园将战略性新兴产业合作作为发展新方向。中韩（惠州）产业园针对这一新方向，立足惠州产业基础，如韩国电子一体化产业、新能源产业、智能制造产业等，积极发展现代化节能环保服务、金融服务产业，推动一系列战略性新兴产业聚集发展。在园区内对新"互联网 +"物流业态进行培育，强化园区的科技研发和创新孵化机制，深化中韩两地在文化交流、观光旅游和健康医疗等领域的产业合作，推进产业园服务业发展水平现代化。基于这一新方向，中韩（惠州）产业园依托两大支柱产业，即电子信息和石油化工的合作，为符合惠州和韩国两地的未来业态发展，积极培育和推进在"互联网 +"、智能制造和生命科学等领域的新兴产业的合作新形式。在将电子信息和石化产业两大核心产业做好的同时，产业园将汽车制造设备、新清洁能源等产业作为新的支柱产业方向，优化现代服务业的产业结构，积极推动战略性新兴产业合作，引领建设现代化产业体系，打造更高的中韩产业园发展平台。

2. 打造招商引资平台，双向化中韩合作

自产业园项目落户惠州市以来，众多韩国企业被吸引进入惠州市，韩

① 曹宇．盐城产业园未来该如何发展．大洋网．2018 年 6 月 8 日，http://www.atcfw.com/news/show-63.html.

企迅速聚集，合作和交流持续升温。惠州市的外贸进出口总额位于全国第21位，并且曾入选世界银行列出的"最具投资价值的20个城市"和"中国投资环境50优城市"的名单。为鼓励韩企投资，惠州市围绕这个产业规划，科学制订了一系列招商计划，加强对韩国企业的推广和宣传，吸引韩国知名企业到产业园发展，目前已有1 000多家韩企入驻中韩（惠州）产业园，其中包括三星、SK和LG集团这些世界500强跨国企业。

惠州市通过进一步打造招商引资平台，加强与韩国在金融、产业、科学和人文等领域的合作，打响产业园在中韩两地的知名度，推动惠韩两地实现更高的开放水平。为了吸引更多韩国公司到惠州市进行投资建设，加强惠韩两地在教育、旅游观光和产业文化等领域的合作与交流，在吸引韩企纷涌向惠州投资的同时，惠州企业也积极对韩国企业投资，在两地的双向化合作交流中，惠州和韩国企业的资本联系进一步加强。

3. 错位发展，突出惠州产业特色

中韩产业园位于长三角经济圈、环渤海经济圈、珠三角经济圈三个不同的经济地带，三个产业园依托不同的地理位置，在深化对韩经贸合作方面各有其优势。相对而言，中韩（惠州）产业园有着自身独特的发展基础和产业优势，产业园在与这些平台建设规划进行衔接的过程中，体现了惠州特色。从产业基础来看，惠州的特色产业体系实现了它与另外两个中韩产业园错位发展的格局。惠州的第一大特色产业是电子信息产业，在云计算和大数据时代的推动下，基于韩国和惠州在电子信息产业中的核心领先优势，产业园利用移动互联网产业的支持，建立了以光学电子产业为基础的现代化电子信息产业体系。惠州的两大核心特色产业——电子信息和化工产业，以及正在加快建设发展的新能源汽车产业，高度切合韩国的优势产业，是中韩（惠州）产业园与另外两个产业园错位发展的重要优势。当前，已被纳入产业园空间范围的大亚湾开发区正在向世界级的石化基地迈进，是中韩（惠州）产业园独一无二的产业优势。惠州以大亚湾开发区为基础，通过深化和韩国优势化工产业的合作，鼓励中韩企业合资，推动复合材料和新型聚合物产业的发展。

4. 政府积极优化产业政策体系

2018 年，作为中韩（惠州）产业园规划建立的开局之年，为扶持企业建设，惠州政府陆续出台了一系列政策措施鼓励企业蓬勃发展，推动惠州产业迈向全球化的中高端产业链。自中韩（惠州）产业园成立至今，惠州政府共出台了 85 项新政策支持产业项目启动，推动园区产业高速运转。为吸引高端优质人才落户到惠州，加大对优质人才的支持力度，政府将政策聚焦在企业员工家属身上，在员工家属办理入户、升学、就医、住所等方面也相继出台了一系列优惠政策，为引进智慧人才提供政策保障。在理顺工作机制层面，惠州市政府针对中韩（惠州）产业园的建设工作，设立并调整商务分组，专门成立惠韩两地产业招商小组和规划用地小组，实行组内专门运作机制，积极推动园区内的土地建设规划调整，加快产业招商、项目引进等重点任务落实。正是因为新政策不断下发落实，中韩（惠州）产业园的规划以及建设工作才得以有序展开。

5. 利用良好区位优势助力园区发展

惠州市地理空间大、土地开发强度低，为韩国企业落户惠州发展提供了广阔的空间和土地优势，毗邻粤港澳国际化大都市，拥有良好的区位交通优势。惠州市对世界各地创新开放，为促进中韩（惠州）产业园等平台联合开发，境内发展有高度发达的公路轨道网和宽带通信网。惠州市拥有 3 个泊位 30 万吨级的港口，是国家一级口岸，沿海拥有 46 个泊位港口，总泊位能力超过亿吨，海洋运输范围可到达世界各地；惠州机场如今有 30 多条航线，还将建设国际机场航线。2018 年，惠州机场的旅客吞吐量为 188 万人次，相比 2017 年旅客量提升了 20 个名次，位于全国第 67 名，同比增速为 96.4%，在全国百万级机场中跻身第 2 名。在良好的交通条件下，惠州的自然资源、生态环境、土地空间、产业基础等综合优势正转化为新的竞争力，吸引智慧创新项目落户惠州。短短几年间，惠州先后迈入高铁、城轨、航空新时代，多元而快速地连接对外交通，快速发展的交通网络使这座城市以空前的开放姿态接轨世界。

6. 各国的高新企业纷纷在惠州落户，全球多达190个国家和地区已经与惠州建立了经济贸易合作关系

其中，惠州吸引了韩国的三星、LG和SK集团，美国科锐，荷兰的壳牌和飞利浦等33家世界排名500强企业入驻，投资项目多达60个。截至2018年年底，惠州批准设立外资企业累计10 509家，实际吸收外资数额为288.9亿美元。如今，越来越多的惠州企业积极融入全球化大潮，广泛参与国际竞争合作，为中韩（惠州）产业园的发展提供了良好的区位助力。

第四节　中韩（盐城）产业园与中韩（惠州）产业园存在的差距及改进建议

中韩（惠州）产业园积累了发展中的合作战略性新兴产业、打造招商引资平台双向化中韩合作、错位发展突出惠州产业特色、政府积极优化产业政策体系、利用良好区位优势助力等一系列发展经验，对于中韩（盐城）产业园的建设发展具有借鉴意义。对照中韩（惠州）产业园发展中韩（盐城）产业园存在的主要问题：一是中韩（盐城）产业园存在政策研究相对滞后的问题。相比而言，惠州地区靠近广东自贸区，具有承接自贸区政策的先天优势，同时惠州市政府新政策的积极出台有序地推动了产业园的规划建设，而盐城产业园的相关政策研究进度相对落后，目前仍处于初期起步阶段。在3个中韩产业园中，中韩（盐城）产业园的实施方案是最早确定，也是最快报送省政府批准的。但盐城市的方案审批进度相对缓慢，对园区编制总体规划、开展对韩合作有一定影响。二是相对于惠州产业园的地理区位优势而言，中韩（盐城）产业园的交通机制急需完善，基础设施仍有很大的提升空间。惠州位于中国先行改革开放的试验地，境内有发展完善的交通轨道网络，对外开放口岸属于国家一类级别，而盐城高铁轨道交通仍处于初步建设阶段，机场、港口基础设施也远不及惠州，对

韩交通明显滞后。三是中韩（盐城）产业园缺乏产业的特色。中韩（惠州）产业园利用自身独特的区位优势，实现错位发展，形成四大产业集聚区，充分突出惠州产业特色，同时积极推进新兴产业合作，而盐城产业项目较为松散，优势产业特色不够突出，缺乏新兴产业项目引进，这也是盐城产业园需要学习借鉴的方面。四是中韩（盐城）产业园目前还缺乏新的韩国大项目落户。贸易额居于广东之首的惠州，吸引了三星、SK 和 LG 等在韩国排名前三的集团入驻园区，并建立了三星集团在中国最大的发展基地，而目前中韩（盐城）产业园仅取得了韩国现代企业集团的投资入驻，缺少韩国其他龙头企业的资金支持，缺少新的大型项目落户，仍需要加强与韩国的经贸合作交流。目前，除了现代集团以外，韩国其他排名前十的大企业尚未来盐城投资，三星、LG、SK 集团等已和盐城洽谈，但对是否来盐城投资布局态度尚不明朗。

小结

中韩产业园是目前中外合作产业园建设中的新项目，中外合作建设产业园创建了政府间新合作形式，吸引国内外众多学者对它进行相关研究。对于中外合作产业园的内涵，学者给出了不同的见解。李文超、彭阳、贺丹（2018）认为中外合作产业园开放和聚集了整个开发区的基本功能，通过建立有针对性的平台来实现有利于两国投资偏好的创新合作目的，是改革开放不断深化背景下的开发区自然现代化产物。柏露露（2018）将中外合作园区定义为由一国和其他国家或国际经济组织通过政府间合作或政府机构间合作共同建立的功能性产业区，有助于促进外向型经济发展，是中外产业合作的重要载体。在 *China's South - South Development Cooperation in Practice: China and Ethiopia's Industrial Parks* 中，JingGu（2018）认为如今中外合作产业园已经成为国家之间双向合作的基石，是政府组织间进行经贸合作的重要载体，国际可以利用它来促进双方产能合作，推动两国高端产业集聚，从而加速产业园双方所在国的对外开放进程。针对中外合作产业园的发展现状，也有很多学者对此作出了相关的研究。国外学者

YeerkenWuzhati（2018）认为，中外合作产业园的发展是中国和本地东道国创造的新合作形式，文章对7个中国—东南亚合作产业园进行了概述和分析，发现这些园区如今正面临着地理环境、企业投资、海外服务、经济不发达等挑战。刘新国（2015）在《走近中韩产业园》中指出如今中韩产业园在对接国家战略和扩大对外开放上已经获得显著成效，通过园区双方合作配套产业发展，利用创新发展模式在整合人才优势和带动区域经济发展方面取得双赢。李鲁云（2018）指出了如今中韩（惠州）产业园依托着粤港澳大湾区的重要区位优势，建设科技创新长廊，利用核心联动组团模式，形成产业集聚群，加快迈向全球高端产业链的步伐。朱益民（2016）指出了目前中韩（盐城）产业园区的现状，主导产业已经初具规模，空间布局较为合理，但是科技创新能力不足，缺乏高端人才集聚，科技研发投入仍待加强。

鉴于中外合作产业园的发展，一些学者总结了一系列可供借鉴的发展经验和启示建议。傅允生（2014）重点分析了中外合作园区的发展优势及问题，学习并总结园区颇具成效的发展经验，希望园区能将注意力高度集中在引入科技成长型企业层面，建议通过明确自身定位、立足产业基础、引进外商投资来加快产业升级和推动高端资源整合。MichelleAdams（2018）选取了中国的Teda（天津经济开发区）和加拿大的Burnside Industrial Park（伯恩赛德产业园）进行比较案例研究，提出我国应采用自上而下的管理体制，对产业园投入更多的精力来促进中外合作产业园的再升级。黄庆庆（2017）通过学习上海自贸区以及其他中外产业园的创新举措，从创新金融产品、深化外汇改革等方面对中韩（盐城）产业园的发展建设提出建议，通过强化金融创新服务来支持中韩产业园发展。刘耀庭（2018）通过研究自贸试验区的政策运用背景和成效，在对比分析这些金融政策在各区域的指导特性的基础上，梳理出自贸区的发展经验，从金融市场、外汇管理、政策服务等方面对中韩（盐城）产业园的发展提出启示性建议。

通过对中韩（惠州）产业园与中韩（盐城）产业园进行对比分析，提出以下建议。

1. 加大政策支持力度，优化产业政策体系

中韩（盐城）产业园在政策支持方面，应对惠州产业园目前现有的成功产业政策进行灵活运用，扶持政策实施，引导政策发挥积极作用。一是强化产业园制度创新，产业园要重抓制度创新，借鉴惠州产业园试验区、国家级新区等改革经验，探索复制中韩（惠州）产业园正在试验的政策措施。二是向上级领导部门争取政策支持，盐城市政府部门要主动加强与上级政府部门的沟通汇报交流工作，以加快推动产业园建设进程。三是参透现有政策，国家针对中韩产业园项目发布了许多利好政策，盐城市政府应组织专门部门对现有政策加以梳理，合并利用国家和惠州市政府下发的有效政策 ，促进产业政策优化，提高对园区的产业政策支持力度。

2. 强化基础设施保障，提升园区承载水平

中韩（盐城）产业园应将提升园区的产业承载水平作为首要性基础工作。一是改善基础设施。打造盐城交通智慧平台，增加与外地交通联系的便携度，推进项目建设进度，提升产业园的地区竞争力。完善园区的基础设施建设，优化产业园区的配套服务，提高产业园业区吸纳能力。二是优化“盐韩海空走廊”。增设飞往韩国的航班班次，最好确保每天都有航班，增加并优化两地飞行航线，同时保证机票价格的优惠度，并加强盐城港与韩国港口两地的轮船航线开发力度，为园区提供高效的交通保障。三是增加基金支持。利用目前国家金融机构正建立中韩投资合作基金的优势背景，盐城园区应积极配合相关金融机构进行报告和对接，在金融、商业、财政和行政多方面规划发展，积极争取国家对新兴产业项目的研发基金，招揽更多的政府性投资资金，利用江苏省对沿海地区开发的重视，来促进园区优势项目发展。

3. 加强中韩产业合作，推进园区产业升级

中韩（盐城）产业园首要工作是推进产业集聚，促进中韩产业聚集合

作。一是要加强与韩企的项目合作。对园区内的产业进行分析定位，明细化盐城与韩国企业双方各自的产业优势和经历需求，突出产业特色，有针对性地与韩国企业进行优势项目合作，如加强与韩国新能源汽车、港口以及现代服务业等行业的合作，突出产业优势。二是要推动园区产业转型升级。在现有产业的带领下，通过科技创新、科技孵化机制升级园区内产业水平，通过升级生产技术来拓宽产业链、应用新技术来增加产品附加值，促进园区内龙头企业的产生，同时注重产业间的整合规划，加强集聚化产业发展，并保持与韩国企业的创新转化。三是要促进新兴产业发展。如今盐城正积极落实建设高铁计划，园区应利用这一有利条件，在先进互联网联动机制的推动下，抓住创新机遇，颠覆产业发展旧模式，积极推动新形式的产业开发，促进新兴产业联合出现并发展。与此同时，深化高新技术产业研究，积极落实产业新兴战略，通过对以往产业发展经验的研究，有效规划园区内产业的发展路径，有针对性地对新兴产业发展环境改善创新，推动新兴公司的成长。同时，增强与烟台、惠州产业园的沟通交流，实现错位发展格局，突出盐城产业特色，更好地促进产业园的建设。

4. 组织招商推广活动，增强对韩引资能力

中韩（盐城）产业园为进一步争取资金支持，需要切实增强园区的招商引资能力。一是组织招商活动。建议成立专门的招商团队赴韩国调研，开办中韩（盐城）产业园的招商推广活动，推动资本项目引进，促进与韩国企业的经济合作与交流，努力寻求与三星、LG 和 SK 等知名企业的合作机会，形成韩国高端产业链在园区内聚集，推动韩国龙头产业项目落户。二是设立事务所。学习惠州产业园做法，在韩设立中韩（盐城）产业园驻韩办事处和展示馆，同时与相关机构联手合作，邀请对盐城有投资合作意向的韩国企业到盐城进行实地投资考察。三是加强对韩联动交流。在韩国的知名媒体中，经常性地推广宣传中韩（盐城）产业园，打响产业园的知名度，争取在盐城开展中韩经济交流会议的机会，多组织盐城与韩国之间的合作与交流活动，加强两地经济联系，提升产业园在韩国的影响力。

第八章　中韩（烟台）产业园发展及中韩（盐城）产业园的不足

2015 年，中韩（烟台）地方合作园区成立。5 年来，烟台产业园在招商环境、产业集聚、政策集成等方面取得了明显成效。2017 年 12 月，中韩（烟台）产业园被批复为国家级园区。烟台产业园产业扶持政策体系健全，目标规划明确，且拥有完善的招商环境，为中韩（盐城）产业园的后续发展提供了很多经验借鉴。

第一节　中韩（烟台）产业园概况

烟台地处山东半岛东北部，东连威海，西接潍坊、青岛，南邻黄海，北濒渤海，与辽东半岛对峙，与大连隔海相望。烟台全市土地面积 13 745.95平方千米，海岸线长 909 千米，濒临渤海、黄海，有岛屿 63 个。物产十分丰富，主要有海鲜、水果、农副产品等。气候宜人，民众生活质量较高。烟台经济近几年发展较快，未来发展空间大。

烟台位于环太平洋经济圈和东北亚经济圈的交汇处，是中国三大经济圈之一的环渤海经济圈南翼中心城市，也是“21 世纪海上丝绸之路”与陆上丝绸之路经济带的结合点，是中国连接韩国的重要门户，具有极大的发展潜力。烟台位于新亚欧大陆桥的东端，与韩国一衣带水，隔海相望，是中国距离韩国最近的交通枢纽城市，至首尔空中飞行时间仅需 50 分钟，每周有 100 多架次航班往返于韩国仁川、釜山机场。烟台港作为全国十大港口之一，拥有大量的船舶往返于韩国仁川、平泽、釜山等主要港口城市。

近年来，韩国已经成为烟台的第一大贸易伙伴。中韩（烟台）产业园作为中国"一带一路"重大倡议的重点平台项目，作为中韩两国贸易、交流的"桥头堡"，中韩（烟台）产业园具有非常重要的战略地位。

2012 年 5 月，中韩自贸区谈判启动。2015 年 6 月，中韩两国正式签署自由贸易协定（FTA），明确提出在中韩产业园领域合作。2015 年 10 月 31 日至 11 月 2 日，李克强总理访韩期间，《中国商务部与韩国产业通商资源部关于在自贸区框架下开展产业园合作的谅解备忘录》正式签署，确定两国在中国的山东烟台、江苏盐城、广东和韩国的新万金项目地区建设中韩产业园。中韩（烟台）产业园依托烟台国家级经济技术开发区、高新技术产业开发区的政策优势和烟台空港、烟台港西港区等重大交通设施，中韩（烟台）产业园的规划划分为两个核心区和两个拓展区，总规划面积为 80. 4 平方公里。两大核心区中的西区规划面积为 37. 5 平方千米，东至黄海，西至三亚路，南至桂林路，北至烟台港西港区南边界。其中近期规划区域为城市总体规划确定的 7. 6 平方公里建设用地范围。重点发展新兴产业和配套生产性服务业，发挥制造业等传统产业优势，重点发展高端装备制造、新一代信息技术、医药健康、智能制造、新能源汽车、节能环保等新兴产业和配套生产性服务业，打造中韩先进制造领航区和战略性新兴产业共生区。东区的规划面积为 10. 4 平方千米，其中近期规划区域为城市总体规划确定的 3. 5 平方公里建设用地范围。重点发展高新技术产业和金融保险等产业。两大拓展区中西区的规划面积为 22. 5 平方千米，其中近期规划区域为潮水镇总体规划确定的 16 平方千米建设用地范围，重点发展电商、物流等产业。东区的规划面积为 10 平方千米，重点发展新能源和养生养老等产业。目前，烟台已集聚了大量韩国企业和居民，形成了与韩国企业高度契合的机械制造、电子信息、食品加工、现代化工等千亿级支柱产业，培育了高端装备制造、节能环保、生物技术、现代服务业等新兴产业。

据烟台市商务局的统计，2017 年，在烟台登记的韩国企业达 3 700 多家，实际投资额为 60 多亿美元，占韩国对华投资总额的 1/12。2017 年实际使用外资 144. 9 亿元，同比增长 6. 5%；进出口总额突破 3 000 亿元，达到3 077.6亿元，同比增长6.3%，其中出口1 740.5亿元，同比增长6.1%，进口1 337.1亿元，同比增长6.5%；境外中方实际投资额9亿美元。实际外资、进出口、出口、进口总量居全省第二位，境外实际投资居全省第三位。截至2018年，烟台对韩国进出口总额75.2亿美元，累计有3 835个韩资项目投资烟台，合同利用外资122.5亿美元，实际利用外资61.6亿美元。双边旅游观光人数超过30万人次；有超过5万的韩国人住在烟台，也有3万多烟台人在韩国学习和工作。

第二节　中韩（烟台）产业园主要成效

一、中韩（烟台）产业园产业集聚情况

在产业方向上，烟台中韩产业园立足于烟台本身的资源条件和产业基础，在高端装备制造、新能源与节能环保、电子信息、海洋工程及海洋技术等新兴产业，物流、商贸、检验检测认证、金融保险、电子商务、文化创意、健康服务、养生养老等现代服务业方面积极与韩国企业开展务实合作。

中韩（烟台）[①] 产业园以发展新兴产业和生产性服务业为主，产业门类齐全，划分细致。主要包含高端装备制造、智能制造、新一代信息技术、医药健康、新能源汽车、节能环保等新兴产业和配套生产性服务业以及现代物流、保税加工、跨境电商、精细化工等产业，逐步建成“海陆空”资源物流网，打造功能完善、统筹发展的东北亚国际航运物流枢纽，打造成韩国产品进入中国乃至中欧物流中转中心和集散中心。

烟台开发区将实行核心区拓展区与全区融合发展，依托开发区韩资企业众多的产业优势、靠近韩国的地理优势以及韩国元素鲜明的文化优势，助推现有产业结构升级，构建高端化国际化产业体系。结合烟台区现有三大主打产业和先进制造业卓越产业集群计划，提出聚焦发展新能源汽车产

① 人民网.中韩（烟台）产业园在首尔举行新会.http://world.people.com.cn/n1/2019/0227/c1002-30904310.html.

业、高端装备产业、人工智能产业、电子信息产业、医药健康产业、新材料产业、节能环保产业、金融保险产业、商贸物流产业、休闲文化产业十大产业。致力于将中韩（烟台）产业园打造成为韩国高端产业的聚集地、韩国现代服务业转移的承接地、韩国商品在中国市场的集散地、中韩休闲文化产业合作示范地。抓住中韩自贸协定这一历史机遇，加快中韩（烟台）产业园建设，着力打造中韩创新高地、产业合作新区、互联互通平台、人文交流纽带，全力开创烟台对韩全面合作新时代。[①] 烟台所具有的良好的产业优势，成为中韩产业园落户烟台的原因之一。目前烟台已形成与韩国产业高度契合的机械制造、电子信息、食品加工、现代化工四大过千亿级支柱产业，培育了高端装备制造、节能环保、生物技术、现代服务业新兴业态。

二、中韩（烟台）产业园招商环境分析

中韩（烟台）产业园自 2017 年正式批复以来，烟台市政府为了吸引更多的韩资企业入驻，利用已有条件和资源，积极开展了多项建设性的工作，努力完善自身的招商环境。中韩（烟台）产业园不仅拥有丰富的海域资源和物产资源，其自然环境也很优美。烟台产业园全力借鉴中国（上海）自贸试验区发展的相关政策，打造国际化一流营商环境，也将搭建信息咨询、科技研发、金融服务等公共服务平台。烟台产业园积极地全面提供信息咨询、教育等服务以及医疗、休闲娱乐、购物等配套设施，为中韩合资发展打好基础，做好准备。烟台产业园拥有独特且悠久的历史文化，其在顶层设计、规划编制、宣传推动、项目合作等方面开展了一系列工作，举办中韩文化交流活动，努力打造良好的文化环境。另外，烟台市政府在对韩教育交流方面也十分注重技术的引进与交流。

烟台的区位优势吸引了 LG、斗山、希杰、大宇造船、现代汽车等韩国

---

① 中韩产业园资讯网. 2018 - 2 - 20. http://epaper. southcn. com/nfdaily/html/2018 - 06/07/content_7728850. htm.

知名大企业落户。韩国 LG 与烟台的牵手始于 2002 年 1 月，LG 电子和浪潮集团合资成立了浪潮乐金数字移动通信有限公司，注册资本 3 000 万美元，手机年产能 3 000 万台，年销售额过百亿元。2004 年 8 月，注册资本 4 340 万美元的乐金电子部品成立，主要生产 PCB、手机摄像模块等产品，年销售额近 40 亿元。随后，乐星汽车部件、乐金显示、乐金商事、喜星电子接踵而至。其中有 3 个项目年产值过百亿元。韩国在烟台投资的大企业中，2014 年主营业务收入超过 100 亿元人民币的韩资企业有 3 家，超过 50 亿元的企业有 2 家，超过 10 亿元的有 10 家。2014 年，烟台实现国内生产总值 6 002 亿元，居全国第 21 位。①

三、中韩（烟台）产业园产业扶持政策分析

2018 年，烟台市人民政府出台《关于加快省级以上园区改革发展的意见》，该《意见》就烟台产业园日后工作的目标任务、工作重点以及实施的政策保障等方面进行了详细的说明。并先后出台多项相关文件，在引领产业发展方面提供了一系列优惠政策，努力实现管理法制化、投资便利化、金融国际化、贸易自由化，为韩国企业在园区内的发展创造有利条件。具体来讲，两地政府出台的扶持政策主要有以下几个方面。

1. 资金扶持

充分利用相关政策资金，支持中韩（烟台）产业园建设。烟台市政府支持设立由省级和市级股权投资基金共同发起的产业园发展基金，充分利用相关政策资金，支持中韩（烟台）产业园建设。积极参与中韩产业投资基金建设，引导市场基金参与产业园的建设。将政府职能与市场机制有效结合，鼓励相关企业参与并组建产业园基金运营管理公司，支持将专项基金用于重大项目投资，有效利用新旧动能转换基金。支持符合条件的外资银行、保险、基金机构在园区设立分支或中外合资、合作机构，支持符合

① 国务院批复 3 座中韩产业园为何落在烟台、盐城和惠州 . 2017 年 12 月 21 日 . http://www.atcfw.com/news/show-63.html.

条件的外商投资证券期货公司在园区设立分支机构，在法律法规明确的条件下，支持商业银行设立不设外资持股比例上限的金融资产投资公司和理财公司；允许符合条件的境外投资者自由转移其投资收益；支持开展韩资银行跨境贷、韩资企业集团内部双向借款等跨境人民币创新业务，探索中韩跨境人民币直接贷款业务试点；鼓励韩资企业在产业园内设立独资或控股的民间资本管理公司，注册资本在 1 亿元以上、不足 3 亿元人民币或等额外币的，经营区域限于产业园内；注册资本 3 亿元人民币以上或等额外币的，经批准可在全省范围内开展业务；加大政府债券对中韩产业园的支持力度；支持产业园内跨国公司跨境人民币资金池业务，支持科技成果转化贷款风险补偿资金重点向产业园内符合条件的企业倾斜；稳妥推进外商投资典当行试点。

2. 土地政策

烟台市政府加强资源要素倾斜力度，强化规划用地保障，统筹新增建设用地与存量土地，按照节约集约用地原则，科学合理布局中韩（烟台）产业园用地，在用地用海等方面严格按照国家相关政策给予支持。明确每一块建设用地的规划建设标准、能耗标准、污染排放标准等指标，实行"标准地"模式。项目从土地招标到开工建设，采用一次性承诺机制，公开、公正、公平。创新土地供应模式，针对各类园区的不同情况，将区域内可用的规划指标中的土地向园区优先集中分配。建立土地使用奖励机制，除房地产项目用地外，各类产业用地均可采取长期租赁、先租后让、弹性年期出让等多种方式取得土地出让权。争取对国家级园区进行土地指标直供或奖励，盘活存量土地。

3. 人才机制

烟台产业园制定顶尖人才（团队）引进奖励政策，允许高端人才以技术入股等形式入园创业。建立新的选拔任用标准，加强园区领导班子和园区管委领导班子建设，严禁论资排辈、私权滥用，清退懒散人员，下放园区干部选拔任用权。制定实施更加积极开放的引才育才政策，建设"英才工作站”、落实创业扶持资金等政策措施，合理利用激励政策，吸引各类精英人才服务园区，为人才创新创业提供相关的保障机制和政策。

4. 行政审批改革

烟台市政府创新行政审批方式，在园区内试行项目审批“自我声明制”，所有的项目投资者对规定职权范围内的审批前置事项自我负责，相关部门不再要求企业提供相关支持文件，通过加强监管，完善审批制度，履行管理职能。烟台市政府则在市商务局设立中韩（烟台）产业园推进办公室，设立中韩（烟台）产业园管委会以及烟台开发区管委会合署办公，增设专门管理服务机构。采取“双招双引”政策，发挥园区的招商引资、招才引智平台作用，各园区配强专职招商队伍，鼓励各园区开展市场化招商机制改革，实行岗位聘任、绩效考核等激励机制，各园区在法定权限范围内，制定奖励投资、贷款贴息、研发补助、免费培训等招商优惠政策。

5. 复制推广改革试点经验

支持在产业园内复制推广允许复制的自由贸易试验区、国家级服务贸易创新发展试点地区、服务外包示范城市等改革经验，支持烟台市创建国家级跨境电子商务综合试验区和国家服务外包示范城市，推动开展中韩服务贸易和电子商务合作。支持产业园在建设对外开放新高地、新旧动能转换、海洋强省、“双招双引”等国家和省重要战略中先行先试。

四、中韩（烟台）产业园未来定位

烟台市政府出台《关于推动落实〈中韩（烟台）产业园建设实施方案〉的意见》，该《意见》对产业园发展定位方面做了明确要求，致力于将中韩（烟台）产业园打造成韩国高端产业以及现代服务业的转承地、韩国在华商品市场的集散地、中韩休闲文化产业合作示范地；将园区建设成为“深化供给侧结构性改革、加快建设创新型国家、推动形成全面开放新格局的示范区；中韩对接发展战略、共建‘一带一路’、深化贸易和投资合作的先行区；中韩地方经济合作和高端产业合作的新高地”。提出了具体发展目标：力争到2025年累计新引进韩资项目100个以上，投资额超过15亿美元，对韩进出口总额突破80亿美元，为建设烟台市现代化经济中心，走在中韩产业园发展前列做出积极贡献。

中韩新能源汽车产业园成为烟台对韩合作升级的标志性工程。除韩国研发总部外，2016年7月正式运营的烟台现代汽车研发中心是现代汽车唯一一个面向全球的海外新能源汽车研发中心，也是现代汽车在中国设立的第一个独立研发中心。该研发中心集研发设计、车型测试、成果转让及产业化、服务外包等多种功能于一体。依托该研发中心，烟台中韩合作产业园积极进行产业链招商，已与100多家配套企业进行了沟通，重点推进传动器、刹车片、汽车天线等项目的落户。2016年，引进的赛普乐汽车配件项目主要生产汽车零部件用聚丙烯塑料，预计2017年下半年投产运营，每年可实现销售收入3.6亿元。①

提升对韩立体交通通行能力，重点推动双方物流产业的合作。争取开通中韩铁路轮渡项目，探讨依托德龙烟铁路和烟台港设立铁路集装箱中心站，并配套建设口岸多式联运服务中心，打造韩国经烟台至欧洲的新亚欧大陆桥，带动烟台集装箱等物流业务的发展。借助便捷的交通物流网络，烟台将致力于打造成中国最大的韩国商品集散地中韩（烟台）产业园，在发展过程中也已经取得了一些经验，具体表现在：一是交通优势明显，拥有丰富的海域资源和临港产业，港口对韩贸易额高。二是产业结构多元化，覆盖面广，产业门类多。三是中高端技术相对较为成熟；在所引进的韩资企业中，第三产业占主要比重。四是产业招商环境较为完善，自然资源丰富，对韩文化交流的宣传力度强，拥有完善的配套设施。五是产业政策扶持的体系较为完善。注重政府职能与市场机制相结合，鼓励建立市场型产业园基金运营管理公司。出台了完善的相关土地扶持政策。园区的人才选拔机制更为透明公正。组织管理结构多元，各级部门权责分明。六是

① 马双军、王聪．人民日报．烟台开发区启动对韩合作升级版[EB/OL]．2016-05-03[2017-11-01]．http://news.shm.com.cn/2016-05-03/content_447052.htm.

产业园的发展目标规划具体明确，实施合理。

第三节 与中韩（烟台）产业园发展比中韩（盐城）产业园发展存在的不足

中韩（烟台）产业园在发展过程中所采取的一系列措施和政策在一定程度上相较中韩（盐城）产业园来说更加成熟和完善，具体表现在：交通优势明显，拥有丰富的海域资源和临港产业，港口对韩贸易额高；产业结构多元化，覆盖面广，产业门类多；中高端技术相对较为成熟；在所引进的韩资企业中，第三产业占主要比重；产业招商环境较为完善。自然资源丰富，对韩文化交流的宣传力度强，拥有完善的配套设施。产业政策扶持的体系较为完善。注重政府职能与市场机制相结合，鼓励建立市场型产业园基金运营管理公司；出台了完善的土地扶持政策；园区的人才选拔机制更为透明公正；组织管理结构多元，各级部门权责分明；产业园的发展目标规划具体明确，实施合理。反观中韩（盐城）产业园的发展则存在以下不足之处。

1. 产业门类不够齐全，结构单一

从烟台产业园设立的产业可以看出，烟台产业园不仅注重汽车产业以及中高端制造业的发展，而且也集中了相当大的力度去发展医药健康、智能制造、节能环保等新兴产业和服务业以及港口物流产业。而反观盐城产业园的发展，虽然也涉及了其中某些领域的发展，但是发展力度不大，且重视程度不高，其主要还是集中力度发展汽车制造业，这就使它的产业门类发展较少，结构相对单一。这在很大程度上加大了其发展风险，不利于园区内各企业之间的技术对流，同时也不利于与韩企的全面交流和合作，致使中韩合资产业发展局限性较大，阻碍中韩（盐城）产业园的发展。

2. 中高端技术不足，招商环境有待进一步完善

中韩（盐城）产业园更加注重教育以及文化环境的建设，而对于中高

端技术的引进不足，这就使其产业园的整体发展技术水平不高。同时，由于在招商环境建设方面的保障制度以及准入机制不够完善，使产业园在招商的过程中，引进的韩资企业数量不理想，质量也不高，这在很大程度上影响了产业园规模发展扩大，也使产业之间的技术交流不通畅，长期发展，可能会导致过于依赖外资企业技术的引进。

3. 相关政策体制有待进一步创新

相较于烟台市政府在资金扶持上采取的政策来说，烟台市政府设立了专门的基金项目，将政府职能与市场机制相结合，鼓励社会企业建立相关的基金管理公司。而盐城虽然也提到了基金方面的扶持，但是并没有对其进行深入的完善和建立相应的制度。烟台市每年有很多的韩国人口涌入、定居、工作，这在一定程度上增加了劳动人才的基数并带动了产业园的经济发展，而盐城对于产业园的建设缺乏相应的人才便利化服务机制，韩国人口引入不够，便利化效能发挥不足。

4. 规划目标过于宏观，不利于落实实施

从盐城市出台的相关中韩（盐城）产业园的发展规划目标可以看出，其制定了 2020 年乃至 2030 年所要达到的宏观目标，但并没有针对现时期所要达到的经济绝对值的目标进行规划，目标规划得不够具体。这就很有可能导致在日后的发展过程中出现目标频频变动、工作落实不到位问题，这不利于整个产业园的长期发展，不利于中韩产业园合作工作的推进。

小结

自中韩（盐城）产业园和中韩（烟台）产业园被正式批复建立以来，许多国内外学者开始关注这两大园区的发展状况以及在发展过程中存在的经验和不足，并对两大园的发展政策进行了深入的比较分析。

学者对两大园区的发展状况进行了研究。赵坚（2017）认为，中韩（盐城）产业园拥有良好的资源条件和发展基础，自中韩自由贸易协定签订以来，园区的规划格局已经完成，韩资成为盐城市对外贸易的主要来源，中韩经济关系愈加密切。丁学仕、郝智（2015）认为，自中韩（烟台）产业园建立以来，产业园已经引入大量韩资企业，共有32个重点行业对韩招商，其中大多是世界500强企业。通过对盐城与烟台两大中韩产业园进行比较，分析中韩（烟台）产业园具有的发展经验以及中韩（盐城）产业园存在的发展短板。骆祖春、赵坚（2017）通过分析盐城和烟台中韩产业园的发展现状、发展规划以及主导产业，利用SWOT分析法，深入研究这两大产业园在发展过程中双方的优劣势以及存在的发展机遇和威胁，以此总结出盐城在中韩产业园发展过程中存在的比较优势以及有效地借鉴烟台产业园发展过程中采取的一系列有积极作用的思路和做法，最后就如何促进中韩（盐城）产业园发展提出建议。有对中韩（烟台）产业园发展过程中值得借鉴的地方进行了归纳总结。通过对烟台产业园的发展机遇和园区战略制定的研究提出，烟台作为“一带一路”重要节点城市，在园区发展过程中拥有很好的发展机遇。周威全（2018）认为，其应充分利用烟台的交通区位优势，发挥中韩两国在资本、技术等产业链环节互补优势，创造良好的风险投资环境。同时也对中韩（烟台）产业园的下一步发展战略提出了相关建议。刘新国（2015）认为，中韩（烟台）产业园利用自身独特的区位优势，创新发展模式，变要素驱动为创新驱动，注重技术与人才的引进，充分合理地利用自身的港口资源，为该产业园的发展创造了有利的条件。有学者对中韩（盐城）产业园发展过程中存在的不足进行了研究。刘耀庭（2018）认为，通过研究金融支持中韩（盐城）产业园的相关政策，提出其政策还有待加强，存在体系不够健全、涉及主体单一以及创新性不足等问题，并指出，盐城在本地区的中韩产业园的发展过程中需进一步加强金融政策的支持力度，出台专门的金融支持方案。朱益民（2016）认为，中韩（盐城）产业园在打造新一代产业园时仍存在着产业层次不高、科技创新能力不足以及培育和集聚中高端人才能力不强等诸多方面的不足，并针对这些不足提出一系列改善措施。

中韩产业园的建立是中韩自由贸易区建立的必然结果，许多学者认为中韩自由贸易区的建立对中国经济发展带来了很大的影响。国外学者通过

Guizhen He、Ingrid JC Boas（2018）对中国化工园区政策和项目被公众接受和拒绝原因的探讨提出，产业园的合作发展政策已经成为我国重要的国民经济战略，是提高能源资源效率、环境绩效和经济竞争力的重要手段。此外，Delik Hudalah、Vaulli Nurrahma（2019）认为，产业园的建立可以作为一种新的治理模式，调和国家市场分歧，解决全球地方政治纷争，通过沟通、合作，建立伙伴关系，寻求国家间共同利益。尚晓语（2018）则认为，其自由贸易区的建立促进了中韩两国在服务与货物方面的贸易对流以及两国的双向投资，这使中韩两国之间经济联系越来越紧密，能够有效地带动国家经济的发展，提高产业内贸易水平，增加国家竞争力。从各学者针对中韩产业园的研究方向可以看出，目前对于中韩（盐城）产业园和中韩（烟台）产业园两大园区进行比较分析的文献还较少。本部分则利用比较研究，深入分析比较两大园区的发展状况，致力于为日后对中韩产业园的分析以及园区的发展提供一些经验借鉴。

本部分利用比较研究的方法，对中韩（盐城）产业园和中韩（烟台）产业园基本发展概况以及两大园区的产业情况进行比较分析，通过总结中韩（烟台）产业园在发展过程中所具有的借鉴经验，发现中韩（盐城）产业园在产业园的发展过程中存在着产业门类不齐全，结构单一；中高端技术不足，招商环境有待完善；相关政策体制需要创新；规划目标过于宏观，不利于落实实施等方面的不足。据此提出对策建议，中韩（盐城）产业园在发展过程中应充分发挥自身的区位优势，打造物流经济网；进一步优化自身产业结构，实现产业区集聚发展；完善招商环境，吸引韩资迁入等。针对以上对中韩（盐城）产业园的发展分析，在此对盐城市政府在日后打造中韩产业园过程中需要改善的地方提出政策建议。首先，政府要充分提高自身的服务效能，充分利用市场的调节机制，将政府职能与市场调节机制相结合；其次，政府部门应不断完善中韩产业园发展过程中的制度体系，为中韩合资企业在园区的发展提供充分的制度保障；最后，政府应针对企业用地制定合理的相关土地政策，科学合理地利用自身的土地资源。

第九章　中韩（盐城）产业园国际经验借鉴：基于国际一流园区的视角

当前国际一流园区正迈向产业园区 4.0 时代，即具有创新驱动、产城融合和复合经营特质的第四代产业园。产业园区 4.0 形态更注重的是构建园区创新服务体系，构建创新网络，提供成熟的投资孵化服务，达到产业集群效应，利用移动互联网创造新型智慧型园区。

第一节　国际一流园区模式

中韩（盐城）产业园是长三角区域对韩合作的重要平台，也是江苏融入“一带一路”开放的重要载体，优化发展中韩（盐城）产业园对提升盐城经济地位，提升江苏对外贸易水平具有重要意义。但是中韩（盐城）产业园目前正处于建设初期，发展经验尚缺。与国际一流园区相比，中韩（盐城）产业园还有很多不足之处。例如，技术集成欠缺，新业态发展较为缓慢，人才支撑不足，产业集群形式单一，这些问题成为制约中韩（盐城）产业园发展的重要因素。因此，着眼国际一流园区建设目标，合理借鉴成功的经验，要更加优化中韩（盐城）产业园发展路径，争取做到举措新，路径实，思路清。中韩（盐城）产业园要加快技术集成步伐，推进园区技术高端化。加速发展新业态，推进园区 4.0 工业革命。加大人才引进力度，形成合理人才队伍体系。加强产业集群，促进产业规模化、集约化、专业化发展。

1. 美国硅谷产业园——技术多元化的经济模式

硅谷产业园，位于美国加利福尼亚北部的旧金山湾区南面，是高科技企业云集的国际一流产业园。目前的硅谷产业园是技术多元化的经济模式产业园。园内的很多产业都在世界上处于领先的地位，如生物制药、电脑零部件、电脑存储设备这些计算机的硬件设施产业，还有多媒体、互联网这些信息技术服务行业。并且园内汇集了大量的高新技术、高科技跨国公司，也积累了不同文化背景的人才，以及大量创新型公司、高端技术和风险资金。

作为享誉全球、知名度很高的国际一流产业园，硅谷高科技产业园主要是以它的技术水平和科技创新能力而闻名世界。从 20 世纪 50 年代初国防产品的研发与生产，到 20 世纪 60 年代末集成电路的研发与生产，再到 20 世纪 70 年代 PC 的研发与生产，最后 20 世纪 90 年代到现在因特网的开发与服务，这跨越了半个世纪的高科技技术发展，都体现了美国硅谷产业园卓越的科技创新和技术集成能力。随着 21 世纪经济全球化如火如荼的发展趋势，硅谷产业园已经形成了自己独特的“硅谷模式”，即利用出口高科技产品，通过吸引世界各地的科研人才、专家学者，还有资金形成的同全球经济高度互动、高科技技术多元化的经济模式。

2. 德国慕尼黑产业园——高度灵活的个性化和数字化的生产模式

慕尼黑高科技工业园区是全球十大高科技工业园区之一，也是德国最卓越的园区之一。它成立于 1984 年，位于德国南部阿尔卑斯山北麓的伊萨尔河畔，是生物工程、软件及服务业的中心。最初由慕尼黑商会管理，后来被政府收购，由政府直接管辖。园区面积 2 平方千米，在 20 世纪末扩展成为 4 平方公里。慕尼黑高科技工业园区以跨国公司为主，以高质量、个性化的跨境生产为主要开发区域。近年来，德国慕尼黑产业园致力于业态创新，即发展新业态产业园，建立一个高度灵活的、个性化的产品和服务的数字智能化生产模式，引入了大数据、云计算和互联网的新一代信息技术，并且将这些新业态技术升级应用，实现了本地区的产业化，推动了智慧产业群、智慧型园区的发展。慕尼黑产业园内的新业态模式有很多种，例如跨境电商监管、智能检测中心，无线电服务还有微纳米系统嵌入的自动设备的应用。慕尼黑产业园的激光技术、纳米技术和生物技术就是新业态模式下的新智慧型技术，这些高度灵活的个性化技术也为产业园内传统产业转型奠定了基础。基于此模式下的德国慕尼黑产业园，孵化出了世界著名的西门子电气工业公司、宝马汽车公司等高科技企业。

3. 日本筑波产业园——人才创新培养体制模式

日本筑波产业园作为日本的“国家研究基地”，发展模式主要是人才创新培养体制模式。重点放在思想观念、管理方式、培养人才、创新科研等内在特质上。日本筑波产业园在发展历程上一直是政府主导型体制，政府为产业园制定专门的发展计划和对应政策，包括人才的培养和“产学研”的政策制定。筑波产业园从创建审批到选址都经过了科学研究，均是政府的指令和号召，政府提供各种科研人才，提供所需的各项资金，专门为筑波产业园制定相应的发展政策和条例，并且时刻关注着筑波产业园的发展和未来前景动向。日本政府非常注重人才，每年都斥巨资培养大批科研人才，还专门为教员和科研人员的技术成果和创业制定了积极政策。日本政府在筑波产业园内建立筑波大学，并以它为中心，培育大学与产业园内各产业之间，还有科学城内各研究机构的互相合作和有机联系，从而使筑波成为一个综合型的研究都市。筑波大学也为各个研究机构输送了大量的优秀后备人才，使产业园内各部门、各机构人力补充源源不断，也使日本筑波逐渐发展成为国际一流产业园。

4. 上海张江高新技术产业园——产业集群模式

张江高新技术产业园是国际一流的智慧低碳园区、冬奥产业示范园区、可再生能源示范园区。位于上海浦东新区中部，规划面积为 25 平方公里，多年来，上海张江高新技术产业园借鉴国外一流科技园的发展经验，采取积极措施促进技术创新、资源集聚和新兴产业的集群发展，架构起市场化、国际化为主要特色的"张江产业集群模式"，逐渐形成了集聚上海知识经济，辐射周边区域的科技创新战略高地。该园区建设分为三个阶段进行：第一阶段，产业园初步引入具备较强市场竞争力和未来发展潜力的企业，同步提供基础设施运营服务；第二阶段，建设多个园区专有的技术研发和金融资产中心，形成特色产业聚集高地；第三阶段，完成资产证券化平台这项核心产业的建设并发挥强大的产业集聚功能，成为国内顶级特色产业集群高地。

作为中国的高新产业园的一员，上海张江高新技术产业园已经形成了一定的产业集群优势，汇集了集成电路、软件、生物医药等企业，融合了4C即消费电子、通信、计算机、内容一体化，形成了具有区位比较优势的高技术产业集群模式。园区内人才和智慧水平相当集中，创新和创业更加为区域经济做出了贡献，张江产业园最大的产业是产业集聚和文化融合，其四大产业支柱包括信息技术和文化创意。近年来，新经济发展，"新四大"即新兴产业、新格式、新技术和新模式为园区产业的升级提供了良好的机会。随着行业界限越来越模糊，上海张江产业集群已经向新兴产业集群重新整合，园区已经规划新的发展思路，未来将选择新的发展重点——基于互联网的E产业，从而展开研究、发展以及相关服务。

第二节　国际一流园区发展经验

从以上四个国际一流产业园区整体规划的模式和历史发展来看，有很多值得中韩（盐城）产业园深入研究和借鉴的地方。

一、抓住信息技术发展的历史性机遇

高新技术的驱动是硅谷产业园发展并且壮大的根本动力。硅谷能够成为全球最大的微电子产业基地而且经久不衰，主要靠的就是它抓住了高新技术，尤其是信息技术发展为主流的历史机遇。硅谷产业园历史悠久，但是它一直在领导着世界科技的新潮流，从20世纪60年代电子工业技术的

创新，发展出了当时那个年代被称为科技先锋的半导体技术，到后来80年代的个人电脑，90年代的因特网。硅谷产业园是高新技术、科技创新方面的主导者。它培育出了世界著名的英特尔公司、苹果股份有限公司、微软公司还有脸书和谷歌等等高新技术公司。目前园内的计算机公司已经有1 500多家。美国硅谷产业园内还专门设有硅谷实验室、项目公司技术培训室，为园区内的硅谷技术提供技术成果转化、技术创新实验等多种服务。高科技产业有很多的变数和高风险。因此，美国政府还为高科技企业创立了风险投资扶助，推动和培育高科技产业的进一步发展。除了为高科技企业筹集资金外，风险投资扶助还将参加被投资公司的业务活动，为它们提供信息、业务咨询、财务监督和协助，促进技术集成和高科技产业的成长，以减少差错，防止失败。硅谷产业园真正将高科技理论变成了现实，即项目成为产品，技术集成转化为生产力的现实。

二、始终创新产业发展业态

德国慕尼黑产业园成功的重要因素之一就是业态创新的发展非常及时和迅速，并且促进了园内很多产业的创新转型，也推动了众多企业的智能化、个性化发展。例如，慕尼黑产业园内闻名全球、销往世界各地的龙头企业——宝马汽车，从最初的较为笨重的1系、3系GT到技术创新的5系插座充电式混动车，到高效动力驱动的X1，然后到在极限范围内动态稳定控制的X5，再到目前的新能源、新动力智能型i3混合动力车，一步步实现了汽车与物联网、云计算、大数据的信息嫁接和跨界整合，形成了互联网技术下的新型产业和新型企业。新业态技术的升级应用，推动了慕尼黑产业园各产业的智能转型、创新数字化，也实现了技术在本地区的产业化，同时也为慕尼黑产业园的与时俱进和超前发展做出了巨大的贡献。

三、注重发展教育科研

日本筑波产业园在近40年的发展史上，政府为其做了很大的贡献和努力。1970 年至今，政府为筑波设立了大大小小的国立研究教育机构共计 46 个，还为很多私人研究机构筹集资金，到目前为止，筑波产业园内包括周边已经有 250 个左右的私人研究机构，科学研究人员也已经突破 20 万人。政府每年还专门设立产业园人才发展基金，以便各企业、各产业有充足的资金实施人才培训计划，为人才的成长创造了一个非常宽松的环境。政府还制定了积极的人才培养政策，鼓励科研人才自主创业、自主冒险和自主创新，在筑波，创新的环境和机会对每个人都是平等的，创业者一旦成功，将会获得巨大的回报。日本政府还招收留学生培养后备人才，因此筑波产业园吸引了世界各国的优秀人才来到这里实现他们的理想，一展宏图。政府还考虑到了住在城内的这些高技术人才及其家庭的生活需要，配套了各类齐备的教育、娱乐和休闲设施，丰富了园内科研人才的生活。

四、强化企业技术创新的主体地位

上海张江高新技术产业园被大家称为"中国北方硅谷"，是国家创意企业集中度最高的高新产业园。它的形成和发展，是产业集群模式在中国的一大成功案例。作为产业集群产业园，上海张江致力于强化企业技术创新的主体地位，增强中小型企业在园内创新创业的活力，打造了一批由企业公司牵头的产业技术创新战略联盟；通过重点发展高端设备制造、新一代互联网信息技术、生物医药、新能源环保、新材料五大主导产业，打造具备国际市场竞争力的新兴产业集群。园区内有 480 多家企业，有 20 多家企业的产值超过 1 亿元，总收入占高新技术产业园总收入的 75%。张江高新技术产业园是全国产业集群规模最大、价值最高的产业园。例如张江产业园的宏力、Smic、华宏，都是芯片研发制造企业，作为产业园的龙头企业，它们发挥了很强的带动作用，带动了一批芯片设计公司、配套设备企业的集聚，仅芯片产业集群的公司就超过 200 家，构成了完整的产业链集群。正是由于项目产业之间都是有关联的上下游企业，很容易形成产业之间的合作伙伴关系，也促进了产业集群合作平台的形成。张江产业园坚持文化产业与高科技产业密切结合，涵盖了数字电子化出版、文化创意、网络游戏，还有影视剧、动漫等上下游产业。“电子行业”不仅承载了现有行业的综合优势、信息和软件设施，相关文化和创意产业，同时也顺应了互联网和移动互联网时代的新潮流。更重要的一点是，在促进跨行业产业集群整合方面，为创新缔造新型产业集群提供了更大的可能性。

第三节　借鉴国际经验提升中韩（盐城）产业园发展路径

一、加快技术集成步伐，推进园区技术高端化

随着时代的发展，社会生产方式已经从传统意义上的机械化大生产转向了以信息技术、人工智能为主的高科技的新型工业生产。而且根据美国硅谷产业园发展经验借鉴，中韩（盐城）产业园发展的道路上，也必须要重视技术集成的问题，推进园区技术高端化，确保技术支撑紧跟时代的步伐，实现产业园以及产业链的可持续发展。

1. 加强高新技术引进

技术引进包括有形技术引进和无形技术引进，无形技术包括外部引进的许可证，有形技术包括直接购买包含高新技术的新型设备，从而提高生产力和营利能力。中韩（盐城）产业园应该加强与韩国科技发达区域的产业合作，比如韩国的未来创意科学部、板桥科技谷、大邱创意创新经济中心、马谷区，引进韩国高新科技和相关技术创新的理念，努力在中韩（盐城）产业园打造孵化高新技术的基地。

2. 实施传统产业技术转型战略

中韩（盐城）产业园的传统产业——汽车产业应积极引用高新技术，实施战略转型，向国际市场上的新能源汽车、无人驾驶汽车转型。政府需支持盐城建设科技创新中心或基地，还有在我国范围内建立新能源汽车产业创新中心，聚集国际高端技术人才，开展汽车高端技术的研发项目，重

点研发新能源汽车，努力开发新能源汽车电池，发展轻量化的新材料科技以及无人驾驶高端技术。

3. 政府加大研发投入力度，提高企业自主创新能力

如果只靠技术引进和战略转型的方式，产业园只能处于缓慢发展的阶段，而要想达到可持续发展的状态，政府还需要加大对科学研究的投入力度，为企业项目研究提供研发的经费，鼓励企业自主创新，加强技术高端化创新，提高自我研发能力，建设创新型的中韩（盐城）产业园。发展初期，企业可以通过将旧技术进行局部改进或者周边研发，然后发展到一定阶段后，再鼓励企业建立自己的产业实验研究基地，自主研发具有延续性的创新型技术，申请自己的技术专利和知识产权，使企业实现可持续发展，从而推动中韩（盐城）产业园达到创新型可持续发展的状态。

二、加速发展新业态，推进园区 4.0 工业革命

根据德国慕尼黑产业园发展的方式和措施来看，中韩（盐城）产业园还需要加快新业态发展进程，全力推进产业园区 4.0 工业革命。

1. 深化商事制度改革

深化商事制度改革是优化营商环境，加快新业态进程的重要举措。一是全面推开"证照分离"改革，为中韩（盐城）产业园实施"先照后证"（证照分离）全覆盖打好坚实的基础。二是进一步压缩企业开办时间。在深化"2330"行政审批改革（企业 2 个工作日注册开业、3 个工作日内获得不动产权证、30 个工作日取得一般工业项目投资建设施工许可证）的基础之上，实现企业开办时间的进一步压缩。三是进一步简化和完善市场退出制度。要积极复制自由贸易试验区市场退出制度的创新经验，更加便利规范企业的经营行为。四是进一步强化"事中、事后"监管。在中韩（盐城）产业园实施相对集中行政处罚权改革，赋予产业园综合行政执法权，在中韩（盐城）产业园开展企业投资项目"信用承诺不再审批严格监管"改革试点。

2. 优化跨境电商监管

优化跨境电商监管是实现贸易新业态发展的重要支撑。一是简化通关手续，实行“简化申报、清单核放、汇总统计”，力争将盐城综合保税区进出口申报时间缩短至平均 1 分钟。二是开设线上综合服务平台，打造信息枢纽，在报关、物流、退免税、支付、融资、风险防控方面实现“一点接入、一站服务、一平台汇总”。三是发展海外仓，推动 B2B 出口。积极创建中韩跨境电商综合试验区，培育跨境电商新业态，加快在各社区和便利店开设跨境电商体验店，促进跨境电商应用普及。

3. 提升传统产业，推进产业升级转型

传统产业能否在未来的发展进程中成功升级转型，是中韩（盐城）产业园能否快速实现新业态的关键，因为在当今时代，产能过剩已经成为产业发展面临的一个重大问题，利润区不再是以传统产业的制造业为主，但是传统产业在我们国家，尤其是盐城这种与其他地方相比经济较落后的地区，还是有非常大的占比，不可能全部放弃，所以为了实现新的效益的增长点，中韩（盐城）产业园需要注重转变传统产业的发展方向和方式，利用高新科技提升传统产业发展层次，实现传统产业的升级换代和转型。另外，21 世纪消费者的需求也在变化，怎样便捷的和充满快乐体验的消费已经成了众多消费者的消费需求，所以传统产业的发展渠道也要与时俱进，要更多地满足消费者的需求。

三、加大人才引进力度，形成合理人才队伍体系

依据日本筑波工业园对注重人才培养的经验，中韩（盐城）产业园在初期发展的进程中也必须要加大人才引进的力度，从而形成合理的人才队伍体系，将中韩（盐城）产业园打造成科技人才集聚、创业创新集中的产业园。为了吸引人才，中韩（盐城）产业园可以向国际一流产业园日本筑波产业园学习借鉴。

1. 招收留学生培养后备人才

盐城对于韩国的地理位置还是很有优势的，可以重点考虑招收优质韩国留学生在周边相关学院学习。建立以普及科技和教育、培养技术人才为主的科教平台。配备教育机构来参与科研成果的创新研究和培养科技人才，确保中韩（盐城）产业园的人才供应。为中韩（盐城）产业园提供韩方人才，也为两国的贸易往来消除了语言和文化方面的障碍，对中韩的长期合作有一定程度上的优势。

2. 通过研究机构招聘人才

中韩（盐城）产业园目前还缺少高科技研发人员，这对园区产业的升级以及创新转型极其不利，所以企业可以利用研究机构相关平台招聘并引进国内外一些知名的科学家或者专业领域的科技精英，保证中韩（盐城）产业园科研技术人才的供应。

3. 实施人才管理激励机制，通过福利待遇留住人才

对于中韩（盐城）产业园里的一些科技精英、专家教授和技术人才，要给予丰厚的物质奖励和优厚的生活待遇，完善工资奖金制度，早日将经营管理人才、研究与开发人才的利益与企业的长远利益紧密结合起来，实行技术配股、知识共享等人才制度。注重知识产权和商业诚信保护，培养并保护科研人员的创造热情。另外，还要为科研人员创造良好的研究和实验环境，让人才能留得住，并且愿意为中韩（盐城）产业园奉献出自己的智力成果，从而进一步地吸引国际人才。

四、加强产业集群，促进产业规模化、集约化、专业化

根据上海张江高新技术产业园的产业集群模式经验借鉴来看，中韩（盐城）产业园在加强产业集群方面还需加大力度，促进园区内产业规模化、集约化、专业化发展。强化中韩（盐城）产业园产业集群规模，也是中韩（盐城）产业园发展的关键性工作。

1. 加快引进韩国大项目，发挥龙头产业的优势，增强产业集聚

中韩（盐城）产业园到目前为止除韩国现代起亚集团外，韩国前十大产业均未到盐城投资，也均未跟中韩（盐城）产业园有项目合作，这明显不利于中韩（盐城）产业园的发展。所以应加快引进韩国市场效益好、对地方经济带动力强的韩国大型项目，引导产业园的产业延伸，拓展产业集聚的空间。中韩（盐城）产业园应制定对发展具有相对优势的龙头企业的未来发展规划，大力优化提升龙头产业的发展，从而带动相关产业的聚集。作为中韩（盐城）产业园的龙头产业——东风悦达起亚汽车有限公司，应发挥它的示范带动作用，利用各种媒体平台的信息扩散和各大营销网络的对外开放，吸引市场上的各种优质资源向它聚集，提高它的核心竞争力。因为它的龙头效应而带来的一些中小型企业的集聚，政府应积极鼓励这些企业进入龙头企业的供应网络，从而带动更多相关产业集聚，以企业之间的集聚带动效应降低产业园的综合成本，增强竞争优势。政府和产业园还应深化改革投资体制和招商引资体制，增强企业投资自主权，把招商引资、投资政策和促进产业集群政策有机结合。充分利用中韩（盐城）产业园内上市公司的融资功能，增强产业集聚。

2. 支持企业创造自己的品牌，引导产业集聚

品牌带来的效应是不可估量的，例如张江产业园华宏芯片品牌的创立，几年内就带动了封装测试企业和配套设备企业等 200 多家大中小企业的集群发展。所以中韩（盐城）产业园要鼓励企业创立自己的品牌，重点帮助具有高技术含量的企业推广自己的品牌，当地政府依据财力，支持一些有市场潜力、附加值高的企业逐步做大做强自己的企业品牌。那些已经具有品牌效应的企业，也要继续注重扩大自己的生产规模和经营规模，开展企业自己的名牌产品与其他名牌商品的多层次合作，实现资源共享，引导产业集聚。

3. 提升产业园内外基础设施建设，改善产业集聚条件

中韩（盐城）产业园现在处于创建初期阶段，基础设施建设还有待提

高和完善。比如园内的通信、道路、水、电、污染防治等，都要进一步完善和强化，以保证园区企业的正常运作和中韩（盐城）产业园的对外开放，也为以后的产业集群打下坚实的基础。除了园内基础设施，对于盐城也要加快其基础设施建设的完善和提升，例如完善南洋机场的开放口岸的功能，积极推进通往除韩国之外其他国家的航班建设。还要完善跨境物流服务，创建中韩电子商务港口。优化各企业之间的生产和合作流程，注意产业园的生态环境保护，使中韩（盐城）产业园成为设施过硬、绿色环保的产业集聚的有效载体。

小结

国内外众多学者都对国际一流产业园区及园区建设做了相关研究。

学者对国际一流产业园区的发展模式做了详细的介绍。冯敏红（2017）在《基于美国科研创新曼哈顿模式与硅谷模式经验研究》中表示，美国硅谷产业园是技术多元化的经济模式，它的核心竞争力是高产能、高输出的高科技产业，依靠斯坦福大学等众多高端院校的技术人才支撑，研发并出口高端技术产品，突破自我驱动的发展模式，发展成为与全球经济高互动的经济技术模式。黄宇（2018）在《新常态下国家产业园发展与德国经验的借鉴》中指出，德国慕尼黑产业园的发展模式从重点发展传统产业模式向智能化发展新业态、新模式转型，实施工业园区 4.0 战略，引进新一代信息技术，健全数字化与个性化的智能产业生产模式，将德国产业园打造成为新业态下的新型第四代“智慧园区”。庞德良、田野（2012）在《日美科技城市发展比较分析》中指出，日本筑波产业园是以政府为主导，以培养高科技人才作为支撑点的发展模式，政府提倡个人创业、自主创新和鼓励冒险精神。日本筑波产业园将人才培养机制列为产业园发展的关键性工作，致力于完善动力机制和人才研究机制。张云伟、曾刚和程进（2013）在《基于全球通道与本地蜂鸣的张江 IC 产业集群演化》中介绍，上海张江高新技术产业园是国内著名科技、文化产业集群模式，产业集群效应和产业集群内部化分工是其成功的两大重要因素。并且上海张江技术产业园一直致力于培育新兴产业集群，围绕主导产业，继续将临海战略型产业集群往更高更强的方向发展。有学者对中韩（盐城）产业园发展存在的问题进行了探讨。黄庆庆（2017）在《金融支持中外合作产业园区的路径探析——以盐城中韩产业园为例》中指出，中韩（盐城）产业园处在发展初期的关键阶段，由于技术水平缺乏，科研人才、技术人才不足，以及业态创新的力度不够，导致产业园缺少新鲜血液和动力机制，发展缓慢。另外三大园区产业集群也尚未形成，产业较为分散，导致产业链发展滞后。一些学者也对如何快速有效发展产业园提出了自己的建议和对策。张玉旺（2018）在《自主创新、技术引进与我国高新技术产业升级》中提出技术管理三部曲：引进国外高科技技术，吸收，改良，然后根据国情和现状实行自我创新。发展优势产业，推进优势产业的创新转型，加大技术投资，坚持技术在产业园的产业化、专业化、创新化发展。李鹏（2017）在《创新金融 助力新产业新业态发展》中指出在产业的升级换代的大背景下，发展新业态面临的几个问题，即如何推进产业的升级转型，如何提升科技创新能力、怎样改造传统产业、转变传统产业的发展方式、提升产业发展层次是新业态发展的重中之重。张亚军在《加快推动中韩盐城产业园建设》中提出盐城实现改革开放高质量发展的五个举措：深化商事制度改革、推动海关监管改革、力推金融领域改革、优化跨境电商监管、扩大服务领域开放。Elaine Romanelli、Olga M. Khessina（2008）在 *Regional Industrial Identidy:Cluster Configurations and Economic Development* 中也提出产业园区可持续发展的重点是发展产业集聚，以龙头产业带动中小型衍生企业发展，早日形成产业链一体化、产业集聚模式，为产业集聚提供完善的产业园基础设施建设、交通建设等措施。

综上所述，国内外众多学者都对“产业园模式”及如何发展产业园做了分析研究，但是还没有学者对焦这些国际一流产业园区对中韩（盐城）产业园的优化提升提出路径对策。综上所述，中韩（盐城）产业园是中韩合作的重要平台，也是江苏融入“一带一路”开放的重要载体，优化发展中韩（盐城）产业园对提升盐城经济地位，提升国家对外贸易水平具有重要意义。对焦国际一流园区的发展经验得出在中韩（盐城）产业园的发展进程中，需要高度重视技术集成、业态创新、人才培养以及产业集聚方面的问题。然后牢固树立新发展的理念，加快引进高新技术，强化科技创新；努力发展新商业模式，新业态模式；重视人才培养；发展优势产业带动产业集聚，推动产业向智能化、新能源、信息技术化转型。使中韩（盐城）产业园早日向产业园区 4.0 进化。

第十章 中韩（盐城）产业园国内经验借鉴：基于苏州韩资密集区的视角

相较于新成立的中韩（盐城）产业园，苏州是江苏省乃至全国最早引进外资进行产业集聚、形成产业园区作为自身发展的地级市之一，是江苏省外资规模最大，投资最密集的地区。通过对外设立经济开发区，吸引外资，将本土企业与外资企业形成产业关联，优化现行产业结构，促进工业化进程，加快经济发展。目前已有来自世界 116 个国家和地区的企业、机构和个人在苏州市投资项目，实际运营的外资企业超过 1.6 万家，累计实际利用外资总体规模达 1 000 亿美元，约占全国实际利用外资总额的 10%，在全国大中城市中位居前列。2018 年，苏州市实际使用外资 45.2 亿美元，占全省比重为 17.7%。现今，苏州韩资企业发展数量仍呈现上升势头。

第一节 苏州韩资密集产业高质量发展经验

完善的基础设施建设。20 世纪 90 年代，长江三角洲流域就建立起了从上海到苏州再到南京的区域工业链，上海作为国际金融经济贸易中心，是长三角地区发展的核心，受上海市经济贸易向外辐射作用的影响，与其临近的苏州也形成了良好的工业产业布局和发达的网络交通，在公路、铁路方面，沪宁铁路和沪宁高速公共路从苏州东西两向横穿而过，除公路、铁路外，苏州还拥有独特的长江下游流域水运网络，北侧的长江是连接各省市的重要水路运输干道，苏州南侧则拥有张家港、太仓港等国家一级港口，截至 2017 年年底，苏州市货运量达 11 770 万吨，水运量达 1 323 万吨。通过建立发达密集的铁路公路网络和四通八达的水路运输，为苏州吸引外资打下了坚实的基础。在对外资引进的配套设施方面，苏州历经多次自发的"工业革命"，拥有了相当规模的工厂数量，随着互联网的兴起，配套的电子设备生产企业大量兴起，无疑给外资的入驻带来了配套的企业设施基础，有利于外国资本与本土厂商相互结合，互惠互利。

丰富的外资经验。1994 年，经国务院批准在苏州成立苏州工业园区，作为全国首个开放创新综合实验区域，是中国和新加坡之间的重要合作项目。而后又有中美高端产业投资，中日之间的友好合作等一系列的中外合作项目，直至近期的中日（相城）产业园的建立，苏州市对于外资的入驻和准备拥有丰富经验，韩资在苏州的发展借鉴之前外资融入的经验，既能快速形成资本、技术密集产业园区，又能够保证高质量的发展。

大力度的优惠政策。苏州市政府遵循平等互利的原则，对新引进的外资企业引用"亲商"的概念，尽量满足外资企业的在华要求，不对企业施加硬性要求，给予企业生产发展的自由。并在个人所得税的收取上，外资企业无须缴纳个税，吸引和保留了更多外来的高质量人才。2017 年苏州市政府再出新政："5 000 万奖励用于招商引资"。通过从市财政资金拨出 5 000 万元，用于帮助各地安排引入外国资本的配套措施，加强各地招商引资力度。近年来，当地提出绝大部分优惠政策都对外资、外国企业等持开放态度，让外资企业享受到本土企业的各类待遇。大力度的政策优惠极大地吸引了韩资的进入，为苏州的产业转型升级提供了帮助。

高质量人才的培养和引进。从 2005 年开始，苏州每年都会发布紧缺高层次人才的引进，并给予各类高质量人才金额不等的资助，大力推动三大工程"创新创业人才发展环境优化工程""千名高层次创新创业人才引进工程"和"万名创新创业人才培养工程"。产业结构的优化升级和技术的发展离不开优秀人才的支撑，尤其是苏州半导体等高新技术类产业更需要创新人才，企业主要依靠创新人才作为企业发展的动力，而苏州对人才的培养和引进反过来又能够更好地吸引外资。

第二节　与苏州韩资密集区相比中韩（盐城）产业园的短板分析

1. 高质量企业引进力度不足

当前中外合作产业园区在政府主导的大方向下，趋于向高端化高技术性产业发展，对于产业园区的高质量发展离不开高质量企业的入驻，目前盐城已经着手高质量高技术企业的引进，2018 年盐城共拥有 898 家高新技术企业，相较于上年增加 285 家，对比上一年度增加的 81 家，呈现出明显的增幅，但相较于苏州等老牌产业园区仍有不足。韩国作为苏州的第三大外资来源国，早在 2016 年年底，苏州市已有韩资企业 1 058 户，投资总额达到 137.42 亿美元，坐拥苏州三星电子液晶显示科技有限公司、苏州三星电子有限公司、浦项（苏州）汽车配件制造有限公司等高科技、高质量的优质韩资企业。相较之下，对于新成立的中韩（盐城）产业园来说，尽管已经开始注重高质量企业的引进，例如，新韩银行、现代摩比斯等各领域的杰出企业，但引进力度仍比不上已有多年外资合作经验的老牌产业园，在当前经济新形势下，若要赶上通过中外合作构建高质量产业园的步伐，仍需加大力度引进优质韩企。

2. 高科技、高新技术企业的缺乏

而中国的高科技企业主要以航天航空器制造业、电子及通信设备制造业、电子计算机及办公设备制造业、医药制造业和医疗设备及仪器仪表制造业等行业，而盐城汽车、机械、纺织、化工和农产品加工的五大传统产业想要通过产业转型升级向高技术产业靠拢相当困难。高新技术产业虽然每年都在增加，且中韩产业园成立后有一个较大的增幅，但因为原有基础较为薄弱，难以在短时间内培育出高质量的高新技术和高科技产业。

从图 10 -1 我们可以看到，在面对苏州这样外资发展模式较为成熟的城市，在政策引导和外资带动下，孵化培育出相当数量的高新技术企业。惠州在 2015 年对盐城产业园内高新技术产业数量的落后，到 2018 年扭转局势，形成领先的企业数量，在面对产业园区高端化、高技术转变的大趋势下，盐城还没有适应从传统产业向高技术产业的快速转变，中韩（盐城）产业园的高质量发展，需要更多高新技术产业的支持。

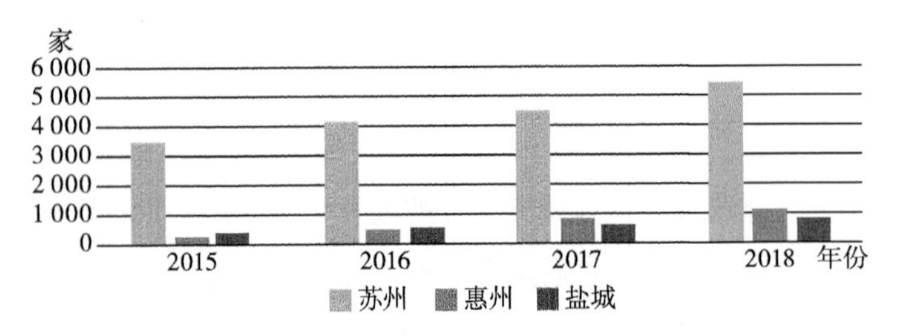

图 10－1　2015—2018 年苏州、惠州、盐城三市园内高新技术企业数量

资料来源：中共江苏省委新闻网，http：//www. zgjssw. gov. cn/；苏州市国民经济和社会发展统计公报，http：//www. zfxxgk. suzhou. gov. cn；惠州市统计局，http：//www1. huizhou. gov. cn.

3. 产业园目标同质化导致的竞争力下降

江苏的中外合作产业园都以政府主导为主，政府主导下的发展目标必然与当前经济新形势下国家的发展战略保持一致，因此势必在产业园发展的目标和方向上产生一致性，仅从产业园的命名就可以看出，多个产业园以"科技""生态""工业"等发展方向命名，这意味着在发展方向上的同质化严重。苏州作为早已成型的老牌中外合资产业园，如苏州工业园区、苏通科技产业园等已先于盐城向高端产业转化。盐城产业园着重发展的智能制造业也与苏州工业园区、中德太仓企业合作基地等方向上高度一致。相比之下，苏州工业园区等不仅拥有时间上的优先发展优势，更拥有苏南经济较发达地区高度的产业集聚和规范性的国际合作等优势，中韩（盐城）产业园则略显势单力薄。省内产业园目标的同质化对于高端人才和中外合作高质量项目的争夺更加激烈，盐城在这方面的竞争力不足势必会减缓盐城在高质量产业上的发展。

4. 盐城市高端人才流失严重

在极速发展的知识经济时代，高端人才的质量对一个企业的成败是一个产业的发展起着至关重要的作用，中韩（盐城）产业园的建立需要大量高质量人才，特别是对于园区发展对口专业性较高的人才需求远远大于人才的供给，盐城人才流失严重，保留和吸引高质量人才留在当地变得越来越困难。

表 10 -1　盐城市规模以上工业 R&D 人员数量　　单位：人

年份	2013 年	2014 年	2015 年	2016 年	2017 年	2018 年
数量	21 602	24 692	28 799	32 102	31 487	31 720

资料来源：统计年鉴分享平台，http：//www. yearbookchina. com.

表 10 -2　盐城市常住人口数量　　单位：万人

年份	2013 年	2014 年	2015 年	2016 年	2017 年	2018 年
数量	721. 98	726. 02	722. 85	723. 5	724. 22	720

资料来源：盐城市统计局，http：//tjj. yancheng. gov. cn/.

R&D 人才是指利用高新知识对工作进行系统性创造性研究的高端产业人才，从表 10 -1 中可以看到 2015 年中韩贸易协定后 R&D 研究人员有一个显著增长，而在政策激励效果衰弱以后，人员数量呈现出忽高忽低的特点，对于一个国家重点扶持的高质量产业园区，从“515”人才计划实施以来，盐城从外省市引进大量高质量人才，却仍无法保持 R&D 人才的稳定增长，可见人才流失的严重性。盐城常住人口近些年年均净流出已近万，与高质量人才呈现出相同的特征，而除政策激励效果外，盐城无法通过自身条件吸引保留高质量人才，从人口流失到人才流失，中韩（盐城）产业园要快速高质量发展，还需夯实人才基础，见表 10 -2。

第三节　借鉴苏州发展经验，提高中韩（盐城）产业园质量

1. 发挥沿海的区域地理位置优势

一方面盐城地处长三角都市圈，在长三角城市群中处于一个后发的位置。盐城作为上海的“飞地经济”示范区，要加快接轨上海，充分利用好

上海在产业结构优化、外资与本土产业融合的经验和方式，利用好上海作为国际性金融中心所带来的政策和资源优势，全力打造中韩产业园"一区三基地"的高质量发展模式。另一方面，盐城与韩国隔海相望，拥有天然的地理优势，作为一个沿海城市，盐城拥有江苏省沿海区域性重要港口——盐城港，通过盐城港，扩大与韩国海上运输和相互贸易的渠道，形成密切的合作关系，吸引更多韩资企业入驻产业园，为产业园带来资金和技术上的支持。陆路运输方面，盐城要利用长三角经济带带来的辐射影响，加快盐通铁路的建设，加强盐城在江苏省内的铁路运输便利程度，将盐城打造为中韩之间商品贸易往来的枢纽，掌握盐城中韩往来的话语权。

对接轨上海而言，要运用好在大丰的上海"飞地"。作为上海在盐城的一块"飞地"，每年与上海之间有大量的农产品运输贸易往来，盐城可以与上海在农产品往来的基础上，形成更宽泛的往来合作，对中韩产业园所需要的国际贸易开辟通达便利的交通运输线路，扩大国际贸易运输的途径，也可以利用上海带来的资源优势加速产业结构优化，加快园内企业结构转型，吸引更多的外资。在港口利用方面，对外招商引资走可持续性发展道路：①要解决港口的环境问题，健全法律条文，严厉打击排放超标的企业，扩大绿化面积，建立相关处理机构。②开辟中韩地区之间、港口之间的专属贸易往来通道，争取早日开通大丰港至韩国新万金群山港国际集装箱班轮航线。

2. 完善园区基础设施配套建设

从苏州及以往的中外合作产业园的经验来看，在着重于产业建设的同时往往会忽视与之配套的城市建设和现代生活空间的优化。中韩（盐城）产业园在快速发展的同时，需要完善配套设施的建设。加快推动盐城的韩国城建设，①首先选择地段位置良好的商业中心，从街道风格的打造上，可以借鉴盐城的欧洲风情街，模拟简化的建成一些韩国的地标性建筑，将韩国元素融入产业园周边的城市环境。②建立起拥有韩国特色的街道和韩资银行。既可以对在盐城工作交流的韩国籍产生归属感，也可以平时作为旅游景点用。③将产业园内合作的韩国新韩银行引入韩国城的建设，保留韩式银行的服务流程和银行系统；建成韩国医院，为在盐城的韩国人提供医疗保障；建立购物中心、写字楼、星级酒店等全业态的韩国市场元素为主题的综合开发项目。为来盐城进行企业投资的韩国人提供一个宜居的生活环境，以此吸引韩国人在盐城定居，吸引和维持韩资进驻。在完善交通运输的建设方面，加快盐城铁路客运枢纽工程项目的建设，督促与附近城市相连的盐通高铁、盐徐高铁的建设，完善已经通车的青盐高铁，形成南北交通运输通畅的交通网路布局。盐通高铁作为盐城融入长三角区域和上海“一小时经济圈”的关键一步，要正确计算每天的乘客吞吐量，适当扩建高铁站规模，合理规划高铁站附近的公路高架等交通线路，提供出行便利。

3. 加大高质量企业的引进力度

从图 10 - 1 中的数据可以看出，对比于苏州等的中外合作产业园来说，盐城以高新技术为主导的高质量企业处于劣势地位。在如今以高新技术发展为主导的经济新形势下，急需更多技术主导的高质量产业来促进产业园的发展。盐城应优先引进在领域内拥有新进技术的外资企业，协调“三区”之间的产业布局，快速形成以技术密集型为主导的产业集聚。通过产业集聚，提供技术交流，吸引越来越多的高质量企业来盐城投资。政府方面应从以下方面加大对外招商引资的力度：首先，组建一支具有专业水准的招商引资队伍，明确招商引资的方向和重点，鉴别和审核引进韩企的资质，走出国门，向外宣传中韩（盐城）产业园拥有产业集聚和交通、劳动力等方面的优势。明确本地企业的欠缺，将招商引资重点放在韩国百大企业和金融、人工智能等现代服务业和高新技术企业。其次，加强自身园区建设，通过产业转型和结构优化，将重点放在对符合未来大趋势的第三产业，进行规模化发展，形成产业集聚，利用产业集聚所产生的成本和技术共享等方面的优势，再通过国家、政府扶持给予的政策优惠，在限度内符合优质企业资质的情况下，降低韩企进入的门槛，吸引高质量企业的入驻。

4. 进行针对性的产业优先发展选择，形成主导产业链

苏州在园区尚未完全成型之际，对于韩资在未来的发展方向上已经做出了选择，主要以电子与半导体为方向进行发展，明确的发展目标带来了更多慕名投资的外企，使苏州的电子产业蓬勃发展。而盐城拥有以东风悦达起亚为龙头企业的汽车生产制造链，东风悦达起亚汽车在盐城拥有配套工厂和完整的生产流水线，可以选择东风悦达起亚为首的汽车制造链作为主导产业链，缩短中外投资带来的磨合期，将新能源汽车作为研究方向，推动汽车高端制造业的高质量发展。在不影响主导产业链的基础上，进行技术创新，改变产业链单一的现状，形成以主导产业链为主，多条产业链共同发展的产业模式。

5. 培养和引进高质量人才

高质量人才是一个产业园区发展高新技术产业的基石，2015 年年末盐城出台"515"人才计划，以补助的形式留住当地紧缺专业人员，引进优秀毕业生。三年人才计划在 2019 年实行完毕，政府需要从中获取经验，制订未来的方案：首先健全人才引进的基础条件，明确人才引进的方向。对来盐城工作的高质量人才先落实好户籍和住房问题，发放一定的研究资金，提供良好的工作环境和研究环境，统筹规划住所，培养高质量、高技术人才平时生活中浓厚的学术研究氛围，建立起良好的情感基础，吸引人才留在本地。其次，企业要明确人才培养的方向，健全人才培育机制，组织同领域人才与人才之间的交流，促进技术升级，更好地为园区发展做出贡献。政府可以从盐城现有高校入手，与高校合作，设立专门面向企业高新技术领域发展的选调专业，给予资金、师资力量和未来进入优质企业工作的机会，着力培养一批适用型的技术人才，配套产业园的技术发展方向。最后，要协调专业人才的使用。注重架设多种类的科技孵化基地，利用不同高端人才在领域内的科研创新成果，转化为对产业园的生产力，通过高端人才实现在产业高端领域的快速发展。

小结

对于苏州韩资密集企业的高质量高速度发展的借鉴作用，学者对此做了研究。杨建国（2015）在《苏州外资经济发展的理论解释与实证分析》中利用企业群理论和战略管理理论，分析了苏州通过将大量相互间有密切联系的高科技技术产业进行空间上的集聚，以便增加经济效益，降低企业成本，形成高强度且长久的核心竞争能力，集聚效应也有利于协同效应的发挥达到资源的有效整合；也有学者对于中韩产业园未来发展影响因素和趋势作出分析，徐昕（2018）在《基于中韩产业内贸易分析中韩贸易发展趋势研究》中提到，中韩两国的产业内贸易水平成为一个国家经济发展和工业化建设水平的重要衡量指标，研究分析中韩之间垂直产业贸易为主导，而这种垂直型的产业贸易将影响到中韩之间的产业竞争力与贸易格局，也意味着中韩产业园会受到这种垂直型产业贸易方式的影响。另外，从企业规模大小引起的规模经济效应与两国间经济发展水平和要素禀赋的差异，正是这样的差异能够使两国各自发挥自己的竞争优势，快速发展中韩产业园的贸易合作。骆祖春、赵坚（2017）在《盐城与烟台中韩合作产业园建设比较研究》中通过与烟台中韩合作产业园的比较研究，分析出烟台拥有齐全的产业门类，拥有较大的韩资规模，交通便捷，海运河运发达，而盐城与之相比则拥有地处长三角都市圈的区位优势，良好的土地、劳动力优势，完善的悦达起亚汽车生产链，且正处于经济快速发展阶段，拥有广阔的经济腹地。所以利用此类优势给出对中韩（盐城）产业园未来发展的多点建议，包括对长三角都市圈区域优势的利用，加快盐城产业结构的调整与完善；发挥劳动、土地、产业方面作为后发地区的比较优势，引进和消化吸收国际先进技术；汽车产业链、高端电子链等高端产业的做大做强；推动韩国城的建设等一系列建议。

国外学者也对产业园高质量发展做出了探讨。早期有韦伯的区域集聚论与熊彼特的创新产业集聚论对产业园的创新做出解释。在当代外国学者 Richard C. Feiock、Annette Steinacker、Hyung Jun Park（2012）在 *Institutional*

Collective Action and Economic Development Joint Ventures 中从政府之间的合作或协作的经济发展入手，重点分析政府间的地方政策对于降低交易成本协调产业发展的作用，通过确定政策变量来增加合作前景，促进高质量的产业园的发展。在当前经济形势下，政府主导型产业园成为地区发展的主要方向。韩国学者 Kim、Jongil、Yun（2017）在 *International Cooperation for Industrial Development in Indonesia* 一文中也阐述了在产业领域开发合作的大背景下，韩国与印度尼西亚加强国际的经济合作，意在通过研究韩印合作的现状，说明在产业领域国际高质量发展合作的重要性。外国学者 Hyung Min Kim 和 Kevin O' Connor（2015）在文章 *Foreign direct investment flows and urban dynamics in a developing country: a case study of Korean activities in Suzhou, China, International Planning Studies* 中直接以苏州作为研究对象，说明关联产业的聚集以及城市宜居程度对外国投资的影响越来越大，苏州城市的基础设施在对吸引外资的影响上具有显著作用。

本部分在查阅与产业园发展相关的文献后，首先对苏州韩资密集区高质量发展特征进行详细的阐述，密集区成立伊始，获得了大量的政府资金和优惠政策，在制造业等方面有所发展，密集区形成以后，开始向高端制造业等高质量高技术产业发展，产业结构升级开始加速。然后分析盐城产业园在高质量企业引进上的不足、尚未形成有效竞争力和人才的缺失等多方面因素，查找中韩（盐城）产业园在发展上的短板，最后借鉴苏州在中韩合作产业园上的先例，利用苏州在融入外资企业上的丰富经验，为中韩盐城产业园的发展提供建设性的建议。在国家大力鼓励发展对外合作与产业园升级的大环境下，中韩（盐城）产业园拥有政策、区域位置、完善的韩资产业链等多方面的优势，虽然现在仍存在高质量企业和人才引进方面的不足，但此类问题可以通过后天的发展来弥补。产业园在资本和高质量企业的引进、产业园适配人才的培养引进等方面仍有许多值得思考和探讨的地方，未来中韩（盐城）产业园的发展前途将十分光明。

第十一章　中韩（盐城）产业园体制机制现状、问题及创新

国务院正式批复同意设立——中韩（盐城）产业园，要求把中韩产业园建设成两个区：一个是全面开放新格局的示范区；另一个是深化贸易和投资合作的先行区。盐城获得如此难得的机会，盐城人民政府领导积极开展建园工作，研究编制总体规划，制定具体实施方案，落实中韩自由贸易协定有关规定，复制推广上海等自由贸易试验区改革试点经验，积极开展盐城产业园体制机制创新，积极探索符合当今时代的新模式。“两区”建设标志着中韩（盐城）产业园正式上升为国家级国际合作园区。

盐城地处长三角黄金地段，盐城对韩合作有着良好的基础，如今正在加快基础设施建设，如高铁、高架及公路等，交通便利使得盐城与其他城市的时空距离越来越小，大大缩短了交通时间，提高了生活效率。盐城目前正深入推进产业结构调整，加快融入全球化的经济发展当中，与世界各国的合作项目也越来越多，盐城正在积极构建一系列开放合作平台，营造开放式的城市合作环境，加强与世界各国的联系，加快对园区的建设，尽快形成具有盐城特色的创新成果。努力实现中韩（盐城）产业园高质量高效率发展，与世界各国一起携手，共同打造互利共赢的美好未来。中韩（盐城）产业园要加快体制创新，适应经济发展的新时代，为高质量、高效率的发展盐城经济提供制度保证。

第一节　中韩（盐城）产业园体制机制构建的主要进展

江苏省盐城市与韩国隔海相望，隔空相邻，两地有着良好的交往关系。盐城有着开往韩国的直达航班，两国交流学习非常方便。从2015年中韩自由贸易协定签署后，盐城成为中韩两国地方合作园区，是全国仅有的三个中韩产业园之一。经过多年发展，目前上千家韩资企业落户盐城，2万多韩国人口流动到盐城，50多亿美元吸引到盐城。盐城成为江苏韩资企业最集中的地区，韩国成为盐城最大的外资来源国和贸易伙伴国。围绕"为国家试制度、为开放探路径、为转型做示范、为未来谋发展"的总目标，中韩盐城产业园在体制机制构建方面取得积极进展，建立健全组织领导机构、制定出台规划方案、形成政策扶持体系。

一、组织领导机构日益完善

盐城市委、市政府一直高度重视园区建设与发展，单独成立了中韩（盐城）产业园建设领导小组，并由主要领导亲自挂帅，聚集各方资源要素共同推进园区建设。成立推进工作领导小组，建立部省联席会议制度；成立中韩（盐城）产业园建设管理办公室，定期召开会议，协调解决重要事项；市政府与韩国产业通商部建立更加紧密的合作关系，形成定期协调机制，举办好各种招商对接会议和合作研讨会。

通过表11－1可知，不仅盐城市委、市政府重视盐城产业园的发展，江苏省委、省政府也关注着盐城产业园的发展，省政府和市政府积极落实国家的政策，明确了相关部门职能，各司其职，做好分工，为中韩（盐城）产业园的发展提供了一系列的帮助与支持。

表 11 –1　关于建设盐城产业园江苏各单位任务分工

序号	任务事项	责任部门
一、加快建设基础设施		
1	建设空港物流园区	省交通运输厅、南京海关、省邮政管理局
2	提升对外通达能力	省交通运输厅
3	建设贸易服务平台	南京海关、省商务厅
4	搭建科技创新载体	省科技厅、省商务厅、省发展改革委
5	聚焦高端产业合作	省商务厅、省发展改革委
6	拓展苏韩产能合作	省商务厅、省发展改革委、省外办
7	创新招生体制创新	省商务厅、省经济和信息化委
8	强化产业引导	省商务厅、省财政厅、省发展改革委
三、积极开展制度创新		
9	推进投资贸易便利改革	省委编办、省发展改革委、省商务厅、省财政厅、南京海关
10	有序扩大服务领域开放	省商务厅、省文化厅、省人力资源和社会保障厅、省卫生计生委、省食品药品监管局、南京海关
11	优化贸易监管服务	南京海关、省贸促会、省国税局
12	支持跨境电商发展	省商务厅、南京海关
13	推进金融改革创新	人民银行南京分行、江苏银监局、江苏保监局、江苏证监局
14	健全金融改革创新	省公安厅、省外办
四、拓展人文领域交流合作		
15	推进文化旅游产业融合发展	省文化厅、省旅游局
16	加强职业培训及卫生合作	省人力资源和社会保障厅、省卫生计生委

资料来源：中华新闻网，http：//www. js. xinhuanet. com/.

二、规划方案逐步成熟

在实施范围上，政府将园区总体规划为“一园三区”，总面积 210 平方千米，分别为中韩（盐城）产业园，核心区、主体区以及联动区规划。其中，核心区 53 平方千米，服务区 3 平方千米，临港区 41 平方千米（滨海港 20 平方千米、大丰港 20 平方千米、空港 1 平方千米），经过多年建设，已经初步形成产城融合核心区、服务业集聚区和临港产业配套区。重点发展汽车产业、高新技术产业，如新一代信息技术、智能制造等相关产业以及以汽车服务业为主的现代服务业。服务业集聚区重点是发展大数据基础应用、健康产业、文创旅游、现代商贸等都市产业。

“一园三区”的面积规划（见表11－2）以及产业规划已经明确，并在不断地完善中，政府规划方向已经确定，这无疑给韩资企业一个定心丸，让他们放心地投资盐城产业园，吸引更多的有实力的韩资企业入驻中韩（盐城）产业园。

表11－2　中韩（盐城）产业园建设面积　　单位：平方千米

地方	园区建设面积
盐城经济开发区	100
城南新区	40
大丰港经济区	70

资料来源：中华新闻网，http：//www. js. xinhuanet. com/.

三、政策扶持体系系统推进

盐城市委市政府印发了《关于加快中韩（盐城）产业园发展的意见》，明确了支持园区发展的20条政策。2018年9月，《中韩（盐城）产业园建设实施方案》正式获得江苏省人民政府批准，方案明确了建设基础设施、择商选资、制度创新和合作交流等4个方面17项工作任务，省相关部门出台实施细则，保证各项支持政策的落实。从规划、产业、金融、财政、组织领导等方面给予20条政策支持，赴韩一次审批多次往返、跨境电商产业园、汽车零部件进口交易中心、大丰港保税港区（B型）等成功获批。省、市、区联合设立了总规模20亿元的中韩（盐城）产业园发展基金，目前已为阿特斯、未来科技城等20个项目提供18亿元资金支持，撬动社会资本77.6亿元。不仅为盐城产业园提供了政策方面的帮助，还提供了雄厚的经济基础。2018年签约韩资项目22个，总投资13.3亿美元，新批韩资企业15家，对韩进出口总额7.1亿美元，为建设盐韩高水平高质量的中韩产业园提供了支撑的力量（见表 11 -3）。

表 11 -3　2018 年中韩产业园合作情况

韩资签约项目（个）	22
总投资（亿美元）	13. 3
新批韩资企业（个）	15
对韩进出口总额（亿美元）	7. 1

资料来源：中华新闻网，http：//www. js. xinhuanet. com/.

招商行动是政府支持的一种重要体现方式，政府通过一系列的政策吸引韩企投资，加快盐城经济发展，加快盐城对外经济开放的程度，是盐城实现跨越赶超的出路之一，同时还可以为当地企业和项目提供经济和技术支持，更好地促进盐城区域发展。通过表 11 -4 可以看出，2019 年上半年招商引资，中韩（盐城）产业园又多了近 200 个项目，为产业园的产业结构调整作出了重大贡献。

表 11 -4　2019 年上半年产业园招商行动成果

新洽谈项目（个）	198
总投资（亿元）	1 453
谈成项目（个）	59
总投资（亿元）	513

资料来源：中华新闻网，http：//www. js. xinhuanet. com/.

第二节　中韩（盐城）产业园体制机制构建存在的主要问题

一、产业园定位不准

2015 年 6 月 1 日，中韩自由贸易协定正式签署，盐城被确定为中韩产业园首批合作城市。当时还没有得到国务院的批准，只是中韩地方性合作园区，是低版本的产业园。谈及盐城的中韩合资企业，绝大多数都是传统工业的制造企业，高技术产业太少。传统制造业大部分都是汽车行业的制造企业，汽车行业是盐城地方政府税收、就业和经济增长服务的主要来源之一，盐城产业园的发展对汽车产业依赖度太高，产业结构太单一。而汽车制造业以东风悦达起亚汽车公司为主，东风悦达起亚主要承担汽车产业集中制造，整个产业园几乎都是以东风悦达起亚汽车制造产业为中心。

由表 11 -5 可知，盐城产业园大部分产业是集中在制造业，高技术产业占比仍然太少，还是以低端的产业为主建造盐城产业园，产业园定位和一流的产业园定位标准还有一定差距。

表 11 -5　2016 -2017 年按行业分盐城产业园外商直接投资情况

行业	新批项目数（个）		实际外商直接投资（万美元）	
	2016 年	2017 年	2016 年	2017 年
制造业	69	90	39 161	39 394
电力、燃煤气及水的生产和供应业	4	7	1 588	4 650
交通运输、仓储和邮政业	1	2	1 997	2 738
信息传输、计算机服务和软件业	5	3	366	17
科学研究、技术服务和地质勘查业	2	2	1 066	683

资料来源：盐城市统计局，《盐城市 2018 统计年鉴》http：//tjj. yancheng. gov. cn/.

二、高新技术产业集聚度促进机制不足

中韩（盐城）产业园主要以生产汽车零配件展开为主的产业园。汽车制造水平有待提高，与珠三角地区、环渤海地区还有一定的差距，如加工机器人、热压成型、自动冲压线等先进的设备和技术在整车生产中的应用还有待提高。盐城通过吸引韩资虽然引进了一批先进技术，但总体效果并不理想。其主要原因是韩国企业虽然到盐城投资，似乎只想利用中国的廉价劳动力和优惠投资政策，并不致力于企业在中国的本土化经营。一些重要的技术创新基地和平台被忽略，高层次人才引进力度不足。盐城地处苏北，汽车产业园高素质人才缺乏，自主研发能力较弱，自主开放的项目也少，同时高端的管理人才不足，企业无法快速稳定的发展。高素质的人才缺乏已经是盐城汽车行业的竞争劣势，没有创新创业引导基础，在消费者需要快速升级的新形势下，东风悦达起亚汽车销售困难，2017 年我国汽车

市场增速是5%，而韩系现代和东风悦达起亚断崖式下跌65%左右。盐城产业园汽车行业进入了低迷状态。

从表中11－6可以看出，盐城在技术创新方面还很薄弱，特别是在高新技术产业方面，拥有自身创新的知识产权很少，都需要引进或者购买别人的技术来完成产品的生产，从而折射出盐城市产业园的自主创新品牌很少，较少有自己的高端技术，产品档次较低，都是依靠低成本优势竞争和代加工为主，以廉价的劳动力去吸引韩商投资，缺乏具有国际竞争力的品牌产品。

表11－6　2017年中韩（盐城）产业园技术获取和技术改造费用

单位：万元

指标名称	引进技术经费支出	消化吸收经费支出	购买国内技术经费支出	技术改造经费支出
纺织业	3 309	632	1 098	29 172
纺织服装服饰业	660	10	400	6 962
医药制造业	2 277	342	467	45 345
化学纤维制造业	2 810	1 200	2 130	3 167
橡胶和塑料制品业	730	362	657	11 506
非金属矿物制品业	19 771	1 461	5 540	43 789
金属制品业	3 241	311	715	3 804
通用设备制造业	15 955	1 464	2 630	53 503
专用设备制造业	4 521	1 649	2 216	26 333
汽车制造业	3 463	605	727	190 128
电气机械和器材制造业	11 353	2 906	8 985	39 245
计算机、通信和其他电子设备制造业	3 326	786	1 301	10 797
仪器仪表制造业	2 278	803	1 008	7 587

资料来源：盐城市统计局，《盐城市2018统计年鉴》http：//tjj. yancheng. gov. cn/.

三、临港物流配套服务区运输体系尚不完善

大丰港处于初建时期，港口吞吐能力较低，港区服务措施较少，缺少保税区、加工区等对外出口的必要条件。港城不能很好地协调发展，作为

港口腹地的大丰城，GDP 总量、运输条件、资源情况、公共服务情况以及政策集成情况，难以适应港口产业发展的需要。

表 11－7　2018 年港口出口额

地区	出口总额（亿美元）	增长（%）
南通市	234.64	2.8
盐城市	53.56	3.5

资料来源：盐城市统计局，《盐城市 2018 统计年鉴》http：//tjj. yancheng. gov. cn/.

盐城港口的发展受邻港冲击，也是盐城港发展速度缓慢的主要原因之一，连云港市和南通市是盐城邻市，港口发展历史都比盐城久，港口规模都比盐城大，体系也比盐城完善。由表 11－7 可以看出，2018 年南通市出口总额已破百亿美元达到 234.64 亿美元，而盐城仅为 53.56 亿美元，和南通差距太大，出口总额不足南通市的 1/6，充分说明了盐城港口的利用率不足，功能不足。据统计连云港港口有 50 多个万吨级泊位，而盐城目前只有不到 20 个万吨级泊位，由此可以看出，连云港的港口规模比盐城大，配套服务体系比盐城完善。

因为盐城产业发展起步较晚，另一个配套港口——滨海港口距离盐城市较远，从表 11－8 两个港口近几年的年吞吐量可以看出，滨海港规模也与大丰港存在一定的差距，两个港口之间还没有形成联动效应。与上海港进行比较，上海港口的年吞吐量是盐城两个港口总和的 15 倍左右，可见盐城港口的发展落后。港口吞吐能力较低，港区服务措施较少，缺少保税区、加工区等对外出口的必要条件。

表 11－8　港口吞吐量（2014—2017 年）　　单位：万吨

年份 类别	2014 年	2015 年	2016 年	2017 年
大丰港	4 077	4 525	4 796	5 041
滨海港	279	315	326	356
上海港	75 529	71 740	70 177	75 051

资料来源：盐城市统计局，《盐城市 2018 统计年鉴》http：//tjj. yancheng. gov. cn/.

四、盐城城市文化体制水平有待提升

从盐城发展历史来看，作为江苏北部落后地区，相对苏南地区开放时间较晚，经济发展落后，现代文化缺乏。主要表现在普遍缺乏开拓创新意识、思维固化、市场意识较差、法制意识不强、文明程度不高、方言强、英文水平低。韩国投资者到盐城工作，普遍存在语言、规矩、生活、交通以及饮食、教育等诸多的不适应问题。软环境建设存在的突出问题制约了盐城全方位对韩国的招商引资工作。

结合图 11 -1 和表 11 -9 我们可以看出，盐城无论是生产总值，还是居民可支配收入都比苏南各市低，而且差距较大，说明盐城经济发展相对落后于苏南地区，吸引韩资企业来盐城，创业环境不如苏南各城市。

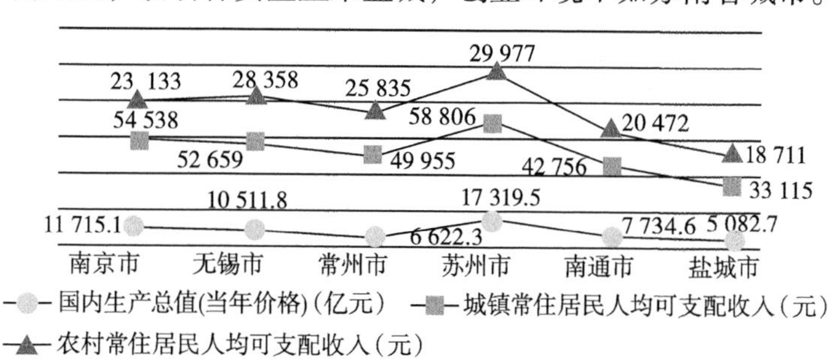

图 11 -1　2017 年盐城市及苏南几市主要国民经济指标

资料来源：盐城市统计局，《盐城市 2018 统计年鉴》http：//tjj. yancheng. gov. cn/.

表 11 -9　2017 年盐城市及苏南各市国民经济主要指标统计

指标	全省	南京市	无锡市	常州市	苏州市	南通市	盐城市
国内生产总值（当年价格）（亿元）	85 900. 9	11 715. 1	10 511. 8	6 622. 3	17 319. 5	7 734. 6	5 082. 7
城镇常住居民人均可支配收入（元）	43 622	54 538	52 659	49 955	58 806	42 756	33 115
农村常住居民人均可支配收入（元）	19 158	23 133	28 358	25 835	29 977	20 472	18 711

资料来源：盐城市统计局，《盐城市 2018 统计年鉴》http：//tjj. yancheng. gov. cn/.

盐城市属于三线城市，教育资源难以集聚大量中高端人才。盐城普通高校太少，目前只有 6 个普通高校。据统计，2017 年全市常住人口为 700 多万人，正在受教育的人为 137 万人；而受高等教育的人才不足 9 万人，高中生为 10 万人，初中生为 37 万人，小学生为 45 万人，盐城的高等教育还很落后，基本上处于九年制义务教育阶段，受高等教育人数较少，教育资源缺乏难以吸引韩国投资者和韩国高素质人才来盐城深造学习，见表 11 - 10，表 11 - 11。

表 11 - 10　截至 2017 年盐城市居民受教育程度

受教育层次	人数（万人）	所占总人数之比（%）
大学文化程度	62	8.6
高中文化程度	119	16.5
初中文化程度	263	36.4
小学文化程度	176	24.3

资料来源：盐城市统计局，《盐城市 2018 统计年鉴》http：//tjj. yancheng. gov. cn/.

表 11 - 11　2017 年盐城市学校数据统计

指标	学校数（所）	毕业生数（人）	招生数（人）	在校学生数（人）
普通高校	6	17 312	18 973	62 357
普通中专	6	9 609	9 947	26 835
成人中专	4	1 026	448	1 790
普通中学	278	88 542	98 194	281 820
高中	52	31 175	28 785	89 419
初中	226	57 367	69 409	192 401
职业高中	10	8 265	7 451	23 811
小学	336	70 579	73 373	453 559
幼儿园	657	75 026	72 472	244 004
特殊学校	10	273	314	1 605
总计	1 585	359 174	379 366	1 377 601

资料来源：盐城市统计局，《盐城市 2018 统计年鉴》http：//tjj. yancheng. gov. cn/.

第三节　进一步推进中韩（盐城）产业园体制机制创新的对策

产业园高质量发展，需要高效、充满活力的体制机制。主要体现在市场主体有活力，市场机制有动力，市场服务有能力。为此，要抓好以下五个环节，创新产业园体制机制，为中韩（盐城）产业园发展拓展新空间。

一、着眼共建“一带一路”的战略目标，明确中韩（盐城）产业园新定位

最近几年间，盐城达到了前所未有的发展速度，尤其是基础交通设施建设方面发展迅速，高铁高架的建设使盐城成为目前江苏省唯一拥有空港和海港一类开放口岸的城市。盐城的综合交通网络正在形成，盐通、徐宿淮盐高铁建设将使盐城融入上海“一小时经济圈”内，盐城正成为江苏中部乃至全国重要交通枢纽。江苏省要认真落实中韩两国达成的共识和国务院批复的精神，发挥好盐城韩资禀赋优势和交通发达的新优势，抓住国家级国际合作园区新机遇，大胆闯、大胆试，把盐城打造成江苏省沿海地区开放发展新的战略支点，江苏面向东北亚新的国际大通道，中国与韩国全面合作的重要桥梁和基地，“一带一路”沿线地区的重要枢纽，要尽快按照国家级国际化园区新要求，以“一带一路”新的战略定位，以全球化、国际化的新视野去规划盐城产业园的发展，提升精准对接“一带一路”倡议的规划水平，强力吸引韩国优势产业入驻园区，强化与韩国有经济实力的企业合作，打破目前盐城产业园产业结构链单一的现状。

二、加大先行先试的创新力度，树立全球化视野、国际化思维，按国际规则办事

首先，创新园区管理体制机制。赋予园区发展更多的管理权限，给予

园区更多的用地权利、招商引资权利、城市建设权利和行政管理权利，通过体制机制的创新，释放出园区经济发展的新活力。其次，复制上海自由贸易区经验。盐城作为“北上海”，应该充分发挥自身优势，积极响应，通过复制上海自贸区经验，加速融入上海“一小时经济圈”。再次，加强标准化建设，消除中韩间标准和规则壁垒，建成统一市场。积极推动海洋生物、港口物流等行业标准一致化。积极推动建立统一的进出口检验检疫和海关报关出关标准。积极参与专业培训机制，将被各方认可的标准推广到相关国家和地区，为“一带一路”建设做出应有的贡献。最后，共建产业园合作平台，放大中韩（盐城）产业园辐射效应。按照“园区运作统管、产业统筹规划、基础设施共建、优惠政策共用、发展成果共享”的原则，推动中韩（盐城）产业园、南通滨海园区等江苏沿海地区园区开展合作，共建进出口资源加工基地、共同发展临港产业、电子商务和物流运输。推动与省内外、东中西等地区合作共建国际组织物流园、跨境贸易电子商务区、物流和信息基础设施、吸引东中西部地区在江苏盐城地区共建面向亚洲地区的中转仓、配送仓等物流设施，拓展跨境电子商务、邮政快递、国际货运代理、供应链增值服务等业务。

三、立足深化供给侧结构性改革，全力打造园区产业发展的新业态

供给侧结构性改革是全面深化改革，推进经济高质量发展的根本保障。2009 年江苏沿海开发国家战略实施以来，江苏省盐城市实体经济有了较快发展，年均双位数增长，但传统经济比重过高，实体经济规模总量不足，产业低端化、同质化的问题还没有从根本上解决。中韩（盐城）国家级国际合作园区的兴建，为盐城实体经济发展注入新动力，将催生新的行业、新的产品、新的模式、新的平台，为“中国制造 2025”积累新的经验。一是利用盐城土地辽阔、腹地深远的优势，吸引韩国工业产业如汽车产业、智能装备制造产业、光伏光电产业、重型装备制造产业等大型企业进驻盐城产业园，促进盐城工业化的进程加快，继续做强做优汽车产业集

群，积极引导汽车产业向中高端发展，同时积极抢先占领新能源汽车的未来市场。二是利用韩国电子信息技术，如ICT和明氏企业的信息技术，通过“互联网+”产业，打造市场导向型、个性化、小批量新型制造模式，推动盐城四大传统工业机械、化工、纺织、汽车行业改造升级。三是积极发展与韩国在新能源与低碳节能环保等现代服务业的务实合作，着力提升盐城实体经济水平，尽快建成中国先进制造业集群基地。形成南有“中新苏州工业园”，北有“中韩（盐城）产业园”南北园区协调发展互动的局面，促进江苏一体化全面发展。

四、提高盐城港口专业化、集约化水平，拓展中韩贸易投资合作的新空间

着眼共建“一带一路”战略目标，出台盐城港口建设新的扶持政策。工业革命以后，世界上沿海地区发展较快，港口、产业、城镇纷纷兴起，成为世界区域经济发达地区，港口地区也是经济高度集聚的地带。美国GDP 70%和40%的就业是由海岸经济和海洋经济发展提供的。要整合盐城港口资源，充分发挥盐城“一带一路”海上丝绸之路城市节点的作用，全力打造临港国家级国际合作园区。一要以中韩（盐城）产业园批复为引领，以特色明显、错位发展、分工协作为原则，统筹协调盐城大丰港、射阳港、滨海港和响水港的发展新定位，促进盐城港口专业化、集约化发展。二要重点发展大丰港口，构筑中韩（盐城）产业园现代海上物流基地。利用港口优势，进口中亚和俄罗斯等煤炭、石油、天然气资源，由于原料成本低，可以进一步吸引韩国大中型企业在港口周边布局，有力拉动盐城地方经济的增长和财政税收的增加。三要实施港口所有权与经营权分离，以市场为导向调动各港口的生产经营积极性。港务集团拥有港区及本地的土地、岸线和基础设施开发权，在沿海通道贯通后，争取开通盐城出口班列，建设大丰港区疏港铁路专线，做强海铁联运、海河联运、过境运输、出口国际班列的综合优势，吸引陆桥沿线地区韩资企业向沿海地区集聚。同时加强和滨海港的合作，增加港口之间的互补性，充分利用港口资源，把盐城港口

打造成“一带一路”沿线城市的重要纽带港口。

五、构建以文化建设为引领的全方位服务体系，形成产城融合发展的新格局

投资效率化、金融自由化、人才培养国际化、生活便利化是打造国家级国际合作园区的可靠保证。要为中韩（盐城）产业园发展创造一流的国际营销环境应从以下方面入手：一是可以仿真韩资投资环境。简化韩商出入境手续，提高审批效率，授予外商及其家属永久居留资格，让韩国人在盐城找到一种归属感。同时进一步强化政策保障，通过一些优惠政策吸引韩资来盐城投资，加大奖励力度等为韩资落地产业园提供良好的法规政策服务。二是可以仿真教育环境，由于盐城教育资源相对缺乏，韩语的教育没有得到广泛的推崇，语言交流困难，无法吸引韩商来盐城学习生活，因此应该为韩商提供良好的教育资源和学习平台。为培养高质量人才打基础做铺垫，并在盐城推广韩语的学习，让韩国人在中国也能轻松的交流，不存在交流障碍的问题。同时促进韩国优秀的教育资源入驻盐城，促进盐城当地的教育发展，弥补盐城教育资源缺乏这一问题，共同培养高素质人才。也可以组织人员参加活动，比如邀请盐城人去韩国学习，同时欢迎韩国的朋友来中国参观学习，大家一起相互交流分享经验。三是可以仿真生活环境。[①] 这点可以借鉴烟台韩国城的经验，同时引进韩国的食品、餐饮品牌、生活用品品牌，了解韩国人的生活习惯，建设符合韩国人习性的生活环境和服务环境，并在就医，就学等方面，制定相关的优惠政策，给韩商提供便利条件，营造良好的韩国城社区环境，促进韩资的连续投资，形成互利共赢的中韩共建“一带一路”的良好局面。

小结

随着世界经济的快速发展，产业园的改革也很快，从开始的第一代产

① 马蓉睿．烟台市融入中韩自贸区建设的对策研究[J]．山东工会论坛,2016,22(05):67－69.

业园已经渐渐发展到第四代产业园，产业园的体制和机制创新也随之变成了国内外学者研究的一个热点问题，很多学者对各个国家及地方的产业园机制都展开了研究，并提出了自己的见解和意见，具体研究的成果如下：Belova（2012）在 *The Art of Agrarian Policy：Protectionism or Free Trade?* 中分析了保护主义和自由贸易政策对俄国和世界经济发展的影响，结合了俄国的发展状况进行了深度分析。Ahmet İncekara、Murat Ustaoğlu（2015）在 *European Union's Multilateralism on Trade Policies, Custom Unions and Free Trade Agreements; Comparative SWOT Analyses of Turkey and South Korea's Automotive Industries* 中分析了贸易自由化政策对中美两国来说，具有重要的意义，可以促进两国的经济发展，改善两国的友谊。Hiebert I. Vansteenkiste（2014）在 *International trade, technological shocks and spillovers in the labour market: a GVAR analysis of the US manufacturing sector* 中研究了国际贸易、技术冲击和劳动力市场溢出效应，对美国制造业发展的影响分析，发现国际贸易对整个全球经济发展的影响，技术在贸易发展的重要性以及劳动力市场的需要对国际贸易的影响力。Paul Herbig（2013）在 *The Relationship of Structure to Entrepreneurial and Innovative Success* 中写道企业家寻求机会，而创新往往为他们的成功提供了手段。然而，某些文化和结构属性是社会固有的，可以强调创业活动，从而强调创新。同时也存在着一系列消极的结构属性，这些属性直接导致未来企业家的机会和人数的减少。从而会导致新企业减少，创新减少。研究结构要素和因素，以确定这些因素是否会刺激或抑制企业活动。还提出了一套建议，说明一个社会或地方怎样提供维持或推动创新和创业所需的积极结构。Rabat、Morocco（2017）在 *Development of international standardized approach for Eco - Industrial Parks* 中分析了生态工业园区提供了一个综合的方法来推动和扩大私营部门和公共部门的可持续工业发展，重要的是要促进对生态工业园区的共识，并制定一套国际适用园区发展标准，重要的是考虑发展目标的关键成功因素。发展生态工业园区需要工业界、政府、社区的广泛支持和参与，同时需要健全的财务和后勤规划，这对于满足利益相关方的需求至关重要。柳欣妤（2017）在《中韩自贸协定下延边地区对韩经贸合作研究》中分析指出中国和韩国地理位置相邻，经济具有较强的互补性，双边经贸合作发展具有得天独厚的优越条件和潜力。中韩自由贸易协定的签订，对于促进两国间商业活动和经贸往来、促进中韩经济和产业链的全面融合、推进区域经济一体化发展具有重要意义，对于我国参与全球经济融合具有积极促进作用。朱新荣（2017）在《区域经济一体化进程中的中韩经济合作研究》中分析了区域经济一体化的影响。同时还分析了各国政治因素的影响，并对此提出了一些建议。Ming - Tien Tsai（2009）在《政府行政效率和经济效率》中探讨了创新能力对企业绩效的影响。通过实证研究表明，企业创新能力对企业发展具有显著的正向影响。产业集群结构中的价值链集群具有趋缓性，对企业创新能力和绩效的影响。自科学园区推广以来，建设更多的产业集群应该是未来的趋势。曹俊文（2004）在《科学园区评价创新能力：系统模型》分析了科技园在促进创新、创业、知识型企业的发展，进而在促进本地区经济增长等方面发挥了重要作用。开发了一个科学园区创新能力评价系统，包括创新组织子系统（ioss，主要针对高科技企业）、创新支持子系统（isss，如技术中介）和创新环境子系统（iess）。在对青岛科学园区进行实证研究的基础上，论证了科学园区创新能力评价与测量系统的应用。研究结果表明，由三个组成部分组成的评价体系所解释的演化规律与青岛科学园区的实际演化过程是一致的。该评价体系对科学园区的发展具有很好的解释力。此外，还提出了提高科学园区持续创新能力的建议。唐秀鑫（2016）在《中国—马来西亚钦州产业园区行政管理体制创新研究》中以开发区行政管理体制为切入点，在借鉴和吸收国内外先进管理理论的基础上，重点研究中马钦州产业园的行政管理体制创新问题。从揭示开发区行政管理体制演变趋势的角度对中马钦州产业园行政管理体制的创新发展模式进行研究，针对其管理体制上存在的问题设计出适合中马钦州产业园的行政管理体制。

综上所述，国内外学者在产业园机制的研究主要是从自由贸易政策、企业创新能力、企业管理能力、产城融合和产业链方面对产业园经济的影响，发现自由贸易区政策可以促进全球化经济的快速发展，一个企业的创新和管理能力至关重要，是一个企业的灵魂和支架，同时还发现产城融合产业集聚是产业园发展的一个趋势，这将更有利于产业园的长远发展。本文是通过研究盐城产业园的发展现状和问题，提出一些新的建议和政策，创新中韩（盐城）产业园的体制机制。

通过本部分对江苏中韩（盐城）产业园体制机制的研究发现，中韩（盐城）产业园本身具有良好的地理位置优势和丰富的自然资源优势，同时还具有非常便利的交通和相对雄厚的经济基础，加上国家政策的支持，可以吸引更多韩资企业入驻中韩（盐城）产业园，帮助中韩产业园进一步扩大规模，促进盐城韩国两地的发展，同时也能带动相关周边的城市发展，从而影响江苏省的整体经济发展，这将非常有利于中韩两国的友好关系，加强两国的合作，以促进两国的经济发展，提升两国在世界的知名度和综合实力。但是通过对中韩（盐城）产业园的机制体制研究，发现中韩（盐城）产业园体制机制仍然有很大的提升空间，要明确中韩（盐城）产业园的产业定位，加大先行先试的创新力度，复制上海自由贸易区的发展经验，树立全球化视野、用国际化思维、国际规则办事，促进产业结构改革，提高盐城港口专业化、集约化水平，拓展中韩贸易投资合作的新空间，形成全方位的服务体系，形成产城融合发展的新格局。

第十二章　中日韩 FTA 对中韩（盐城）产业园未来建设的影响

当今世界，经济全球化是一个不可逆的趋势，中国与很多国家之间都建立了 FTA，推动了经济一体化的进程。然而，自美国总统特朗普提出了逆全球化的贸易保护主义，并且退出了 TTP 同时启动了 NAFTA 和 KORUS，中美之间的贸易摩擦不断加大。在当前形势下，正在谈判中的中日韩三国需要“抱团”。中日韩 FTA 要加快谈判的进程，尽快促成 FTA 的签订，并且制定应对美国贸易保护的制度和策略，共建东亚区域经济一体化。在这个谈判的过程中，中国处于主导地位，中韩 FTA 已经签订。中韩 FTA 的签订将会加大对中韩（盐城）产业园带来的贸易投资的经济效益，也会促进产业园的升级建设和转型，从而对盐城乃至整个沿海地区带来经济便利和经济效益。

第一节　中日韩 FTA 概述

一、中日韩 FTA 的提出及构想

关于建立中日韩自由贸易区的这个想法第一次被提出是在 2002 年，中日韩三个国家的领导人经过磋商和交流后，同意开展关于 FTA 的民间研究。在后来的 7 年时间里，三国的研究组织和机构大量研究了关于建立中日韩自由贸易区可行性问题，并且得出了比较积极的结论。

中日韩自由贸易区是一个人口超过 15 亿的自由贸易区。自由贸易区内将取消关税以及其他贸易壁垒，让物资流动更加地顺畅，区内的企业和厂

商可以降低生产的成本，获取更大市场和收益，同时，有利于消费者不出国门就能买到一些想要的物品，价格方面也有着很大的优惠，能够给中日韩三国带来整体的经济福利。

二、中日韩 FTA 的谈判进程

1. 谈判前准备，研究中日韩自由贸易区可行性

2007 年 3 月，一个负责探讨和研究建立中日韩自由贸易区是否是可行的联合研究组织由中日韩三国建立，并且对于三边投资的协定谈判也开始进行。2009 年 10 月，举行了第二次中日韩领导人会议，中日韩三个国家的领导人认为中日韩 FTA 政府 · 企业 · 学界联合研究应该快速启动。三国之间的第六次中日韩商务部长会议在泰国举行，2010 年上半年，中日韩自由贸易区政府 · 企业 · 学界联合的研究启动。2010 年 5 月 30 日，三个国家自贸区联合研究的第一轮会议在韩国首尔举行，中日韩领导人都表示，在 2012 年前将会努力地完成中日韩自贸区的联合研究。2011 年 11 月 19 日，中日韩领导人会议在巴厘岛举行，在中日韩合作、共同关心的国际和地区问题方面，由中国国务院总理温家宝和日本首相野田佳彦、韩国总统李明博三人进行了深入的交流和沟通。中日韩三国领导人全都表示，准备在 2011 年 12 月底完成这个研究，然后尽快开始正式谈判。2012 年 8 月 21 日，中日韩三国代表团又在青岛举行了第二次共同协商会议，这个会议是关于做好启动中日韩自由贸易区谈判的准备工作。

2. 至今进行了十五轮谈判，中日韩 FTA 签订任重而道远

由表 12 - 1 可知，作为东亚最重要的三个经济体，中日韩 FTA 的签订意义非凡。三国刚开始的谈判非常稳健地进行。由于日本加入 TPP，第十轮谈判进程逐渐放缓，在第十轮与第十一轮谈判之间隔了近 9 个月，第十二轮与第十三轮谈判之间隔了近 12 个月，在第十三轮到第十四轮谈判中间隔了近 9 个月之久，但从第十四轮谈判开始，中日韩 FTA 谈判又上了“快车道”。关于中日韩 FTA 的签订有着一些阻碍因素，比如美国的深度介入、三国产业结

构的差异以及中美贸易战的打响等。但中日韩 FTA 签订不仅对中日韩三国有着重大的收益，更是对东亚地区的区域一体化有巨大的推动作用。

表 12－1　中日韩 FTA 第一轮到第十五轮谈判

谈判次数	谈判日期	谈判地点
第一轮	2013. 03. 26	首尔
第二轮	2013. 07. 30	上海
第三轮	2013. 11. 26	东京
第四轮	2014. 03. 04	首尔
第五轮	2014. 09. 01	北京
第六轮	2014. 11. 26	东京
第七轮	2015. 04. 13	首尔
第八轮	2015. 07. 19	北京
第九轮	2015. 12. 14	箱根
第十轮	2016. 04. 05	首尔
第十一轮	2017. 01. 09	北京
第十二轮	2017. 04. 10	东京
第十三轮	2018. 03. 23	首尔
第十四轮	2018. 12. 07	北京
第十五轮	2019. 04. 09	东京

资料来源：中国新闻网 . www. chinanews. com.

3. 中韩 FTA 签订后带来明显成效

中韩 FTA 的签订对中国经济、政治和文化各个方面都有着积极的作用。在贸易伙伴方面，韩国在中国贸易伙伴中排第四；在出口市场方面，韩国在中国对外出口中也排名第四；在进口方面，韩国在中国进口中排名第二。

中韩 FTA 签订前，中韩之间进出口总额有明显的增长趋势，体现两国对此 FTA 的签订迫切希望，并且在贸易往来上越来越密切。中韩 FTA 签订后，两国之间的进出口贸易也呈现一个增长的趋势。中韩 FTA 的签订使两个国家的进出口额不断地增加，提高了贸易额。在文化交流方面，中韩 FTA 的签订使两国各方面的交流都更加便利密切。2019 年 2 月 26 日，中韩（烟台）产业园新闻发布会也是中韩的经贸合作交流会在韩国首尔顺利地举行，有 40 多家韩国媒体参加了此次会议。3 月 2 日，中韩友好医院在烟台成立，是由烟台家美妇产医院与韩国全罗北道群山医疗院共同组织成立的，带动了区域医疗的整体进步。

第二节　中日韩 FTA 签订对中国的影响

一、中日韩 FTA 签订对中国经济方面的影响

FTA 推动了中国经济的发展，主要体现在以下三方面：首先，增加日韩对中国的高层次投资，包括投资项目和投资领域。FTA 会不断消除中日韩三国的贸易壁垒，减小生产成本，我国获得投资不仅包括资金，还包括技术知识，有利于中国经济技术的发展。其次，加快中国产业结构的优化。FTA 下的贸易转移以及贸易创造能够增加本国的消费剩余，另外可以提升本国企业的市场竞争力，有利于产业结构优化和创新，中国在此发展过程中会逐渐淘汰高能耗产业，转向发展高附加值产业。最后，对中国的资源运用效率有着积极的意义。中国拥有丰富的自然资源，而韩国就较为匮乏，我国虽然也自己开发资源，但是开发技术较为滞后，日韩的投入，尤其是技术投资，会加快我国第二产业的发展。劳动力方面进行互补，日韩劳动力较为缺乏，而第三产业需要大量的劳动力作为支撑，我国产业结构调整的同时会出现大量剩余劳动力，FTA 的推行，有助于这部分劳动力的就业问题解决，见表 12－2。

表 12－2　FTA 签订对我国经济推动的体现

	具体体现
注入经济增长新动力	中日韩三国之间的产业具备较强的互补性，可是三国的贸易依存度仅有 19.4%，而北美和欧盟皆高于 40%，FTA 能够促使三国区域价值链朝着更高层次融合。中日韩联合研究项目显示，FTA 可以让中国经济提升 1.1%～2.9%，让日本经济提升 0.1%～0.5%，让韩国经济提升 2.5%～3.1%

续表

	具体体现
促使产业拓展、提升	FTA 可以促使三国逐渐朝着均衡分工合作的链条来构造发展，能够加快中国产业结构升级。FTA 让三国处于一个更为开放的环境中，尤其是经济和法律的环境将会彼此开放，有利于三国产业的升级以及重组，对东亚产业链也具有较大意义
平衡 TPP 的战略压力	倘若中国被排除在 TPP 新贸易体系外，中国将面临较大的国际市场竞争压力，而且出口将会受到诸多限制。FTA 能够让中国构筑成立足周边，辐射"一带一路"、面向全球的自由贸易区网络。FTA 对于整个东亚区域的经济发展有着积极的推动作用，全球贸易自由化格局也深受该战略的影响

二、中日韩 FTA 签订对中国政治方面的影响

中日韩三国在政治方面存在一定的摩擦，三国的政治互信力比较低，尤其是中国和日本，由于历史的原因，两国之间存在一些矛盾。首先，领土领海主权方面三国存在分歧，尤其是钓鱼岛和台湾海峡方面，三国的海洋权益也存在不一致。其次，历史态度方面三国存在矛盾。中韩都在历史上受过日本的侵略，可是日本的反省并没有达到韩中的要求，这种态度降低了三国的互信力。最后，日本在发展过程中并没有放弃利用武力实现自己的发展目的，它的某些做法已经偏离了"和平宪法"。FTA 的推行和落实，能够缓解三国之间的政治摩擦，能够通过经济贸易让三国增加对彼此的信任和了解，能够将和平公正和合作互利作为后期的发展合作战略目标。

三、中日韩 FTA 签订对中国文化方面的影响

中日韩三国比较临近，所以三国在文化方面也有一定的相似性，尤其是中国和日本的文化方面更为相似。FTA 的推行，能够让日韩更好地了解中国文化，能够理解中国的和平发展理念，能够接纳中国的文化，FTA 的推行有利于中国文化的传播，让中国文化借助经济贸易走向国际，提高中国文化的国际影响力。另外，日韩文化也会传入中国，有利于丰富中国的文化市场和文化的创新。

第三节 中韩 FTA 签订概况

一、中韩 FTA 签订历程

中韩 FTA 谈判开始的时间是 2012 年 5 月。2014 年 11 月初，中韩签订了一些双边文件，文件的签署意味着谈判结束，并且推进了中韩自贸区的建设。2015 年 6 月，中韩两国的领导人正式地签署了《中韩自贸协定》，同年 12 月底，两国交换了公文之后，该协定正式产生效力。

二、中韩 FTA 协定的重要内容

中韩 FTA 签订的协议范围有 22 个章节，18 个附件，包括了“21 世纪经贸议题”在内，一共涉及 17 个领域。在减免关税的方面，中韩 FTA 签订后的 20 年里，中国 91% 的产品会达到零关税，这些产品将会占进口额的 85%，韩国 92% 的产品会达到零关税，这些产品会占进口额的 91%。在开放两国市场方面，两国会对进入本国国内的对方的一些金融企业提供互惠的待遇。除此之外，两国还会开展服务贸易和投资的谈判，并且是以“负面清单”和准入前的国民待遇的模式为基础的。

三、中韩相关的产业园简介

中韩（盐城）产业园：中韩 FTA 签订时，盐城被确定为中韩产业园地方合作的城市之一，2017 年中韩（盐城）产业园正式设立。产业园确定了以“一园三区”作为发展格局，“一园”指的是中韩盐城产业园区，“三区”指的是核心区、主体区和联动区。中韩（盐城）产业园内重点发展汽车、新能源汽车、光电光伏、智能装备制造、软件及服务外包和电商物流六大产业。中韩（烟台）产业园：中韩 FTA 签订后，中韩（烟台）产业园设立，规划了两个核心区和两个拓展区。中韩（烟台）产业园核心区重点发展高端装备制造、新一代的信息技术、医药健康、节能环保等新兴产业

和配套的生产性服务业，以及高新技术、数字经济、科技研发、金融保险等创新创业、高端服务的集聚区。中韩（惠州）产业园：中韩 FTA 签订后，中韩（惠州）产业园设立，规划分为了两个层次，第一是核心组团，第二是联动组团。中韩（惠州）产业园主要发展电子信息产业集群、石化产业基地的打造、新兴产业合作以及现代服务业的合作。

第四节　中韩 FTA 签订后对中韩（盐城）产业园未来发展的影响

一、中韩 FTA 签订后韩国对盐城投资的影响

目前韩国经济处于快速发展阶段，韩国政府较为注重对外开放以及发展本国的外向型经济，近年来对外投资额也在逐渐增多，所涉及的投资项目以及国家也更为全面，中国是韩国的邻邦，也是韩国投资的主要对象之一。由于盐城地理位置较为优越，交通比较便捷，劳动力资源比较充足，所以韩国企业乐意在盐城地区投资。盐城区域的韩国企业可以以较小的人力成本以及运输成本，获取更多经济利益。此外，中国是人口大国，其有着较大的消费市场，韩国企业也致力于开发中国的消费市场。韩国企业在盐城的投资主要偏向轻工业以及制造业，因为这两个产业都属于劳动力密集型产业。近年来，盐城产业园逐渐形成，其也开始吸引属于自己的高端技术人才，所以韩国对盐城的投资也开始转向一些高附加值、高技术的产业。韩国早前对盐城的投资更多的是汽车投资，或是加工原料，当前，韩国在盐城的投资也开始转向资源共享以及技术合作。韩国投资领域的变化对盐城产业转型具有积极的推动作用，也为盐城地区产业的发展注入了活力。

首先，投资环境方面的影响。2008—2011 年是韩国投资中国的低谷期，随着经济形势的好转，韩国对华投资开始攀升，投资项目也在不断增多。在此大环境影响下，韩国对盐城的投资，无论是投资额还是投

资项目都逐渐增多，盐城依旧是韩国在华投资的选择区域之一。韩国在中国的投资大多侧重于制造业，韩国比较重视中国电子、汽车等消费市场。此外，韩国近年来开始投资中国的服务业，投资主体也开始转变为一些中小企业，这对缺少大型跨国企业的盐城来说，是一次良好的发展机遇。随着 FTA 的推进，韩国对中国的投资更注重区域合作以及市场开拓。

其次，投资侧重点方面的影响。中韩贸易发展初期，韩国在中国的投资大多集中在机械设备等制造业，他们会以投资建厂的方式完成投资，投资的目的在于减小运输以及生产成本，所以韩国早前在盐城的投资，不但未能平衡盐城的产业布局，而且给盐城的环境造成了污染。中韩 FTA 开始落实后，韩国在中国的投资不再局限于劳动密集型产业，他们开始将目光转移到资本以及技术密集型产业，投资方式也开始变为管理或是技术投资。韩国投资侧重点的变化让盐城面临更大的发展机遇，不仅能够依托韩国的资金支持发展盐城本地的新项目，还能够在发展中借鉴韩国的先进生产经验以及管理技术，在发展和借鉴中实现盐城地区的产业升级和平衡发展。

二、中韩 FTA 签订后对产业园进口的影响

盐城具有独特的地理位置，这会推动盐城加强和韩国的贸易往来，推动盐城成为中韩两国贸易往来的一个窗口，将韩国和内陆其他区域的贸易连接在一起。20 世纪 90 年代，中韩经贸合作的主要区域之一就是盐城，韩国有诸多企业都在盐城投资，例如，韩国的起亚汽车。伴随着中韩 FTA 谈判的逐渐深入，韩国和盐城区域的贸易往来会更为频繁。中韩 FTA 的推进和落实，会加快中韩两国的贸易合作，盐城产业园也会面临更多的发展机会，其进口贸易额也会随之增加。

自 2015 年中韩 FTA 生效以来，中韩协定关税减让方案起了积极的作用。韩方在部分机电产品、化工产品以及钢铁制品方面达到了零关税。2018 年韩国对中国出口的三大主要产品占韩国对中国出口总额的 76.5%，

以下为三大主要产品的出口额汇总表。

由表 12－3 可知，韩国在机电产品、化工产品方面对中国出口额非常大。当前，中日韩三国的贸易中，很多工业品涉及的原材料或是零部件都已经逐渐降低或是取消关税，这对于零部件发展比较迅速的盐城来说既是机遇，也是发展挑战。由于盐城正在大力发展汽车等产业，所以其零部件进口方面的贸易额会随之增加。

表 12－3　2018 年韩国对中国出口的主要产品

出口产品	出口额（亿美元）	同比增长率（%）
机电产品	880.4	19.2
化工产品	223.3	14.1

资料来源：国家数据网，http：//data. stats. gov. cn.

三、中韩 FTA 签订对产业园现代服务业的影响

2015 年签订的中韩贸易协定中规定了中韩双方在服务贸易方面的事项，其中将金融服务、通信服务和自然人移动单独成章。中韩（盐城）产业园建设中韩文化交流中心、科研总部街区、名品商贸街区、影视文化街区、医疗健康街区，大力发展韩国特色商贸、文化创意、现代金融，打造中韩（盐城）产业园现代服务业集聚区。2018 年中韩（盐城）产业园在金融服务方面取得了一些很有价值的发展，产业园内基金出资项目 22 个，投资总金额达 69.29 亿元，在与临港集团、君和资本等公司进行深入的合作后，共同设立了 7 只产业基金，韩圆贷发展贷款达 6 亿元，并且新增企业信贷资金 45 亿元。

随着中韩 FTA 协议的进一步深入，相关的关税措施和建设自贸区也会得到落实，降低或是取消非关税壁垒以及关税，必然会让两国之间的投资额以及贸易额随之增加，另外也能够推动两国更为迅速地开展产业分工以及合作，进而让两国之间建立更为稳固的经贸合作关系。此外，中韩两国有着各不相同的产业发展规模以及模式，两国在 FTA 协议中必定会结合本国的实际情况为自己的国家争取更多的利益，在这一博弈过程中，彼此合

作以及妥协都会出现，这也会让两国出现一些不利或是有利的影响，特别是产业布局上，韩国主要侧重于向中国出口技术密集型产品，如汽车以及电子产品等，而中国侧重于向韩国出口劳动力密集型产品，如原材料以及农产品等。两国是否充分发挥自贸协定作用的重点在于，两国是否能够结合自贸协定调整本国对应的产业结构。韩国的人口以及土地面积皆不如中国，但是其现代服务业却较为发达，目前盐城正在大力发展现代服务业和高端制造业，在这方面韩国有诸多地方值得盐城学习。韩国在盐城的投资，能够推动盐城的健康医疗以及跨境电商等产业的发展，有利于形成中韩进出口贸易基地，有利于盐城服务外包产业的发展。

四、中韩 FTA 签订后对产业园区高端化影响

中韩 FTA 签订后，中韩（盐城）产业园不断发展。“举办了中国盐城（首尔）经贸合作交流会、2018 江苏·盐城沿海发展交流会以及在新能源汽车、电子信息等方面的活动，新签韩资项目 23 个，总投资 4.3 亿美元，利用外资 2.29 亿美元”。表 12－4 为 2018 年产业园基金出资项目以及企业信贷融资有关的数据。

表 12－4　2018 年产业园基金出资项目及企业信贷融资

基金出资项目	基金投资总金额	产业基金	撬动合作银行贷款	新增企业信贷融资
22 个	69.29 亿元	7 只	6 亿元	45 亿元

资料来源：2018 年中韩产业园建设工作综述．中国商务部官网，www.mofcom.gov.cn.

由表 12－4 可见，近年来中韩（盐城）产业园在金融方面也有很大的发展，特别是在基金方面，基金的出资项目以及投资总金额数量非常大，在产业基金方面也由原来的缺乏到现在逐渐发展，迈向了金融发展的高端化。

中韩（盐城）产业园的发展重点除了现代服务业之外，还包括新能源装备产业、电子信息、汽车以及临港产业，朝着高端化、技术化的方向发展。首先，新能源装备产业方面。盐城拥有丰富的风力、海洋资源。由于中韩 FTA 的落实，韩国企业会增加对盐城能源产业方面的投入，这种投资

建厂一方面扩大了韩国在盐城的产业链，让其市场份额增多，另一方面可以让盐城能源实现技术创新，让盐城分散的能源能够实现集中发展。其次，电子产业方面。韩国是世界范围的电子信息领先生产国，随着中韩FTA的推进，韩国的部分电子信息企业进入盐城，盐城倘若能够抓住这次发展机遇，加强同韩国高端产业项目的引进力度，盐城就可以形成自己的通信技术产业基地，能够更好地和世界其他国家进行技术交流，构建智能制造大数据云服务平台。再次，临港产业方面。盐城具有大丰港，韩国拥有平泽、仁川、釜山等大港口，盐城通过和韩国的港口互通有无，不仅可以加深和韩国企业的贸易往来，还可以大力推动本地区海洋生物、新材料以及保税仓储物流等产业的发展，盐城在FTA影响下会打造属于自己的临港高端装备制造基地。

第五节 中日韩FTA的可能签订对中韩（盐城）产业园发展的展望

一、促进产业园中日贸易，吸引日企投资交流

中韩FTA已经签订，并且取得了显著的成效，中日FTA的签订提上日程。中日是相邻的两国，在文化方面有相通之处，中日之间的合作前景非常广阔。中韩（盐城）产业园发展态势良好，与韩国的贸易往来频繁。中日FTA签订后，作为一个发展成熟的产业园，中韩（盐城）产业园将会发展与日本的贸易往来。在建立与韩国合作往来的基础上，加强日本的贸易交流，在园区建立研究中日经贸的区域，吸引日本企业投资，引进日本的先进科学技术，同时中国企业到日本投资，进行经贸往来，增加中日贸易额，促进中日的双边贸易，发展中日韩的三边贸易。

二、推进产业园产业合作转型，增强产业竞争力

日企的资金充足，跨国投资、产业竞争能力较强，这是值得中韩（盐

城）产业园学习和交流之处，而中国企业有较高的生产劳动力，两国可以在产业园内进行产业合作，进行资源整合，从而提升产业的竞争力。中韩（盐城）产业园将重点拓宽产业合作的空间，积极引进日企日资，重点放在高科技产业、生态产业、绿色产业以及现代服务业等新兴产业上，进行产业的突破与合作，从而促进产业的合作转型，提升产业的竞争力。中韩（盐城）产业园也要打造交流平台，积极推动与日本的交流，加强与日本商会、行业协会等机构的合作，全面推进多领域的合作交流，推动产业园的发展。

三、推动创新能力合作，提升产业园的科技创新能力

创新是发展的动力，中韩（盐城）产业园要以创新为核心，寻找与日本的合作产业，推动与日本创新能力的开放与合作，加强与日本在科技创新以及人才培养等方面的合作。引进日本先进项目的同时，产业园要学习并且消化在项目背后的高端要素，提升产业园自身的科技创新能力。同时，要以产业为基础，健全投资合作机制，创新国际化的投资模式，发挥中韩（盐城）产业园自身发展基金的作用，与日本企业深度合作，从而提升产业的创新化和高端化。

小结

国内学者对于美国贸易保护主义的研究。钱学峰、龚联梅（2018）在《特朗普贸易政策：特征、前景评估及启示》中归纳了特朗普的贸易保护主义主要有“逆全球化、极端保护主义、霸权利己主义和侵略性单边主义”这四点特征，很好地概括了特朗普的贸易保护主义的主要特性。周立（2018）在《中美贸易争端：技术封锁与保护主义》中认为正是由于美国的贸易保护以及技术的封锁，导致了中美之间的贸易冲突日益激烈，从而致使中美贸易顺差不断地加大，引起中美贸易保护战。国内学者还研究了在美国贸易保护主义下，自贸区建设应对策略。杨帅（2017）在《新型贸

易保护主义与自贸区建设的应对》中提出，"当前形势下，设定贸易便利化的目标，应促进中国与其他国家的 FTA 签订，不断地加快自贸区的建设，从而积极应对美国的贸易保护主义"。

国内学者对于 FTA 的研究。刘斌、甄洋、屠新泉（2018）在《逆全球化背景下中国 FTA 发展新趋势与战略选择》中表示，中国应积极加快当前 FTA 谈判进程，"不断地发展新的 FTA，建立专门的研究机构，选择适合的 FTA 策略，并且加快 RCEP 的谈判"，从而更积极地面对美国的逆全球化。周乾、邵桂兰（2017）在《亚太经济体建立 FTA 影响因素研究》中提出中国要加快实施中日韩自贸区建设，"重点推进'一带一路'进程中涉及国家的自贸区建设"。竺彩华、韩剑夫（2015）在《"一带一路"沿线 FTA 现状与中国 FTA 战略》中提出中国"一带一路"FTA 的建设主要在东亚地区，肯定了中日韩 FTA 的积极影响与重要性。朴英爱、张林国（2016）在《中国"一带一路"与韩国"欧亚倡议"的战略对接探析》中肯定了中韩 FTA 的积极作用，"提出'一带一路'与'欧亚倡议'的是相近相通的，认为将会使中韩强强联手，共同开拓欧亚新的合作空间"。宋志勇（2015）在《中韩 FTA 对东亚区域格局的影响分析》中认为，中韩 FTA 的签订"加快了东亚区域一体化的进程"，并且对中日韩 FTA 的签订也带来了推动的作用。外国学者对于经济全球化的研究。Siong Hook Law、W. N. W. Azman - Saini、Hui Boon Tan（2014）在 *Economic Globalization and Financial Development in East Asia：A Panel Cointegration and Causality Analysis* 中经过研究发现经济全球化促进了东亚金融以及制度的发展，高度肯定了经济全球化的积极作用。在 1999 年就有学者对园区建设做了研究。Yuqi Lu、Zhixiang She（1999）在 *Regional effects by the construction of Suzhou Industry Garden* 中肯定了我国早期的苏州工业园区建设，认为其是国际示范性的优秀工业园区，其建设对区域经济产生了很大的影响。Alam Khan、Mario Arturo Ruiz Estrada（2017）在 *Globalization and terrorism：an overview* 肯定了经济全球化趋势的不可逆。许多中外学者都对经济全球化进行了研究，大部分学者对经济全球化都持有积极的态度，而今对于美国的逆全球化贸易保护主义，许多学者都持反对的立场。在区域经济发展较好的情况，对于中国与各国 FTA 的签订，学者们都认为将会对中国带来很大的经济效益，以及签订 FTA 能够对中美贸易摩擦带来的损失有一定的补偿作用，并对此做了一些建议及对策研究，但对中日韩 FTA 签订后对于中韩产业园的研究较少。通过参考一些国内外学者的研究，本部分主要对中日韩 FTA 签订对中韩产业园的影响进行研究。

盐城处于中日韩 FTA 背景下，应当充分借助中日韩 FTA 的优势发展自己的区域经济，调整自己的地区产业结构。在贸易新形势下，盐城市政府应当做好分工和统筹协调工作，盐城企业应当吸引、合理引用外资，做好产业的优化升级以及自主创新。盐城应当积极发展自己的产业园区，减小生产成本，提高自己在国际市场中的竞争力。对于中日韩三国来说，三国处于不同的经济发展阶段，存在发展差异，这可能会造成三国之间出现贸易冲突。对此，三国应当强化彼此间的合作，经过协商后制定三国皆认可的标准，构建公平的贸易环境，强化三国之间自由贸易区的实际功能，让中日韩 FTA 的作用能够充分发挥。

参考文献

[1]贺丹,李文超,彭阳．中外合作产业园创新转型的主要历程、现实困境及优化路径[J]．现代经济探讨,2018(8).

[2]柏露露,谢亚,管驰明．中国境内国际合作园区发展与规划研究[D]．南京:东南大学,2018.

[3]刘新国．走近中韩产业园[J]．走向世界,2015(6).

[4]李鲁云．粤港澳大湾区:世界级城市群中国样板[J]．经济导刊,2018(1).

[5]朱益民．努力打造中韩(盐城)第四代产业园区[J]．唯实,2016(8).

[6]傅允生．以中外合作产业园建设推动浙江产业升级[J]．浙江经济,2014(4).

[7]刘耀庭．金融支持四大自贸试验区建设政策研究及其对中韩(盐城)产业园建设的借鉴与启示[J]．金融纵横,2018(11).

[8]苏力．中韩(惠州)产业园获批设立[N]．南方日报,2017-12-16.

[9]王荣．我国现代建筑产业园发展现状与思考[J]．科技促进发展,2018(8).

[10]马发洲,周欢．中韩(惠州)产业园最新进展[N]．南方日报,2019-04-26.

[11]谢宝树．惠州:以大项目大平台打造吸引外资新高地[N]．惠州日报,2019-04-17.

[12]李向英．中韩(惠州)产业园按下建设“加速键”[N]．惠州日报,

2019 - 04 - 29.

[13]张斐. 中韩(惠州)产业园驶上发展快车道[N]. 惠州日报,2018 - 06 - 11.

[14]张斐. 中韩(惠州)产业园将建成地方经济合作新高地[N]. 惠州日报,2018 - 06 - 09.

[15]邓辉. 提升中韩(惠州)产业园产业支撑力[N]. 惠州日报,2018 - 11 - 23.

[16]戴建. 抢抓机遇打造产业集群　加快建设中韩产业园[N]. 惠州日报,2018 - 09 - 20.

[17]贺丹. 江苏中外合作产业园发展现状、问题及优化路径[J]. 中国高新区,2018(12).

[18] 冯敏红. 基于美国科研创新曼哈顿模式与硅谷模式经验研究[J]. 科学管理研究,2017,35(2).

[19] 黄宇. 新常态下国家产业园发展与德国经验的借鉴[J]. 中国市场,2018(25).

[20] 庞德良,田野. 日美科技城市发展比较分析[J]. 现代日本经济,2012(02).

[21] 张云伟,曾刚,程进. 基于全球通道与本地蜂鸣的张江 IC 产业集群演化[J]. 地域研究与开发,2013,32(3).

[22] 黄庆庆. 金融支持中外合作产业园区的路径探析:以盐城中韩产业园为例[J]. 当代经济,2017(24).

[23] 张玉旺. 自主创新、技术引进与我国高新技术产业升级[J]. 河南牧业经济学院学报,2018,31(2).

[24] 李鹏. 创新金融助力新产业新业态发展[N]. 中国城乡金融报,2017 - 06 - 14.

[25] 王勇军. 产业转型期人才引进与人才激励机制探析[J]. 现代商业,2016(24).

[26] 毕宏波. 推进块状经济向产业集群转型的思考[J]. 经济师,2019

(04).

[27] 陈娜.“耦合性”视角下产业集群集成创新能力实现机制研究[J].江苏商论,2019(03).

[28]崔敏. 地方政府招商引资对策研究:以盐城市为例[D]. 南京:南京大学,2018.

[29]周剑峰,王亚东. 打造全新高新技术示范产业园[J]. 当代广西,2018(13).

[30]张亚军. 加快推动中韩盐城产业园建设[N]. 盐阜大众报,2019-05-09.

[31]丁学仕,郝智. 烟台:抢搭 FTA 快车,抢占“一带一路”先机[J]. 金融,2015(10).

[32]周威全. 中韩(烟台)产业园发展战略浅析[J]. 中国市场,2018(33).

[33]骆祖春,赵坚. 盐城与烟台中韩合作产业园建设比较研究[J]. 金陵科技学院学报(社会科学版),2017,31(4).

[34]尚晓语. 中韩自贸区的建立对中国经济的影响[J]. 全国流通经济,2018(12).

[35]陈继勇,余自强. 中韩自贸协定对两国 GDP 经济效应的影响[J].财经科学,2017(10).

[36]王成,徐红梅,王磊. 中韩(盐城)产业园打造中韩经贸合作样本[J]. 国际商报,2019-03-19.

[37]刘新国.11 个产业支撑起中韩产业园[N]. 烟台日报,2015-06-04.

[38]荀克宁. 韩国产业园区在我国的发展实践与经验[J]. 山东社会科学,2016(11).

[39]马蓉睿. 烟台市融入中韩自贸区建设的对策研究[J]. 山东工会论坛,2016,22(5).

[40]蔡苏文,杨雯. 青岛市加快建设中韩合作园区的对策[J]. 环渤海

经济瞭望,2016(8).

[41]刘洁,逄苗. 打造中韩自贸区桥头堡:中韩(烟台)产业园升为中韩两国共建产业园区[J]. 2016(4).

[42]孙大步. 中韩自贸协定下山东半岛城市群分工协作研究[J]. 烟台大学学报(哲学社会科学版),2017,30(1).

[43]张春丽. 江苏盐城经开区建设中韩(盐城)产业园[N]. 中国县域经济报,2018-12-20.

[44]何喜有. 中韩经济合作升级方向探析[J]. 韩国研究论丛,2017(2).

[45]张亚军. 中韩盐城产业园开展融资租赁业务研究[J]. 各界,2017(4).

[46] 朴英爱,张林国. 中国"一带一路"与韩国"欧亚倡议"的战略对接探析[J]. 东北亚论坛,2016(1).

[47]吴涧生."一带一路"战略的几个问题思考[J]. 中国发展观察,2015(6).

[48] 薛妮."一带一路"视角下中韩自贸区发展对策研究[J]. 开封教育学院学报,2018(6).

[49] 汪伟民. 韩国欧亚战略的演进:过程、特征与展望[J]. 韩国研究论丛,2017(1).

[50] 牛林杰."欧亚倡议"+"一带一路":深化中韩合作的新机遇[J]. 世界知识,2015(7).

[51] 陈正湘,陈惟杉. 中马钦州产业园:依托"两国双园"实现国际产能大合作[J]. 中国经济周刊,2015(41).

[52]蔡爱军. 江苏沿海地区开放型经济转型升级策略探究:以盐城市为例[J]. 江苏经贸职业技术学院学报,2017(4).

[53]白士彦,张一凡,马越. 中韩自由贸易区建设历程及前景展望[J]. 新经济,2015(11).

[54] 李世泽. 中马"两国双园":互动发展正当时[J]. 当代广西,2017

(4).

[55]欧阳铭珂．韩国汽车产业的发展及其启示[J]．湖南商学院学报，2010,17(2).

[56]金保均,王晴．韩国汽车产业成功之路及给中国的启示[J]．产业与科技论坛,2008,7(11).

[57]夏光宇．中韩汽车产业发展比较研究[D]．长春:长春工业大学,2011.

[58]王晶．韩国汽车产业发展状况及对中国的启示[J]．上海汽车，2003(12).

[59]田芳．韩国新万金开发厅拜会中汽联　促中韩汽车业发展[J]．中国汽配市场,2016(1).

[60]欧阳峣．中日韩汽车产业合作优势及发展前景[J]．商业时代，2007(29):35－36.

[61]戴源．对标一流国际园区建中韩合作标杆[J]．群众,2019(3).

[62]马强．推进盐城创建国家级韩国产业转移集聚示范区的战略思考[J]．中国经贸导刊,2015(1).

[63]聚焦未来汽车技术　第五届中韩汽车产业研讨会举行[J]．汽车维修与保养,2017(12).

[64]李智慧．韩国汽车出口贸易及其在中国市场的发展研究[D]．北京:对外经济贸易大学,2017.

[65]曹粲．SUV 车型市场营销策略研究[D]．咸阳:西北农林科技大学,2012.

[66]金森久雄．日本战略性贸易政策的探讨[J]．东洋经济,1988(5).

[67]金泰相．东北亚区域经济合作前景与中日经济关系刍议[J]．现代日本经济,1990(2).

[68]牛岛俊一郎．受益三国:中日韩之间经济一体化与直接投资[J]．国际贸易,2003(1).

[69]宫占奎,黄春媛．APEC 进程 25 年:回顾与展望[J]．亚太经济，

2004(2).

[70]宋薇. 产业转移的理论与实证研究[J]. 全球商理,2010(1).

[71]刘吉双. 经济新常态下江苏沿海地区经济增长新动力源泉研究[M]. 北京:中国经济出版社,2016.

[72]刘吉双. 生态优先绿色产业发展论[M]. 北京:中国经济出版社,2018.

[73]劳尔·普雷维什. 外围资本主义:危机与改造[M]. 北京:商务印书馆,1990.

[74]蔡弘志. 综合保税区建设跨境电商产业链实证研究:以国家级盐城综合保税区为例[J]. 中国集体经济,2018(8).

[75]杨生祥. 促进跨境电商产业发展[N]. 盐阜大众报,2016-01-10.

[76]盐阜大众报新媒体. 坚持高点定位联动发展 高水平建设对外开放门户 曹路宝到大丰港调研中韩(盐城)产业园建设[EB/OL]. 新浪网(http://k.sina.com.cn/article_5444885376_1448a5b8002000lxty.html?from=news&subch=onews),2019-03-05.

[77]孙华,徐红梅. 中韩(盐城)产业园:打造中韩经贸合作典范[EB/OL]. 新浪网(http://k.sina.com.cn/article_2056346650_7a915c1a02000wenp.html?from=news&subch=onews),2019-03-13.

[78]肖本华,沈晓阳. 上海自贸区发展融资租赁研究[J]. 上海金融学院学报,2014(3).

[79]秦安. 国务院关于同意设立中韩产业园的批复文件[N]. 扬子晚报,2017-01-22(8).

[80]王磊,徐红梅,王成. 中韩(盐城)产业园投资说明会在沪举行[N]. 新华网,2019-03-127.

[81]蒋丽芳. 盐城广电全媒体新闻[N]. 盐城日报,2019-05-15(4).

[82]李怀旭. 中韩(盐城)产业园:瞄准高质量发展抓项目强载体优服务[EB/OL]. http://www.ycnews.cn/xwzx/p/410358.html,2018-03-08.

[83]朱建忠．盐城经济技术开发区《2019 年中韩(盐城)产业园建设工作意见》[Z],2018－12－09.

[84]省政府办公厅．关于支持中韩(盐城)产业园发展的若干意见[Z],2018－5－10.

[85]韩涛．中韩(盐城)产业园发展纪实报道[EB/OL].http://k.sina.com.cn/article_5444885376_1448a5b8001900ce1b.html,2017－12－11.

[86]吕楠．国务院关于同意设立中韩产业园的批复[N]．国际商报,2018－4－04.

[87]范进．江苏国际发展走向[N]．盐阜大众报,2015－12－18.

[88]叶中华．盐城成为中韩产业园建设首批合作城市[N]．中国城市报,2015－7－20(15).

[89]拾冠之.《中韩(盐城)产业园建设实施方案》获批[N]．盐阜大众报,2018－10－18.

[90]胡欣欣．上海自贸区方案亮相[N].21 世纪经济报道,2013－07－04(3).

[91]肖本华．上海自贸区金融服务业对外开放研究[J]．上海金融学院学报,2014(5).

[92]赵瑞.中国(上海)自贸区的发展战略和法律规制[J]．南方论刊,2014(7).

[93]王海燕,简工博.负面清单管理将以立法形式固化[N].解放日报,2014－04－23(3).

[94]江怡曼.上海自贸区金改推进概念股顺风飞扬[N].第一财经日报,2013－12－07(2).

[95]王晓秋,郊子舒．美于．上海自贸区窝岸金融中心发展的几点思考[J]．大达干部学刊,2014.32(6):51－53.

[96]刘江云．上海自贸区的金融创新与风险控制[J]．中国市场,2014(157):127－128(3).

[97]高雪菲,越超．上海自留区金融创新监管体系初探[J]．金融经济

（学术版）,2014(10):26 –28(5).

[98]周威全. 中韩(烟台)产业园发展战略浅析[J]. 中国市场,2018(33):36 –37.

[99]尚晓语. 中韩自贸区的建立对中国经济的影响[J]. 全国流通经济,2018(12):14 –15.

[100]陈继勇,余自强. 中韩自贸协定对两国 GDP 经济效应的影响[J]. 财经科学,2017(10):87 –98.

[101]冯敏红. 基于美国科研创新曼哈顿模式与硅谷模式经验研究[J]. 科学管理研究,2017,35(2):113 –116.

[102]黄宇. 新常态下国家产业园发展与德国经验的借鉴[J]. 中国市场,2018(25):16 –18.

[103]庞德良,田野. 日美科技城市发展比较分析[J]. 现代日本经济,2012(2):18 –24.

[104]朱新荣. 区域经济一体化进程中的中韩经济合作研究[D]. 苏州大学,2017.

[105]杨建国. 苏州外资经济发展的理论解释与实证分析[D]. 苏州大学,2003.

[106]许昕. 基于中韩产业内贸易分析中韩贸易发展趋势研究[J]. 科技风,2018(6):186.

[107]马海涛,张蔷,刘海猛. 丝绸之路经济带中国 –哈萨克斯坦国际合作示范区高端制造产业选择与园区建设模式[J]. 干旱区地理,2016,39(5):944 –950.

[108]张建峰,周金德. 打造长三角韩资密集区新优势的思考[J]. 江南论坛,2014(7):17 –19.

[109]陈斌. 坚持产业强市第一方略 推动盐城制造业高质量发展[J]. 中国经贸导刊,2018(10):73 –74.

[110]张治栋. 以产业高质量发展支撑长江经济带高质量发展[N]. 中国社会科学报,2019 –04 –26(007).

[111]毛星星，朱群丽，姜娜．苏州市外商投资现状分析[J]．北方经济，2012(18)：64－65＋69.

[112]李娟．如何进一步提升投资环境：以苏州吸引外资为案例[J]．经济与管理，2003(9)：40－41.

[113]陈振华．地方政府人才引进对策研究[D]．苏州大学，2008.

[114]张孝武．盐城环保科技城高端人才"引培用"的现状与对策[N]．盐阜大众报，2015－11－16(A06).

[115]张驰．国务院关于同意设立中韩产业园的批复[J]．城市规划通讯．2017，12(1)：5－6.

[116]张琳．上海自贸区对接"一带一路"的路径选择[J]．国际经济合作．2019，9(5)：43－47.

[117]柳欣好．中韩自贸协定下延边地区对韩经贸合作研究[D]．延安：延边大学，2017.

[218]朱新荣．区域经济一体化进程中的中韩经济合作研究[D]．苏州：苏州大学，2017.

[119]MING－TIEN TSAI．政府行政效率和经济效率研究[D]．台湾成功大学工商管理部门，2009.

[120]曹俊文．科技园区技术创新能力评价研究[J]．城市规划汇刊2004，37(4)：19－23.

[121]万科．基于国家战略的区域产能质量、产业链、技术创新协同研究：以鄂湘赣新型显示产业为例[D]．南昌：南昌大学，2018.

[122]唐秀鑫．中国—马来西亚钦州产业园区行政管理体制创新研究[D]．南宁：广西大学，2016.

[123]胡太山．技术社群与产业集群在创新活动中的互动作用：以台湾新竹区为例．[J]2004，12(3)：74－78.

[124]孙悦．"区直管社区"：社区管理体制创新研究：以吉林省辽源市西安区为例[D]．吉林：吉林大学，2014.

[125]钱学峰，龚联梅．特朗普贸易政策：特征、前景评估及启示[J]．人

文雅志,2018(8):42 - 51.

[126]周立. 中美贸易争端:技术封锁与保护主义[J]. 国际经贸探索,2018(10):88 - 104.

[127]杨帅. 新型贸易保护主义与自贸区建设的应对[J]. 贵州财经大学学报,2017(5):69 - 78.

[128]刘斌,甄洋,屠新泉. 逆全球化背景下中国 FTA 发展新趋势与战略选择[J]. 中国经贸,2018(11):10 - 15.

[129]周乾,邵桂兰. 亚太经济体建立 FTA 影响因素研究[J]. 国际贸易问题,2017(9):71 - 82.

[130]竺彩华,韩剑夫."一带一路"沿线 FTA 现状与中国 FTA 战略[J]. 亚太经济,2015(4):44 - 50.

[131]宋志勇. 中韩 FTA 对东亚区域格局的影响分析[J]. 东北亚论坛,2015(1):11 - 21.

[132]JING GU. China's South - South Development Cooperation in Practice: China and Ethiopia's Industrial Parks[J]. South - south Cooperation and Chinese Foreign Aid,2018(10).

[133]YEERKEN WUZHATI. Chinese Overseas Industrial Parks in Southeast Asia: An Examination of Policy Mobility from the Perspective of Embeddedness [J]. Journal of Geographical Sciences,2018(9).

[134]MICHELLE ADAMS. Comparative Study on the Pathways of Industrial Parks Towards Sustainable Development Between China and Canada [J]. Resources, Conservation and Recycling,2018(1).

[135]ELAINE ROMANELLI and OLGA M. Khessina. Regional Industrial Identidy: Cluster Configuratns and Economic Development[J]. Organization Science, 2008(8).

[136]YONG GENG,PAN ZHANG and RAYMOND. Assessment of the National Ec o - Industrial ParkStandard for Promoting Industrial Symbiosis in China [J]. Journal of Industrial Ecology,2009(2).

[137] GUIZHEN HEA, INGRID J C BOAS, ARTHUR P J MOL, YONGLONG LU. What Drives Public Acceptance of Chemical Industrial Park Policy and Project in China? [J]. Resources, Conservation & Recycling, 2018(138).

[138] DELIK HUDALAHA, VAULLI NURRAHMAB, TUBAGUS F SOFHANIA, Wilmar A. Salima. Connecting Fragmented Enclaves Through Network? Managing Industrial Parks in the Jakarta – Bandung Urban Corridor [J]. Cities, 2019(88).

[139] CHURL GYU LEE. Toward Strategy Partnership with Countries in Northeast and Central Asia [J]. the KEEL – IBRE Joint International Symposium on Energy Resource Cooperation and Cooperate Strategy in Northeast and Central Asia, 2008(5).

[140] DONG XIANGRONG. Sino – South Korea Economic Relations: Asymmetrical Interdependence and Prospects [J]. International Economic Review, 2013(2).

[141] JAMES D SIDAWAY, CHIH YUAN WOON. Chinese Narratives on "One Belt, One Road" in Geopolitical and Imperial Contexts [J]. The Professional Geographer, 2017(10).

[142] SARAH CHAN, CHUN – CHIEN KUO. Trilateral Trade Relations among China, Japan and South Korea: Challenges and Prospects of Regional Economic Integration [J]. East Asia, 2005 (1).

[143] JAE HO CHUNG. China's Evolving Views of the Korean – American Alliance, 1953 – 2012 [J]. Journal of Contemporary China, 2014(3).

[144] R VERNON. International Investment and International Trade in the Product Cycle [J]. Quarterly Journal of Economics, 1966(80).

[145] KOJIMA K. Direct Foreign Investment: A Japanese Model of Multinational Business Operations [M]. NewYork: Praeger, 1978.

[146] GUIZHEN HEA, INGRID J C BOAS, ARTHUR P J MOL, YONGLONG LU. What drivespublicacceptance ofchemicalindustrial parkpolicyand-

project in China? [J]. Resources, Conservation & Recycling138. 2018:1 - 12.

[147] DELIK HUDALAHA, VAULLI NURRAHMAB, TUBAGUS F. SOFHANIA, WILMAR A. Salima. Connecting fragmented enclaves through network? Managing industrial parks in the Jakarta - Bandung Urban Corridor [J]. Cities88. 2019:1 - 9.

[148] WEI JIANG, ZHUANG ZHANG, CHUN DENG, XU TANG, XIAO FENG. Industrial park water system optimization with joint use of water utility sub - system[J]. Resources, Conservation & Recycling, 2019, 147.

[149] FEIOCK R C, STEINACKER A, PARK H J. Institutional Collective Action and Economic Development Joint Ventures[J]. Public Administration Review, 2009, 69(2):256 - 270.

[150] KIM, JONGIL, YUN. 인도네시아의 산업분야 개발협력 방안(International Cooperation for Industrial Development in Indonesia)[J]. Policy Analyses, 2014.

[151] BELOVA. The Art of Agrarian Policy: Protectionism or Free Trade? [J]. Problems of Economic Transition. 2018, 33(4):325 - 329.

[152] P HIEBERT, I VANSTEENKISTE. International trade, technological shocks and spillovers in the labour market: a GVAR analysis of the US manufacturing sector[J]. Applied Economics. 2010, 25(24):232 - 255.

[153] PAUL HERBIG. The Relationship of Structure to Entrepreneurial and Innovative Success[J]. Marketing Intelligence & Planning. 1994, 5(1):37 - 38.

[154] RABAT. Morocco. Developmentof international standardized approach for Eco - Industrial Parks. [D]. Paris Lodron University of Salzburg. 2017.

[155] JUN FANG. Study on the Mechanism of Industrial Integration in Industrial Parks Based on System Dynamics[D]. Cambridge MA, 2017.

[156] SIONG HOOK LAW, W N W AZMAN - SAINI, HUI BOON TAN. Economic Globalization and Financial Development in East Asia: A Panel Cointegration and Causality Analysis[J]. Emerging Markets Finance and Trade,

2014(50):210－225.

[157] YUQI LU, ZHIXIANG SHE. Regional effects by the construction of Suzhou Industry Garden[J]. Chinese Geographical Science, 1999(9):342－349.

[158] ALAM KHAN, MARIO ARTURO, RUIZ ESTRADA. Globalization and terrorism: an overview[J]. Quality & Quantity, 2017(51):1811－1819.

附　录

附录1　盐城市人大以新发展理念打造中韩（盐城）产业园升级版研究报告

2017年12月11日，国务院正式批建中韩（盐城）产业园，标志着中韩（盐城）产业园正式上升为国家层面的合作园区，意味着江苏沿海地区新一轮对外开放取得重大突破，更加凸现了盐城海上丝绸之路重要节点城市的地位，为已经进行了数年建设的中韩（盐城）产业园带来了全新发展机遇。聚力打造中韩（盐城）产业园升级版，既是落实国家园区战略规划的需要，更是盐城实现产业强市的需要，对于新时代盐城的进一步开放与开发，锻造盐城中国东部沿海发展“新锐中坚”形象意义重大。打造中韩（盐城）产业园升级版，必须紧紧围绕党的十九大明确的新发展理念，始终“强化一个新定位”、坚持“培植两个新动能”、加快“形成三个竞争力”。

一、以全球化视野谋划园区定位和发展目标，将中韩（盐城）产业园打造成实施“一带一路”倡议和深化贸易投资合作的先行区

1. 建设中韩（盐城）产业园，打造盐城“21世纪海上丝绸之路”重要门户

从全球化视野看，必须强化中韩（盐城）产业园是盐城融入“一带一

路"国家战略和打造对外开放新高地全新机遇的认识定位。从空间布局上看，中韩（盐城）产业园包括"一园三区"，"一园"即中韩盐城产业园，"三区"即以盐城经济技术开发区为核心的"核心区"，以盐城经济技术开发区、盐城城南新区和大丰港经济区为重点的"主体区"，以盐城市域内的省级开发区为载体的"联动区"，盐城只有集聚全市最优质资源，协同临近市县禀赋，寻求省级层面支持，利用国家政策机遇合力共建中韩（盐城）产业园，打造对韩经贸合作新高地，认真谋划"一园三区"在产业合作示范、服务业扩大开放、投资贸易便利化等方面先行先试举措，才能将其打造成为江苏沿海地区乃至整个江苏省开放发展新的战略支点，构建面向东北亚的国际大通道，使盐城成为中国与韩国全面合作的重要桥梁和基地，加快盐城形成"21 世纪海上丝绸之路"重要门户的步伐，进而形成盐城乃至江苏沿海对外开放大突破，中韩产业合作以及投资贸易大发展的良好格局。

2. 落实第四代园区建设理念，将中韩（盐城）产业园建设成国际化新型产业园

一要紧紧围绕第四代园区建设理念，按照国家级、国际化园区和国际开放合作平台的全新要求，服务"一带一路"建设的战略定位，通过建设高标准对外开放平台和双边、多边合作平台，提升对外开放层次，打造法治化、国际化营商环境，提高利用韩资的质量和水平，不断加快盐城深度融入全球经济体系步伐。

二要以全球化、国际化视野对园区总体规划和"核心区""主体区""联动区"的产业规划以及各类专项规划进行全面完善和再度提升。并且按照规划制定科学的具体方案，坚持产业新业态、城市新生代、运作新机制、着眼新未来，注重产城融合和宜业宜居，致力建设高起点、智能化、生态型、可持续的国际化新型产业园。

二、以系统化思维推进产业技术创新和体制机制创新，实现中韩（盐城）产业园建设发展动能的“双轮驱动”

要从系统化思维所依据的所有系统都具有的综合性、开放性、自组织性、复杂性、整体性、关联性、等级结构性、动态平衡性、时序性等共同特征的维度，超前谋划中韩（盐城）产业园技术合作和创新发展路径。（1）要理顺中韩产业技术合作体制，谨慎“拿来主义”、防止“技术垄断”、杜绝“落后技术”，要推进“技术反求”工程，中方要在中韩产业技术合作中提升自主研发和创新能力，形成中韩产业“在合作中创新，在创新中合作”的良好格局。（2）建议积极创造条件创建“韩国—中国（盐城）科创新中心”，与设立在上海的“上海（盐城）科创中心”进行协力共进，探索国际合作创新的新模式，进一步强化创新意识、激发创新潜力、提升创新能力、厚植创新优势，使中韩（盐城）产业园成为区域技术创新的重要基地、未来产业技术创新的培育基地，从而为中韩（盐城）产业园经济社会快速发展提供源源不断的动力。

要抢抓中韩（盐城）产业园国际合作平台建设和“中韩自由贸易协定”实施的绝佳机遇和有利条件，复制推广上海自贸区试验成果，系统化推进体制机制改革创新，打造中韩（盐城）产业园“盐城版准自由贸易区”。（1）建议向上争取政策，进一步统筹资源保障，创新财税金融政策，扩大投资开放领域，积极争取在中韩（盐城）产业园内对人民币资本项目可兑换、推进利率市场化、人民币跨境使用领域等进行试点推进。（2）建议借鉴上海自由贸易试验区的成功经验，推进韩商投资审批改革，探索建立负面清单管理模式，创新监管服务模式，为入园企业发展提供符合国际运行规则的营商环境。（3）建议试行“中韩产业合作金融创新试验区”建设，既为中韩（盐城）产业园建设寻求新的金融支持，也为全市金融改革创新树立标杆。（4）系统推进园区经济体制、社会体制、文化体制、生态体制、城市体制乃至园区行政体制在内的全面改革。要实施“放管服”改革，加快权力清单、责任清单、负面清单制度建设步伐，最大限度地界定政府和市场的边界；探索园区与行政区融合发展的管理体制机制，理顺管理与开发、条线与属地、区内与区外等各方面的关系，整合双方有效资源，探索实施“大部制”改革，推进政府职能转变，建立精简高效的行政管理体制和优质便企服务平台：推进从事前审批向事中事后监管转变，建立健全信用信息档案、交换共享、失信惩戒等机制，建立横向到边、纵向到底的监管网络；解决园区国际化管理体制与国内管理体制的矛盾和冲突，推进管理主体与开发主体分离，组建或引进综合发展运营商，并以专业化的运营商为纽带，探索园区连锁化经营模式；引导鼓励境内外投资者参与园区内各类公益性、准公益性基础设施项目建设，发挥企业和社会组织在资产运营、公共服务代理、公共工程代建等方面的积极作用，真正发挥市场配置资源的决定性作用。

三、以务实果敢的行动加快产业升级、平台转型和园区提档步伐，聚合中韩（盐城）产业园的“核心竞争力”“未来竞争力”和“生态竞争力”

目前，中韩（盐城）产业园建设虽然取得了良好的业绩，但与同为中韩合作城市的烟台、惠州以及青岛、威海等韩资集聚城市相比仍有不同层面的差距。特别是对照第四代产业园建设目标，实际工作中仍存在项目优先、平台次之、制度建设滞后的问题，对园区的“核心竞争力”“未来竞争力”和“生态竞争力”超前谋划不够，系统推进不快，发展后劲不足，建议采取如下举措，确保创新成为第一动力、产业顺利转型出关、园区实现提档升级。

1. 围绕“核心竞争力”目标，打造中韩（盐城）产业园创新人才汇合区和创业成功示范区

人才是生产力的第一要素，这就决定了产业园区的“核心竞争力”最终取决于掌握新兴技术的人才。建议实施“中韩（盐城）产业园人才特区和创业特区政策”，进一步强化人才强区理念，营造渴求人才、尊重人才

的氛围，全力打造中韩（盐城）产业园国际创新人才汇合区。（1）围绕中韩产业合作十大产业重点，积极实施“韩国人才盐城高地建设计划”。要营造适合韩国人才特点和需求的工作与生活环境，在居住、购物、娱乐、休闲等方面提供舒适便利条件；给予韩国专业人才优惠政策和国民待遇，在择业、就医、子女上学等方面一视同仁，使其能迅速融入盐城社会群体；争取对韩人才实施“免签制度”，给予人才往来的自由与便利，提高出入境效率，打造无障碍人才通道。（2）根据中韩产业合作十大平台载体的功能布局，积极推进盐城高校与韩国高校及科研机构的全方位交流与合作，在人才联合培养、技术联合研发、文化互通学习等领域进行协同，共同为中韩（盐城）产业园提供“智力支持”。（3）瞄准中韩产业园建设龙头企业打造、链主企业培育目标，建议在园区大力推进“人才智造力培育”计划，“科技跨越计划”和“科技领军人才创业工程”；建议设产业园科教创新区，引进国际和国内等一批名校或者分支机构入驻，优化人才引进和培养机制，积极吸纳在新能源、新能源汽车、电子信息等产业方向的优秀领军人才。（4）依托“创业特区政策”，积极鼓励和培养大学师生、校外科技人员和归国人员带成果、带项目到园区内创新育成、创办企业，使中韩（盐城）产业园真正成为科技资源充分集聚、体制机制充满活力、公共服务优质高效、创新创业高度活跃的科技之城。

2. 瞄准“未来竞争力”目标，打造中韩（盐城）产业园高端产业先导区和创新要素集聚区

必须以前瞻性的卓识制定园区“未来产业”的目标。重点打造具有“未来竞争力”的“拳头产品”，将中韩（盐城）产业园打造成高端产业先导区与创新要素集聚区。中韩（盐城）产业园已经在汽车、新能源汽车、光伏光电、智能装备制造、软件及服务外包、电商物流、大数据、健康美容、临港物流、重型装备制造十大重点产业开展与韩国的全面合作。中韩（盐城）产业园“未来竞争力”在于选准“拳头产品”，寻机重点突破爆发，走协同创新促进产业高端化发展之路。具体建议：（1）高起点制

定园区的高端产业规划。规划需要关注的高端产业内容主要表现为：一是技术含量高，表现为知识、技术密集；二是处于价值链高端，具有高附加值；三是在产业链占据核心部位，发展水平决定产业链整体竞争力。但是，也需要注意的是，既要高端产业，也要产业高端化，产业发展要涵盖部分产业链的高端、单个产业周期的高端，某个产业环节的高端，甚至在特定市场领域的高端等。（2）明确产业高端化发展的路径选择。要借鉴国际经验和产业演变规律，要从三个路径推进园区产业向高端迈进。一是通过大力发展智能制造、精致制造和绿色制造，落实"中国智造 2025"，落地"韩国创新 3.0"，提高制造技术工艺水平。二是促进企业提高品质，增加品种和创建品牌。三是建设高水平世界制造中心、科技创新中心和营销中心，实现微笑曲线"中部抬起，两端延伸"。（3）依靠产学研协同创新促进产业高端化。园区建设必须形成良好的产学研互动机制，政府努力营造良好的市场竞争环境。既要组建"中韩（盐城）科创中心""上海（盐城）科创中心"等政府层面的创新要素集聚载体，更要完善以企业为主体的产学研协同创新机制，切实发挥市场创新动力资源的作用，建设一批高水平专业公共技术创新和服务平台，促进科技同经济对接、创新项目同现实生产力对接，促进产业向价值链高端延伸，切实做到围绕产业链部署创新链、围绕创新链培育产业链，全力打造创新引领高端产业新高地。

3. 瞄准"生态竞争力"目标，打造中韩（盐城）产业园可持续发展试验区和生态文明样板区

中韩（盐城）产业园作为国家级产业园区和国际新型产业园区的建设目标，决定了园区建设必须融入"绿树婆娑、碧波荡漾、鸟语花香、令人向往"的生态空间。这不仅是吸引国际创新人才汇聚盐城的金字招牌，更是落实党的十九大生态文明建设任务的必然要求。为此，中韩（盐城）产业园建设进程中必须进一步深化生态文明体制改革，推进经济社会发展、资源开发利用和生态环境保护"共赢"，必须走绿色低碳循环发展道路，推进产业结构优化和转型升级，加快突破新技术、新产业、新业态、新模

式；必须严把“产业导向、项目准入、节能减排”三个关口，推动产业发展绿色化、高端化，坚决做到园区产业项目“排放不达标一律不引，环评不通过一律不建，影响和破坏生态一体不要”，努力将中韩（盐城）产业园建成国际知名的低碳生态园区、安居乐业的幸福园区。

附录2　盐城市政协关于加快中韩（盐城）产业园建设着力打造对外开放和高端产业合作新高地的调研报告

中韩（盐城）产业园是2015年由中韩两国政府指定、中韩自贸协定确定并于2017年12月经国务院正式批复同意设立的地方合作园区，是江苏沿海对外开放的重大突破，也是江苏乃至长三角区域主动策应中国“一带一路”倡议和韩国“欧亚倡议”战略、落实中韩自贸协定的重要载体。按照国务院批复和省委、省政府要求，务实高效地推进中韩（盐城）产业园建设，对于增强我市对外开放的差别化竞争力、推动经济高质量发展，具有重大而深远的意义。

为抢抓对韩地方经济合作和高端产业合作的历史性机遇，根据市委要求和2018年协商计划安排，市政协近期组织部分委员、专家及部门同志，围绕加快推进中韩（盐城）产业园建设专题开展了深入调研。从调研情况看，我市按照国家和省委、省政府部署要求，思路明确、行动迅速、措施扎实，推进中韩（盐城）产业园建设具备较好的基础条件。一是省市领导高度重视。2015年11月，省委、省政府出台《关于支持中韩（盐城）产业园发展的若干意见》，从规划、产业、金融、财政、组织领导等方面给予支持。2016年4月16日，省委娄勤俭书记在南京会见韩国友人时强调，要建设好中韩盐城产业园，进一步提升经贸投资合作水平。6月12日，由商务部和韩国产业通商资源部主办的中韩产业园合作协调机制第二次会议、第一届中韩产业园合作交流会在盐召开。市委、市政府主要领导担任中韩（盐城）产业园建设工作领导小组组长和第一副组长，多次深入园区开展调研，市委常委会、市长办公会专题研究会办产业园建设事宜。二是对韩合作已有基础。近年来，依托中韩（盐城）产业园建设，我市切实加强对韩合作，汽车产业优化升级，合作领域不断拓展，园区和友城交流日趋密切。截至2017年底，全市累计落户现代起亚、摩比斯、京信电子、新韩银行等韩资企业756家，总投资61.47亿美元，年销售突破150亿美元，对韩实现进出口14.25亿美元，韩国已成为我市第二大贸易往来国、第一大进口来源国。三是配套服务明显改善。韩文标识等韩国元素已遍布盐城市区的大街小巷，市区分布着150多家韩国特色餐饮、娱乐、购物场所，11万平方米可入住5 000人的韩国社区已投入使用，国际医院即将交付，盐城外国语学校在校生达600名，2万多名韩国人常年在盐城工作和生活。

当前全市上下正深入开展解放思想大讨论，要深入解放思想、主动对标找差，在发展理念、开放意识、创新精神和市场取向等方面进一步向上海、深圳等先进地区看齐，既久久为功又只争朝夕地扎实推进中韩（盐城）产业园建设，为盐城高质量发展走在苏北苏中前列奠定坚实基础。目前中韩（盐城）产业园推进过程中的主要问题，一是方案报批进度较慢。在3个中韩产业园中，中韩（盐城）产业园的实施方案是最早确定，也是最快报送省政府批准的，目前烟台、惠州两地的方案已报山东、广东省政府批准，正在省级部门征求意见。我市的方案报批进度相对缓慢，对园区下一步编制总体规划、开展对韩合作有一定影响。二是政策研究相对滞后。烟台已于2016年8月印发了相关政策文件，惠州毗邻广东自贸区，拥有承接自贸区政策的先天优势，而中韩（盐城）产业园的相关政策研究还处于起步阶段。三是推进机制需要完善。尽管国家和省市都建立了中韩产业园的工作推进机制，但是与中新合作共建苏州工业园相比，仍缺乏高层次、高级别的双边合作推进机制，省级对韩合作机制也有进一步提升的空间。四是缺少新的韩国大项目落户。目前，除了现代集团以外，其他韩国前十大企业尚未来盐城投资，三星、LG、SK等和盐城洽谈不少，但对是否来盐城投资布局态度尚不明朗。

习近平总书记在亚洲博鳌论坛2018年年会上强调，中国开放的大门只会越开越大。今年是改革开放40周年，随着国家一系列关于深化改革、扩大开放的政策出台，中韩（盐城）产业园建设将面临更多的利好机遇。为此建议：

一、抢抓发展机遇，努力拓展盐城对外开放新空间。中韩（盐城）产业园是我市获得的第一个国家级国际合作园区金字招牌。我市要抓住这一里程碑式的难得机遇，高标定位，积极作为，努力把产业园建成开放发展、创新发展、绿色发展、高质量发展的重要平台。一是找准目标定位。党的十九大指出："遵循共商共建共享原则，加强创新能力开放合作，形成陆海内外联动、东西双向互济的开放格局。"国务院批复明确提出了"一高两区"（新高地、示范区、先行区）的定位。中韩（盐城）产业园要切实落实国家部署，围绕"建设第四代中外合作园区"目标，积极探索特色化、差异化发展路径。要按照"为国家试制度、为开放探路径、为转型做示范、为未来谋发展"的发展要求，突出"产业新业态、城市新生代、运作新机制、面向新未来"，致力探索性发展、创新性发展、引领性发展，努力将中韩（盐城）产业园建设成为中韩经贸合作典范园区，为江苏新时代"一带一路"交汇点建设和长江经济带高质量发展大局提供有力支撑。二是突出规划引领。根据国务院批复、中韩自贸协定的总体要求，推动省政府加快批复《中韩（盐城）产业园实施方案》，及时启动产业园总体规划编制工作，研究确定下一阶段产业园建设工作的时间表、路线图和任务书。我国《城乡规划法》规定，各类产业园区必须纳入城市总体规划范围内，产业园建设总体规划要与我市土地利用总体规划、城市建设规划和产业发展战略无缝衔接。要以新一轮城市总规修编为契机，加强城市空间战略研究，在保证城市平衡发展的前提下，拓展产业园发展空间。当前，国家加强了城镇增长边界管控，北京、上海等近期批准的总规建设用地均有减量；在此大背景下，中韩（盐城）产业园建设总体规划要框定园区发展边界，严禁突破红线，禁止在园区外单独供地上项目。三是坚持高质量发展。要坚守生态底线，筑牢安全基础，提高项目准入门槛，加快实现园区集约节约发展。以用地为例，以土地粗放式扩张支撑园区发展的时代已经结束，要对项目用地、园区开发实行精细化管控，从投资强度、技术先进程度、市场前景、税收贡献、亩均效益等方面，加强开发园区土地集约利用的评价，把好投资准入关；鼓励建设多层厂房，鼓励无地招商，加大对闲置用地、低效用地和批而未供用地的处置力度，推进存量土地二次开发。

二、突出项目集聚，全力培育新产业壮大新动能。中韩（盐城）产业园在名称上冠以"产业"二字，园区建设的成效首先应体现在大项目、好项目上。要把推进产业集聚发展摆上园区发展突出位置，坚持优化存量、提升增量、突破变量三管齐下，努力形成并放大中韩产业合作的叠加效应、聚合效应和倍增效应。一是优化存量，推动园区现有企业转型升级。深化完善"一企一策"，对规上企业实行清单化管理、差异化扶持。引导园区企业通过生产工艺升级、新技术应用、延长拉伸产业链、发展循环经济、提升产品附加值等途径，形成地标企业、龙头企业、名品企业，带动和倒逼其他企业转型升级。支持园区产业链相近、产品相似的企业之间采取行业整合、集团化发展模式，加快形成产业集群。从制度层面从严倒逼过剩产能和落后产能退出，清理僵尸企业，实现腾笼换鸟。二是提升增量，加强对韩企业合作和项目招引。把招引韩资重大项目摆上重要位置，围绕产业定位、自身优势和双方需求，突出汽车（新能源汽车）、电子信息、光伏光电 3 大主导产业以及大智能、大健康、大文化等先导产业，同时招引培育一批生产性服务业，努力形成产业集群优势。切实提高对韩招商的针对性，努力谋求与三星、LG、SK 等大企业的合作，精准对接、紧盯不放。选优建强招商队伍，建立完善"专业化招商、市场化运作、职能化服务"的招商促进机制，以政府雇员的方式，从央企、行业龙头企业、投融资机构、跨国公司、著名高校中聘请具有市场化、精准化招商实践经验的高层次招商人才，和产业园区一起建立联合工作组，组成产业招商、科技招商、资本运作等招商队伍，让专业的人干专业的事。三是突破变量，推进新兴产业加快发展。新经济企业的成长路线呈明显的非线性成长特征，是产业发展中的最大变量。要利用当前互联网发展方兴未艾、我市迎来"高铁时代"等有利条件，抓住颠覆式创新层出不穷的机遇，多做"无中生有”的文章，积极催生新产业、新业态、新模式。要更加关注爆发式成长，招引更多具备合伙、跨界、平台、生态圈、引爆点和自成长等机制的潜力型企业，对初创企业、瞪羚企业、独角兽企业采取针对性优惠扶持政策，推动企业从“隐形冠军”成长为“产业领军”。高技术产业和战略性新兴产业的发展往往需要较长时间的经验积累，园区要克服“速度情结、老区心态、跟随发展”的传统思维，保持专注发展和耐心发展的定力，着力构建有利于产业创新发展的体制生态。

三、创新体制机制，打造最优营商环境。中韩（盐城）产业园承担的重要使命之一，是“为国家试制度”。产业园要发挥好中韩自贸协定第二阶段谈判“压力测试平台”作用，重抓产业园制度创新，复制推广改革试点经验，为我国对接高标准国际经贸规则、推动形成全面开放新格局积累经验。一是加强产业园区政策研究梳理。中韩（盐城）产业园作为综合改革的试验区，一方面，要深入研究中韩自贸协定相关贸易投资便利化措施，积极争取国家各类政策试点。例如，争取在海港产业配套区建立电子商务通关管理平台，加快国家整车进口口岸申报进度；争取在中韩（盐城）产业园开展服务贸易创新试点，推动跨境电商、境内外采购、分销等业务发展，建设中韩电子商务经济合作实验区等。商务部明确表示有关自贸试验区、跨境电商综合试验区改革试点经验和成熟做法可以在产业园复制推广，市商务局据此梳理了上海自贸区、苏州工业园区和北京服务业扩大开放等可复制的创新举措 270 余条，要抓紧征求相关部门意见，尽早形成初步政策清单。另一方面，对国家现有的许多含金量高的政策，要组织专门力量加以全面梳理，力求用好用足，发挥最大效用。二是创新产业园区建设运营机制。坚持市场导向、质量导向、效益导向，建立适应高质量发展要求的建设运营机制，让市场的手发挥更大作用。上海的漕河泾、闵行等开发区都是以企业为主体开发的典范，河北省固安县与华夏幸福探索的“固安模式”，是开发园区 PPP 模式的成功范例。要完善市场化运作机制，广泛吸收有意愿、有实力、有技术的市场主体参与产业园区投资建设运营，建立“投资主体多元化、融资渠道多样化、投资管理市场化”的开发运营机制。三是加大产业园区简政放权力度。6 月 22 日，国办下发通知，就进一步深化"互联网 + 政务服务"、推进政务服务"一网、一门、一次"改革作出专门部署。产业园要以此为契机，在国家级开发区基础上进一步扩大全链审批权限，加快"放管服"改革，推进"不见面审批"，试行提前预审和容缺审批，推行大项目代办制，确保实现"2330"目标。要全力优化服务，简化办事流程，压缩办理时限，降低园区企业制度性交易成本。例如，推行启运港退税试点能使出口退税时间从之前的一星期减少到两天，我市可在盐城港区争取试行这一政策，以有效降低企业资金压占成本。

四、强化要素保障，提升园区配套水平和承载能力。加快基础设施建设，强化资金、人才等要素保障，做优各类服务平台，提升配套保障水平，是不断增强园区产业承载力和招商引资吸引力的基础性工作。一是完善基础设施和公共服务配套。加快推进"一张网"战略工程中高铁、空港、高速公路、港口及集疏运体系建设，提升区域竞争力。优化产业园区水、电、路、气、通信等基础设施，集中建设固废无害化处置、危废处置、污水处理等配套服务设施，加快建设园区循环化体系，加强公共技术和信息服务平台、项目孵化平台、专业咨询服务平台等公共服务平台体系建设，提升开发区承载能力。二是推进产城融合。中韩（盐城）产业园"一园两区"基本上处于城市外围，多注重产业空间拓展，存在一定程度的职住分离现象。要坚持适度超前的原则，加快建设与现代制造业相配套、与城市化进程相协调的现代生活服务体系，加快汽车小镇、工业邻里项目建设，进一步提升河东新城、大丰港城集聚能力，打造宜居宜业的现代园区。三是优化盐韩海空走廊。目前从上海至韩国往返机票大约 1 300 元，而从盐城往返需要 2 000 多元；烟台市每周往返韩国的航班和船舶超过 100 班次。相比较而言，我市对韩交通便利度明显滞后。要研究增开飞韩航班，争取增加盐韩航线，机票价格保持与从上海往返大致同等乃至更低，并推动盐城港通盐韩客货轮航线。南洋机场要抓住中韩产业园建设机遇，努力寻求与大型物流公司的合作，力争成为中国东部沿海中部与韩国的空中交通枢纽城市。只要盐城空港能成为一至两家大型物流快递公司的区域空运物流中心，不需要人为定位，即可成为实际上的空运物流枢纽。市里要加强统筹，不光算机场的小账，更要算全市的大账。四是加大金融支持。2016年成立的20亿元规模的中韩（盐城）产业园发展基金，目前已参与20个项目投资，投资总金额达90.96亿元，其中基金出资18.03亿元，撬动社会投资77.95亿元。建议进一步扩大中韩（盐城）产业园发展基金规模，可以考虑二期规模扩大到100亿元左右。目前国家层面金融机构正在牵头研究设立中韩投资合作基金，要积极与省财政、商务、金融等部门做好汇报对接，争取省、市、区共同参股投资。五是强化人才保障。我市已先后制定一系列人才招引政策，要结合产业园实际需求，推动这些政策落地生效。例如，支持产业园引进国（境）外技术和管理人才项目，对符合条件的外国高端人才，发放外国人才工作签证并逐步享受永久性居留权；为留学回国人员到产业园创业提供启动支持，高层次人才优先申领江苏省海外高层次人才居住证并享受相应的优惠政策；支持产业园申报博士后科研工作站、省级博士后创新实践基地，集聚创新型高层次青年人才；深入推进“515”引才计划，为重点企业、重大项目精细化输送人力资源等。

五、加强组织领导，推进中韩（盐城）产业园建设。中韩（盐城）产业园建设事关全市乃至全省发展大局，既需要我市不等不靠、扎实推进，更需要上下内外共同发力、协调联动。一是健全领导协调机制。借鉴中新苏州工业园区合作模式，争取建立双方国家层面的领导人担任负责人的中韩联合协调机构，帮助在顶层设计、目标规划、管理授权、政策扶持等重大问题上给予直接指导和帮助。提请省里成立中韩（盐城）产业园工作协调领导小组，将研究中韩（盐城）产业园发展工作列入省政府常务会议议题。建议省政府与国家商务部建立部省联席会议制度，定期研究解决相关问题；省政府与韩国产业通商资源部等部门建立更加紧密的合作关系，定期召开经贸合作交流会议，协调解决重要事项。充分发挥市中韩（盐城）产业园建设工作领导小组统揽全局和综合协调作用，充实中韩产业园建设管理办公室力量，做好协调督促、推进落实工作。全市各相关部门要主动担当、积极作为，坚持问题导向，帮助产业园解决发展中的突出问题和各类历史遗留问题，为产业园区发展创造良好的条件。二是积极向上申报争取。市各相关部门要打破条块分割，整合各类资源，主动做好与上级部门的汇报沟通，形成推进产业园建设的合力。例如，市商务局要认真研究商务部推动的投资和贸易领域相关试点政策，争取将中韩（盐城）产业园纳入中韩服务贸易和投资领域的改革试点范围；市经信委要争取将中韩（盐城）产业园列入"中国制造2025"国家级示范区范围，探索优化我市制造业转型升级的路径和模式；市科技局从2014年起即启动中韩汽车国际创新园工作，要在前期多次赴科技部、工信部等部门汇报的基础上，加强申报跟踪，力争将其列入科技部创新平台载体项目，等等。三是加强对外联动交流。精心组织好我市在韩国首尔等地开展的专题推介活动，市主要领导定期专程走访现代、韩华、LG等韩国企业，加强与产业协会的沟通交流，在韩国友城设立办事处和展示馆，在韩国主流媒体深度宣传推介中韩（盐城）产业园，争取在利用韩资特别是与韩国大企业合作方面取得新突破。争取中韩经济部长级会议、中韩公共外交论坛等国家级活动在盐举办，组织中韩两国经贸、文化、体育等合作与交流活动，扩大中韩（盐城）产业园的知名度和影响力。同时，加强与烟台、惠州产业园的沟通联络，在商务部的统一指导下，集思广益，信息共享，错位发展，更好推动产业园建设。

附录3　首届服务中韩（盐城）产业园助力区域发展高质量研讨会专家主要观点

江苏沿海开发研究院首席专家、江苏省发改委原主任、南京大学教授、博导钱志新在《构建国际产业生态体系》一文中指出：产业生态系统是推进产城融合发展、科学发展的重要因素，是中韩（盐城）产业园创新发展的核心动力，中韩（盐城）产业园建设过程中要构建国际产业生态体系，推进产业园探索式、跨越式发展。

1. 聚焦核心产业，提升产业集中度

从全球、全国的标准来聚焦和定位中韩（盐城）产业园建设发展之路，产业园区发展起点要高，要走专业全球化的产业发展方式。依据目前产业园的基础来看，建议以三个产业为主，目前三个产业 GDP 占据整个产业园 GDP 的 80%，产业集中度高，这样才能更好推动园区建设发展。第一是汽车产业，汽车产业发展更应该面向电动化、智能化、网联化、共享化；第二是新能源产业，要利用本地丰富的太阳能、风能资源，构建能源互联网，使能源互流互通；第三是智能产业，要依托大数据产业园，整合数据资源，进一步辐射到整个园区，从而扩大到整个智能产业。

2. 着力构建三大产业生态系统

产业生态系统具有协同性、共生性、净化性，具有强大的竞争力、生命力。现代企业的竞争一定是产业生态系统的竞争，构建中韩（盐城）产业园的产业生态系统需要从三个方面着手。首先是内资与外资的结合，重视外资引进需求与内资优势特征的二者良性结合；其次是线上与线下的结合，发挥线上企业网络载体优势，线下企业产品优势，形成优势互补，构建健康产业生态系统；再次是国内与国际的结合，围绕盐城市构建汽车小镇为核心，从整个汽车产业生态系统构成部分着手，比如生产、科技、创业孵化、研发设计、供应链、物流、质量检测、标准、营销贸易、培训、人才、金融等各个方面，建立完整的产业体系，形成制造与服务相融合的产业生态系统，提升产业竞争力与生命力。

3. 强化数字化基础设施建设

传统的基础设施固然重要，但现代化的基础设施不单单是硬件设施的升级，更是软件基础设施的科学配置。基础设施的建设应该具有时代性，中韩（盐城）产业园要强化数字化基础设施建设。具体而言包括五大块："大数据、云计算、物联网、区块链、人工智能"。因此，首先要数据大集中，建立数据库，构建数字大脑。要将所有企业的数据集中起来，特别是汽车产业数据和新能源数据，作为中韩（盐城）产业园发展的基础；同时要聚焦云服务，构建云服务平台。要使企业共享公共资源，在线公共服务，企业协同互联发展，学习雄安方案，构建智能化国际产业园区。

南通大学原党委书记、江苏长江经济带研究院院长成长春教授在《关于中韩（盐城）产业园建设与加强国际合作的思考》一文中指出：当前，跨国合作产业园的发展趋势已经由较低端产业转移迈向优势高端产业转移，园区建设模式由“产业孤岛”向综合新城功能转变，由产品与资本的输出转向文化信息输出。这是未来跨国产业园的发展导向。中韩（盐城）产业园地处“一带一路”和亚太自贸区建设的交汇区域，自然资源禀赋良好，拥有长三角经济区发展的稀缺要素，中韩（盐城）产业园创新发展需要规划先行、导向明确，注重发展优势产业，创新“三区联动”模式，着力打造成为中韩产业发展前沿的展示区、中韩经济和文化交流的合作区、海外合作的示范区与上海自贸区经验的实践区。

1. 明确产城融合发展导向

以综合化新城为发展方向，创新为主题，以智慧产业为核心，以文化艺术活动为依托和纽带，利用现有山水生态本底，构建完整有序的景观架构，赋予多元服务功能，举办各种文化、艺术、科技博览、教育交流活动，提供开放的知识互动服务平台，促进文化融合创新，增强产业园的品位和影响力，以城市化推动产业化，以推动提升制造业效率为职能，集中中韩发展前沿的国际城市功能区。

2. 着力发展优势产业

针对园区当前提出的五大优势产业类型，以吸引韩国重点发展产业和优势产业、满足我国战略性新型产业的要求为原则，积极引入“鲶鱼产业”，发展电子信息产业，激发产业体系整体活力的中小企业；引入韩国汽车以及汽车配套集群，包括研发机构和科研院所，形成汽车产业集群，并培育、发展具有潜力的中小科技公司及知识产权管理机构等；延长高端装备、新型汽车、智能互联等产业链，积极推进上游总部与研发功能以及下游的销售与服务功能结合，带动产业升级与优化。

3. 创新“三区联动”建设模式

“三区联动”是指校区、园区、城区在科技、经济、人才以及区域发展等方面融合与互动发展。以城区为发展空间，校区为重要支撑，园区是推动实现校区和城区共同发展的载体，打破园区、校区、城区之间的观念物理界限，实现融合与互动，要围绕创新链、产业链开展科研布局，聚焦重点产业发展需求，要注重重大科技成果转化、产业关键技术攻关等创新平台建设，要健全完善产权交易、市场中介、法律服务、物流等服务环节，实现以城市功能带动产业功能，以产业功能推动城市功能形成两者互动、提升的积极效能。

南京理工大学经济管理学院教授、博导朱英明在《中韩盐城产业园发展的新时代：新机遇、新任务和新措施》一文中指出：深耕中韩（盐城）产业园集聚发展，打造新的外向型产业集群，是加快中韩（盐城）产业园建设的新任务。园区要围绕新时代中外合作产业园区发展的新特征，大力推进中韩盐城产业园“一园三区”建设全力打造“五新”开发区：韩国在华投资发展产业集聚新基地、韩国对华贸易重大物流集散新基地、对韩开放体制机制新创新区、中韩经贸和人文交流新平台、宜业宜居和谐发展的现代化新园区。

1. 深耕园区合作平台，着力发展四新经济

中韩（盐城）产业园一是要开启发展升级模式，在原有国家级经济技术开发区模式基础上，向契合全球经济合作宏观、中观、微观多层次需求的更高平台迈进。二是加快建设模式更新、更契合国际规则，能全面对接国际环境、实现投资贸易便利化的升级平台，同时对该平台展开深耕，加快形成深度招商引智网络，探索产业创新合作机会，精准引进适应国际合作新环境的新技术、新产业、新业态和新商业模式。

2. 提升园区开放水平，发展外向型产业集群

中韩（盐城）产业园一是继续提升中韩（盐城）产业园开放水平，优化投资环境，着力吸引更高技术水平、更大增值含量的外向型产业转移到中韩（盐城）产业园，实现一体化集群发展。二是在保持加工贸易政策连续性和稳定性的基础上，加快推进加工贸易转型升级和创新发展，提升园区加工贸易在全球价值链中的地位，同时研究制定新的举措，承接上海和苏南加工贸易梯度转移，推动园区加工贸易产业集群发展，提高外向型经济发展水平。

3. 推进创新能力合作，促进国际产能合作

中韩（盐城）产业园一是以创新为核心，找准合作国家的合作产业，实施精准招商、精准合作，推动创新能力开放合作。加强与合作国家在科技创新、人才培养等方面的合作，在引进项目的同时，注重引进并消化、吸收附着在项目背后的高层次人才等高端要素，提升园区企业科技创新能力。二是以产业为基础，通过健全产能与投资合作机制、第三方市场合作机制等保障机制，创新国际化的投融资模式，发挥中韩（盐城）产业园发展基金的平台作用，与合作国家深度合作，引进一批能带动产业结构升级、引发产业裂变的产业项目，促进国际产能合作，提升园区产业国际竞争力，推动园区产业迅速切入产业链和价值链高端。

江苏苏科创新战略研究院院长助理、博士王玥在《抓住国家战略机遇，打造对外开放新高地》一文中指出：产业选择要准、动力转换要快、机制保障要到位是中韩（盐城）产业园创新发展的快速路径。参考国内外产业园发展的经验启示，结合现今国内外发展的机遇与形势，中韩（盐城）产业园创新发展需要做到：

1. 抢抓对外开放政策红利，有效发挥汽车产业特色优势

我国"一带一路""长江经济带"等国家战略正推动形成区域协调发

展和扩大双向开放的新格局，盐城地处国家系列重大战略的多重叠加区域，具有得天独厚的优势，随着习近平总书记在博鳌论坛上宣布了我国扩大制造业开放的重大举措，这意味着因股权占比原因一再推迟国产计划的特斯拉及海外新能源企业落地都或将获益。中韩（盐城）产业园应抓住这一经济开放政策红利，利用汽车产业园区特色，密切跟踪特斯拉在国内的投资布点动向，主动对接特斯拉相关外资企业，力争相关项目在园区内落地，有效整合其园区已有汽车产业资源，加速园区融入新能源汽车全球产业链。

2. 加强经济合作机制建设，打造开放合作新品牌

中韩自贸协定中提出了多个方面的经济合作机制，中韩（盐城）产业园应当积极利用好这些经济合作机制，主动与韩国开展在钢铁、纺织、旅游、科技以及中小企业等领域的合作，来促进江苏省过剩产能化解，助推经济转型升级。此外，与中韩（盐城）产业园同批设立的中韩（烟台）产业园和中韩（惠州）产业园积极探索“园区竞争、企业合作”的新模式，尽早打开目标行业缺口，共同促进园区产业转型升级，探索走出一条建立在新型竞合关系基础之上的先进制造业发展新路。

江苏沿海开发研究院、沿海发展智库教授郝宏桂在《深化改革，加快中韩盐城现代产业园建设的对策建议》一文中指出：目前中韩（盐城）产业园建设与同为中韩合作城市的烟台、惠州以及青岛、威海、无锡等韩资集聚城市相比还存在着中韩 FTA 先行先试略显滞后、功能载体建设急需健全、对韩招商尚待大突破、统筹推进力度仍需加强等制约因素。中韩（盐城）产业园要打破制约瓶颈，推进园区创新发展。

1. 持续高位推动，统筹协调合力共赢

要认清当前逼人形势，增强使命感、责任感和紧迫感。要进一步放大国家级品牌的金质效应，除了强化宣传推介，还要千方百计汇聚外来力量，推动中韩合作的深化和发展，吸引市内外更多关注的目光。一方面，

要积极争取中韩（盐城）产业园建设总体方案获得国务院的批准，赋予中韩（盐城）产业园法人主体资格，有效推进园区建设投资便利化、贸易自由化、金融国际化等改革创新进程；同时还要推动建立省级层面与国家商务部的联席会议制度，与韩国产业通商资源部建立苏韩合作理事会，在国家层面高位推进中韩（盐城）产业园建设。另一方面，要全局安排、统筹协调园区建设工作，进一步完善工作机制，通过定期召开建设工作会议，制定考核方案，让三个主体区都能主动作为、各展所长，互通有无、互补联动，携力加快推进园区建设。

2. 注重政策集成，先行先试加快步伐

要认识到政策是与发展相伴而行的，应不等不靠，学会在发展中研究政策、创新工作、先行先试，促进省市出台各项政策措施的落地生根。大力支持中韩（盐城）产业园核心区、大丰港综合保税区、大数据产业园的建设，有力推动园区建设水平不断提升。集中力量开展中韩自贸协定条款的专题研究，加快出台 FTA 试点方案。注重在中韩自贸协定框架下对体制机制、合作模式、政策支持、招商方式等方面进行顶层设计，创新工作机制、创新政策集成、创新载体建设、创新互动交流，拆除"天花板"，为国家战略制度化安排做好积极准备，争取在盐城市率先先行先试中韩自贸政策。同时要强化平台载体建设，健全完善配套服务功能。加快规划建设汽车博物馆、韩国城等功能设施项目，以引进韩国的文化创意产业、健康养老产业和信息数据为突破，实现与盐城市相关产业的融合发展。加快园区快速路网、综合枢纽、铁路连接线、城市管廊等重点基础设施和韩国社区、韩国医院等功能配套设施建设，从而为中韩（盐城）产业园做大做强提供支撑。

3. 重抓招资引智，拓展产业合作空间

项目是中韩（盐城）产业园区加快发展的根基，要坚持"项目为王"理念，坚定大招商的决心不动摇；积极拓展招商渠道，主动加强与国家、省有关部门的联系，借助其商务资源，开展高层次、多领域的对话；积极组团赴韩进行招商引资活动，综合运用产业招商、专业招商、依托商会协会以商招商等手段，着力项目突破；项目招引重点要放在高科技产业、生态产业、绿色产业、现代服务产业等一些有发展潜力的新兴产业方向上，要注重产业的突破，不断提升盐城市的产业竞争力，努力实现产业强市的奋斗目标。各园区要排出重点韩资企业，围绕园区产业招商的主攻方向，策划对外招商项目。继续推进与韩国新万金、大邱庆北、釜山镇海等地建立良好的联络沟通、招商推介、联合开发、制度创新等双边互动机制，定期会商合作事宜。可利用中韩（盐城）产业园发展基金作为启动基金与韩方财团或基金共同成立中韩（盐城）产业园开发股份有限公司，聘请精干的经营管理人才和招商团队，实行专业化的运作、市场化的运营、国际化的管理，全力招引一批体量大、层次高、业态新的韩资大项目，高水平开展园区建设和投资工作，从而发挥中韩（盐城）产业园推动盐城经济发展这个平台的积极作用。建议学习青岛市做法，在韩设立工商中心，在盐设立对韩招商服务中心，多渠道、多途径实现园区建设发展招资引智上的突破。

4. 完善平台功能，提升交流合作层次

中韩（盐城）产业园发展中韩贸易也要打造更多的交流平台，积极推动与韩国的交流。要加强与韩国商会、行业协会、中介代理等机构的合作，要全面推进教育、医疗、文化、旅游、服务业等多领域合作交流，丰富合作内涵，集聚更多人气，进一步推动盐城所辖县（市、区）与韩国友城开展全方位城市之间合作，建设中韩合作示范城市和友好交往窗口城市。特别是要积极贯彻第四代园区的产城融合理念，以产业发展为依托，将韩国元素与盐城生态优势有机结合，讲好韩国故事，用好资源禀赋，建好一批“韩国风情小镇”或“特色人文社区”。在承办十五届泛黄海中日韩经济技术交流会议等活动的基础上，积极争取承办中韩经贸联委会、中韩经贸论坛等各类交流活动来促进双方的合作。进一步深化与韩国主流媒体的合作，加大城市形象宣传推介，扩大盐城对韩合作的影响力和知名度，推动中韩盐城产业园区发展迈向更高层次。

盐城师范学院教务处处长、沿海发展智库研究员蔡柏良教授在《中韩产业园发展的冷思考》一文中指出：探讨中韩产业园发展这一命题一定要放在当前国际政治经济的背景之下来进行，不仅要考虑盐城的经济结构与产业优势，更需要考虑韩国的经济结构和产业优势在哪里。要权衡当前已经出现的地方保护与贸易保护主义抬头的现象与背景，冷静思考中韩产业园的发展之路，当前主要存在的问题有：

1. 不稳定的中韩政治关系能否支持中韩产业园的稳健发展

中韩政治关系变化时刻影响着两国的贸易关系，2016 年由于“萨德”事件爆发，中韩贸易关系迅速转冷。在这样的重大战略问题上，韩国站在了美国的立场，完全不考虑中国的战略安全隐患，使我国与韩国的贸易战略发生改变，所以，中韩关系的变化也将从经济层面深刻影响到韩国未来的发展趋势。

2. 中韩经济的竞争关系能否支撑中韩产业园的发展

产业竞争关系直接影响了中韩经济发展关系，从而影响到中韩产业园的健康发展。韩国由于资源禀赋条件有限，外贸依存度高等因素导致韩国经济脆弱性高。而我国经过 41 年的改革开放发展之后，造船、航运、汽车、化工、电子等产业具备了相当的竞争优势，产品的竞争优势在增强，产业具有强大的产业生命力。所以中韩两国产业中存在的竞争关系势必会影响到中韩贸易关系。

3. 韩国的经济结构和产业优势是否还能促进中韩产业园的发展

当前，我国制造业升级步伐在加快，对韩国已经构成了明显的进口替代效应，最为明显的是电子产品和汽车产品。据中国汽车工业协会的数据表明，2017 年我国汽车市场增速是 5%，而韩系现代和起亚断崖式下跌 65%左右。除此之外，在造船、航运等方面，都有很强的替代效应。对比两国出口结构，重合性大，竞争性强。特别是随着我国在战略性新兴产业规划逐步落实，尤其是加大领军领域的研发，国内产业不仅会通过进口替代效应将韩国企业排挤出中国市场，更会在国际市场上与韩国企业产生竞争。

基于以上思考，中韩产业园未来发展之路需要冷静分析，谨慎对待。

1. 必须要用国际化视野来思考中韩产业园

中韩（盐城）产业园地处“一带一路”和亚太自贸区建设的交汇点，其承载着国内产业分工、东北亚贸易产业分工与国际分工的重要作用。因此，要用国际化视野来审视中韩（盐城）产业园的发展，从国际化角度出发，准确定位，着力打造中韩产业园特色发展。

2. 上下游产业分工合作是中韩产业园的发展之路

中韩（盐城）产业园可依托江苏本地、韩国国家及地方的比较优势，整合产业资源，实施产业链经营模式，逐步形成上下游分工合作的完整的产品生产链，借助完善的物流体系，共赢共享发展成果。

3. 要做好园区制度管理、大数据服务等软环境建设

特别要注重创新制度建设，依托现有大数据技术，整合园区信息金融服务等优势，加强园区软环境建设，率先开展出入境管理，大力引进投资服务贸易、金融开放等领域先行先试工作，实现园区软环境建设生态发展。

盐城师范学院城市与规划学院院长、沿海发展智库研究员陈洪全教授在《中韩（盐城）产业园特色发展研究》一文中指出：从产业园发展阶段来看，中韩（盐城）产业园正处于城市化阶段，是以科技产业推动为主，产城融合正在加速。在这一阶段中，中韩（盐城）产业园未来建设发展需要注重 4 个方面。

1. 高端产业引领，打造产业集群

要重点发展汽车（新能源汽车、智能网联车）产业集群、新一代信息技术产业集群（互联网）、智能制造产业集群（新能源及制造、环保制造）、海洋产业集群（海水淡化、海工设备、海洋生物医药），注重培育和

布局新兴产业，着力增强产业核心竞争力。

2. 抱团发展，内外结合

要依托盐城现有的"一园三区"，将盐城的10多个省级开发区都整合在内，多元发展，要放大产业园区经济社会效益，使得滨海、射阳等地园区都能享受这一红利。同时注意要减少对韩资及韩资汽车产业依赖的风险。

3. 产城融合，对接上海自贸区

目前，园区中存在的很大问题是产城融合问题。目前的"一园三区"中，开发区产强城弱、城南新区城强产弱，而大丰港区港强城弱，这是发展中的重要瓶颈。未来既要打破开发区行政区划的壁垒，又要发展特色小镇，例如汽车小镇、数梦小镇等，形成产城融合城，主动对接上海自贸区、复制自贸区经验优势，形成韩资集中大本营。

4. 绿色发展，生态优先

要以产业园区为载体，依托现有可持续发展实验区、生态保护区特区平台，加快生态建设，从绿色产业、绿色空间、绿色文化、绿色制度着手，着力打造绿色生态、宜居宜业的新兴城。

盐城师范学院商学院教授、沿海发展智库研究员万良杰在《中韩（盐城）产业园管理模式探讨》一文中指出：苏州工业园区的合作模式为中韩（盐城）产业园管理模式提供了借鉴和参考，未来中韩（盐城）产业园发展中需要理顺3个方面的问题。一是理顺产业园区与经济开发区的关系。二者是隶属关系还是平行关系是值得深思的问题，建议园区内建立一个独立的法人机构，负责整个园区招商引资、园区运作，而政府侧重于园区内软环境等基础设施及其他服务性功能承担。二是园区发展方向是哪里？园区的管理模式是在"双国双因"的管理模式之下，企业"走出去"与"引进来"至关重要。未来借助智力支撑，如何推介出中国本土优势企业"走出去"，发挥本国企业竞争优势势在必行。三是区外协同发展问题。盐城与烟台、惠州等其他中韩产业园，陕西咸阳、成都等地产业园区相比，产业优势与劣势明显，中韩（盐城）产业园要探索差异化的发展路径，注重加强区内区外联动，通过制度对接、产业协同和平台共用，推动和引领整个区域的大方向。

盐城师范学院商学院院长、沿海发展智库研究员易高峰教授在《创新生态系统——中韩产业园建设的路径选择》一文中指出：产学研协同创新是产学研各主体间知识共享、知识协同从而形成知识优势的过程，是科研、教育、生产不同社会分工在功能与资源优势上的协同与集成化，推进高等院校、科研院所创新成果转化对于园区经济发展、产城融合发展具有重要的意义。中韩（盐城）产业园建设要重视产学研创新生态系统构建：一是创新城市生态环境建设。要注重城市宜居环境建设，深入践行习近平总书记“绿水青山就是金山银山”理念，开展美丽城市工程建设，切实改善人居环境。因地制宜、精准施策，发挥盐城滨海生态优势，推动城市生态环境建设更上一层楼。二是创新资源要素流通体系。要发挥市场对资源配置的决定性作用，注重提供链式服务，加强上中下游的无缝链接，保障产学研要素流动流通，同时减少行政干预。三是构建创新人才体系建设。要重视集聚创新人才，充分发挥好现有人才作用，深入推进人才引进培养机制改革，激发人才创新创造创业活力，充分保障和落实用人主体自主权，加快建设高素质创新人才队伍。四是建立开放式的新型研发机构。通过建立开放式新型研发组织，争取与国内外合作伙伴开展合作研发，通过引进、消化、吸收的方法，进行再创新和集成创新，发展自主的专利技术体系。

盐城师范学院人事处副处长、沿海发展智库研究员殷凤春教授在《高质量人才引领中韩产业园快速发展》一文中指出：中韩（盐城）产业园发展面临着人才智力资本转换能力欠缺、人才社会资本与产业融合能力不够、人才素质与产业环境不相适应、人才诉求与体制机制不相适应、人才质量与产业园区需求不相适应等制约因素。因此，加快中韩（盐城）产业园建设，要突出发挥高质量人才引领作用，补齐人才资源短板。一是确立产业园"高质量人才战略布局"。要充分认识、重视、把握和遵循社会主义市场经济规律和人才成长规律，贴近产业园区发展需要，贴近中韩产业园做大做强需要，贴近创新创业人才需要，确立"创新驱动实质上是人才驱动""人才优先发展"的理念。通过人才资源优先开发、人才结构优先调整、人才投资优先保证、人才制度优先创新，引聚高质量人才，扶助人才创新创业，推动产业园区发展方式转变。二是建立产业园"高质量人才创新特区"。运用大数据、云计算、移动互联网等现代信息技术，瞄准重点产业、工业园区域打造高质量人才高地、产业人才聚集地，建设高质量人才资源库，打造以"名校名所名企名家名园"为显著标志的创新产业园，加快形成高质量人才创新发展的核心优势、扩大高质量人才快速服务产业园区的联动能力。三是打造产业园"高质量人才强磁场"。围绕园区产业转型升级，融合政府、市场、社会和企业的协同力量，营造高质量人才创新创业生态系统，坚持以产业集聚人才、以人才引领产业，主动整合南京、上海的丰富人才资源，打造一批功能齐全的人才创新创业平台，完善"众创空间—孵化器加速器—产业园"人才集聚链。四是营造产业园"高质量人才生态圈"。以推动重大产业项目为抓手，深化供给侧结构性改革，吸引一批高端项目入驻园区，集聚专业化人才和企业家，产生高质量人才集聚效应。按照"公园＋"模式，在产业园区周边布局高质量人才工作生活配套设施。设立产业园区高质量人才"一站式"服务中心，为高质量人才提供贴心暖心服务，构建高质量人才生态软环境。

附录4　中韩（盐城）产业园建设实施方案

（苏政发〔2018〕121号）

为贯彻落实《国务院关于同意设立中韩产业园的批复》（国函〔2017〕142号）要求和《中华人民共和国政府和大韩民国政府自由贸易协定》精神，扎实推进中韩（盐城）产业园建设发展，制定本实施方案。

一、总体要求

（一）指导思想

以习近平新时代中国特色社会主义思想为指导，全面贯彻党的十九大精神，认真落实中央关于新一轮对外开放的总体部署，牢固树立新发展理念，牢牢把握高质量发展要求，以深化改革、扩大开放为动力，发挥盐城市对韩合作综合优势，积极落实中韩自贸协定，加快复制推广自贸试验区改革试点经验，以新技术、新产业、新模式、新业态为核心，加快建设实体经济、科技创新、现代金融、人力资源协同发展的产业体系，努力实现探索性发展、创新性发展、引领性发展，为全省经济高质量发展和“一带一路”交汇点建设提供有力支撑。

（二）建设原则

1. 坚持改革引领。深化供给侧结构性改革，探索中韩自贸协定项下服务贸易和投资领域的先行先试，复制推广自贸试验区改革试点经验，实施高水平的投资和贸易自由化便利化举措，促进经济发展质量变革、效率变革、动力变革，推动开放型经济高质量发展走在前列。

2. 坚持开放合作。对接中韩两国发展战略，加强与韩国新万金经济自由区等产业园区的合作，围绕两国优势产业项目深化合作，促进共同发展。面向全球布局产业链，坚持高端产业集聚、高端研发引领、高端人才支撑、高端资本密集、高端品牌经营，培育参与国际经济技术合作与竞争新优势。

3. 坚持创新驱动。实施创新驱动战略，积极落实外商投资研发中心支持政策，围绕产业链布局创新链，围绕创新链培育产业链，打通“产学研用”协同创新通道，形成有利于促进合作创新的体制机制和政策体系，进一步提升产业核心竞争力。

4. 坚持绿色发展。牢固树立“绿水青山就是金山银山”理念，坚持节约资源，注重保护环境，突出园区生态底色，建设资源节约型、环境友好型园区，实现生产空间集约高效、生活空间宜居适度、生态空间天蓝地绿。

（三）发展目标

2018—2020 年（近期），中韩（盐城）产业园累计新增外商投资企业 100 家以上，实际到账外资占盐城市的比重达到 25% 以上，外贸进出口总额占盐城市的比重达到 15% 以上，平均每公顷投资不低于 8 820 万元，平均每公顷税收不低于 550 万元，单位工业增加值能耗降至 0.05 吨标准煤/万元以下，主要生态环境指标优于全省平均水平，发展水平走在全国对韩合作产业园区前列，成为江苏韩资产业集聚区、经济高质量发展先行区。

2021—2025 年（中期），中韩（盐城）产业园发展质量和对外开放度持续提升，实际到账外资占盐城市的比重达到 40%，外贸进出口总额占盐城市的比重达到 25%，平均每公顷投资和税收高于全省国家级开发区平均水平，单位工业增加值能耗在全国开发区位居前列，成为全省江海联动发展的引领区域、江苏融入"一带一路"开放的重要载体、中韩经贸合作典范园区。

2026—2035 年（远期），中韩（盐城）产业园经济实力、科技实力、生态质量大幅跃升，形成高水平的国际化、法治化、便利化营商环境，成为中韩地方经济合作和高端产业合作的新高地，深化供给侧结构性改革、加快建设创新型国家、推动形成全面开放新格局的示范区，中韩对接发展战略、共建"一带一路"、深化贸易和投资合作的先行区。

二、功能布局

（一）实施范围

中韩（盐城）产业园总体规划面积 50 平方公里，空间布局为产城融合核心区和临港产业配套区。产城融合核心区，依托盐城经济技术开发区，规划面积 42 平方公里，四至范围为：东至峨眉山路、普陀山路、希望大道一线，西至天山路，南至步凤港、南环路一线，北至世纪大道。临港产业配套区，依托大丰港一类开放口岸和大丰港保税物流中心（B 型），规划面积 8 平方公里，分为北部区、中部区和南部区。北部区域东至蛇口港路，西至上海港路，南至园区道路，北至神户港路，规划面积 0.6 平方公里；中部区域东至日月湖大道，西至大丰港路，南至疏港复河，北至中港大道，规划面积 1.2 平方公里；南部区域东至海堤复河，西至江阴港路，南至四级航道，北至通港大道，规划面积 6.2 平方公里。

（二）合作产业

立足发展基础，重点发展汽车（包括新能源汽车、智能网联汽车）、电子信息和新能源装备产业，积极培育临港产业和现代服务业。

1. 汽车产业。支持东风悦达起亚加强纯电动和氢燃料汽车技术研发、量产上市和扩大出口。积极引进新能源整车及关键零部件等项目，发展电动化、轻量化、智能化、网联化新能源汽车全产业链，打造国家新能源汽车产业基地。发展汽车研发设计、检测改装、商贸物流、金融保险、文化创意等汽车服务业，建设智尚汽车小镇、汽车服务业集聚区和智能汽车科创园。力争通过 3 ~5 年的努力，实现汽车整车、零部件和服务业销售收入“三个千亿”目标。

2. 电子信息产业。着力引进韩国半导体研发、制造、封测等高端产业项目，重点发展集成电路、新型显示、汽车电子、高端软件、高端服务器等核心基础产业，积极发展新一代信息技术、5G、人工智能、OLED 等产业，打造中韩信息通信技术产业基地。加强与国内优势企业的战略合作，发展工业互联网，打造智能制造大数据云服务平台，提高制造业智能化、数字化、网络化水平。

3. 新能源装备产业。发展风力发电、光伏发电、新能源装备制造、海洋可再生能源、新能源海水淡化设备制造与综合利用、海底电缆制造等产业，加快储能技术和物联网开发应用，构建“新能源 +”全产业链，培育绿色主导产业，打造国家清洁能源基地。

4. 临港产业。发挥大丰港与韩国釜山、仁川、平泽等重要港口通航优势，深化与韩国优势企业合作，重点发展高端装备制造、新材料、海洋生物、保税仓储物流等产业，建设国际化临港高端装备制造基地。

5. 现代服务业。坚持高端制造业和现代服务业"双轮驱动"，加快发展数字经济、枢纽经济和都市产业，着力提升服务业发展水平。推动中韩合资合作，加快发展健康医疗产业。发展跨境电商产业，着力打造中韩进出口商品物流和贸易基地。积极挖掘在软件、工业设计、检测、人工智能、供应链管理等领域的服务外包业务，带动盐城服务外包产业发展。

三、主要任务

（一）加快建设基础设施

1. 建设空港物流园区。完善盐城南洋国际机场一类开放口岸功能，积极推动新开和加密到韩国、中国台湾等地区航线航班。支持发展以航空货运为主导的综合物流服务，建设中韩跨境电子商务口岸，设立国际快件监管中心和国际邮件互换分局，打造江苏对韩航空物流基地。

2. 提升对外通达能力。支持开通盐城港至韩国重要港口的邮轮航线，增辟盐城港至韩国新万金的国际集装箱直航航线。支持建设大丰港铁路支线，实施盐城—大丰快速通道、内环高架快速路网三期、东环路南延及高速互通、盐宝线航道整治提升等重点工程。

3. 完善园区配套功能。坚持市场化运作，引进有实力的跨国公司、央企国企、上市公司与韩资企业合资成立投资开发公司，共同开发建设园区。加快建设智尚汽车小镇、中韩 2.5 产业园、韩国特色文化街区、国际医院、国际学校、国际社区等功能设施，营造产城融合、宜业宜居、宜商宜游的生产生活生态环境。

4. 建设贸易服务平台。积极参与推进中韩检验检疫互信互认体系建设，推动建立标准及技术法规共享平台和公共检测服务平台。支持建设大韩贸易投资振兴公社盐城馆，引进韩国企业来盐开展贸易投资，把江苏优势产品销往韩国市场。支持设立大宗商品现货市场交易平台，推动大宗商品期货保税交割等新兴业态发展。支持盐城申报并举办中韩贸易博览会，为产业园发展搭建平台。支持大丰港申报汽车整车进口口岸资质和开展中韩陆海联运汽车货物运输项目甩挂运输业务。优化盐城综合保税区空间布局，支持将大丰港保税物流中心（B 型）升级为综合保税区。

5. 搭建科技创新载体。与韩国未来创造科学部、大邱创造经济革新中心、板桥科技谷、麻谷区等加强合作，引进韩国科技创新、科技园区管理理念和模式，共建中韩科技企业孵化（盐城）基地。吸引韩国大企业大集团在园区设立科技研发机构，加速高端技术研发成果转化应用。支持中汽中心盐城汽车试验场积极发展汽车研发、检测、试验等生产性服务业。支持中国盐城（上海）国际科创中心集聚国际高端技术人才，开展“飞地”研发，支持盐城争创国家新能源汽车产业创新中心。支持江苏摩比斯公司在中韩（盐城）产业园设立新能源汽车研发中心，开展新能源汽车电池、轻量化新材料、无人驾驶等技术研发。

（二）全面加强择商选资

1. 聚焦高端产业合作。支持中韩（盐城）产业园与韩国新万金、大韩贸易振兴公社等开展合作招商，持续深化投资合作，协同推进中韩产业园建设的各类经贸促进活动，积极探索“两国双园”建设新路径。支持中韩（盐城）产业园主攻韩国大集团大企业，推动一批韩资高端产业项目尽快落户。支持园区拓展欧美、日本等招商领域，突破一批重大产业项目，加快外资结构优化升级，全面提升利用外资质效。

2. 拓展苏韩产能合作。在中韩产业园合作协调机制和中韩经贸联委会等对韩合作机制下，密切与韩方交流与磋商，加强对中韩（盐城）产业园建设工作的支持和指导，以中韩（盐城）产业园为主题，把赴韩举办经贸活动纳入省政府年度对外交流计划。省政府与韩国产业通商资源部等部门建立更加紧密的合作关系，定期或不定期召开经贸合作交流会议，协调推进重要事项。支持江苏企业参与新万金韩中产业园建设，引导全省优势产业和产能“走出去”，鼓励省内著名商贸企业到韩国投资兴建商贸基地，鼓励盐城重点企业到新万金投资建设风电和光伏电站及装备制造基地、农副产品种养加工基地。支持中韩（盐城）产业园参与中韩两国经贸合作交流活动，推进与“一带一路”沿线国家、地区和国际性组织的务实合作，加强新能源、港口、通信、高端装备制造等领域的国际产能合作，共同开拓第三方市场。

3. 创新招商体制机制。支持中韩（盐城）产业园建立以产业链为主导的招商组织架构，完善专业化招商机构，建立市场化招商机制，实行对韩“分区域、小分队、专业化、驻点式”招商；创新招商机制，实行委托招商、中介招商、定向招商、以商引商，注重项目导向，通过购买服务，实行绩效挂钩；创新招商方式，实行“标准厂房＋产业基金＋平台合作＋创业资助”多元化方式，吸引科创型企业投资兴业。发挥省市共建驻韩经贸代表处功能，面向韩国通过市场化方式招聘一批专业人才驻韩招商，实行人事关系代理制，招商人员薪酬等事项实行企业化激励约束机制。探索建立中韩（盐城）产业园与韩国新万金招商联动机制，面向全球大企业大集团开展联合招商，实现优势互补。与韩国中小企业部加强合作，支持在中韩（盐城）产业园设立办事机构，吸引和服务韩国中小企业到中韩（盐城）产业园创新创业。

4. 强化产业引导。支持中韩（盐城）产业园招引世界500强企业、全球行业龙头企业，鼓励设立跨国公司总部和功能性机构，积极引进全球产业链中高端环节和核心技术，对年实际到账外资金额超过2亿美元的世界500强企业投资项目，省级商务发展专项资金按“一事一议”方式给予重点支持。支持园区内符合条件的外商投资企业申请省级现代服务业发展专项引导资金。坚持政府引导和市场化运作相结合，逐步扩大中韩（盐城）产业园发展基金规模。争取国家集成电路产业投资基金、国家新兴产业创业投资引导基金等基金在园区设立分支机构或设立子基金。江苏“一带一路”投资基金、沿海产业投资基金等政府性投资基金，有侧重地支持中韩（盐城）产业园优势产业项目发展。

（三）积极开展制度创新

1. 推进投资贸易便利化改革。落实国家级开发区全链审批赋权清单，简化申报程序。深入推进“互联网＋政务”“证照分离”“不见面审批”

等改革，积极推进行政执法体制改革工作，依法赋予盐城经济技术开发区综合行政执法权。支持开展企业投资项目“信用承诺不再审批严格监管”改革试点。支持园区推进投资项目“三书合一”改革，争取商务部推动的投资、贸易等领域改革试点政策。支持大丰港申报启运港退税政策。支持中韩（盐城）产业园设立海关监管专门机构。南京海关与韩方相关海关合作项目优先在园区开展先行先试，支持中韩（盐城）产业园进口货物实施海关预裁定，实施仓储货物按状态分类监管。

2. 有序扩大服务领域开放。支持盐城市向国家争取放宽外资准入政策，包括允许设立韩商投资的娱乐场所和专业健康（养老）保险机构，吸引更多韩资进入农产品加工和流通领域以及建筑、设计、咨询等服务领域。争取韩国进口化妆品分销在盐城实施许可（备案）管理。推动盐城综合保税区和大丰港区优势互补、协同发展，争取开展汽车平行进口试点，开展日韩及欧美汽车进口业务。

3. 优化贸易监管服务。发挥“中韩自贸协定服务示范窗口（盐城）”作用，为园区企业提供签发中韩自贸协定下的优惠原产地证书等商事法律服务。扩大中韩 AEO（经认证的经营者）互认成果，积极开展企业信用培育。支持盐城综合保税区争取区内外企业委内、委托加工和赋予区内企业增值税一般纳税人资格等试点政策。

4. 支持跨境电商发展。支持盐城发展跨境电子商务，积极争取国家跨境电子商务综合试验区试点，支持大丰港跨境电商孵化中心和网上丝绸之路江苏省运营中心平台建设。支持中韩（盐城）产业园内跨境电商企业依托盐城综合保税区和大丰港保税物流中心（B 型），培育发展跨境电子商务网购保税进口、保税展示交易等新兴业态，通过规范的“海外仓”、体验店和配送网点等模式，融入境外零售体系。

5. 推进金融改革创新。支持韩国银行机构对园区内企业开展跨境人民币贷款业务。支持韩资跨国企业集团开展跨境双向人民币资金池业务。支持韩国银行、保险等金融机构到园区设立分支机构。支持符合条件的韩资企业在园区设立合资基金管理公司。支持园区内银行机构办理中韩货币互换项下韩元融资和各类海外直贷等创新业务。鼓励开展外商投资企业知识产权质押贷款业务。

6. 健全人才便利化服务机制。支持园区给予高层次人才在落户、出入境、医疗、子女入学、配偶安置等方面更加便利的服务。对园区内符合条件的外籍高层人才，主动跟进并提供口岸签证、长期签证、居留许可等便利举措，推行预约预审、24 小时咨询、到期提醒、送证上门等服务措施，进一步提升外国人居停留服务水平。支持园区试点按企业纳税金额和居住期限给予韩籍人士绿卡、延长就业和从业资格证照时限、放宽多次往返签证等政策。持续优化审核程序，提高审批效率，重点支持产业园赴韩开展经贸活动团组，保证园区人员因公临时赴韩需要；鼓励并支持园区内中资企业人员和韩资企业中方人员申办 APEC 商务旅行卡。对重要紧急的赴韩招商团组特事特办、加急办理。

（四）拓展人文领域交流合作

1. 推进文化旅游产业融合发展。加大与韩国在广告创意、动漫游戏、影视制作等领域合作，推动文化产业发展，着力打造韩国影视制作和文化创意产业基地。举办文化交流周等活动，促进江苏与韩国间的文化交流合作。发挥盐城珍禽、麋鹿保护区独特优势，依托盐城重点旅游景区资源，发展湿地旅游、休闲旅游和体验旅游，吸引韩国人来盐城、江苏旅游，打造韩国人来华旅游重要目的地。

2. 加强职业培训及卫生合作。支持江苏省内高校、职校与韩国院校建立战略合作关系，在中韩（盐城）产业园开展人才培训交流。鼓励韩方通过多种合作方式在盐城设立医疗机构，推动中韩合作设立执业医师和护士培训的机构。

四、保障措施

（一）强化组织领导

省政府成立中韩（盐城）产业园发展工作协调小组，研究协调园区建设全局性重大问题，协调小组办公室设在省商务厅。盐城市、省商务厅建立联席会议工作制度，研究推进园区建设发展具体事项。省有关部门和单位根据职责分工加强指导协调，盐城市人民政府落实主体责任。盐城经济技术开发区管委会作为中韩（盐城）产业园的建设管理机构，提高综合行政服务效能，协调统筹大丰港经济开发区联动开展工作，保障中韩（盐城）产业园建设发展各项工作顺利推进。

（二）强化要素供给

在编制土地利用总体规划和城市总体规划时，统筹安排中韩（盐城）产业园的建设用地。盐城市应统筹考虑经济发展、城乡用地布局等因素，科学编制、严格落实土地利用总体规划和城乡规划。将中韩（盐城）产业园内符合条件的项目优先纳入年度省重大项目投资计划。允许盐城经济技术开发区编制在总额内自主动态调整，探索聘任制、合同管理、绩效考核等管理办法，建立灵活的用人机制。

（三）强化集成创新。

加强改革系统集成，支持中韩（盐城）产业园复制推广自贸试验区、国家跨境电子商务综合试验区、国家级新区等改革经验，积极开展体制机制创新。密切跟踪、系统研究中韩自贸协定后续谈判及改革开放政策，争取在中韩（盐城）产业园率先落地应用。加强试点经验的总结，努力形成一批可复制、可推广的试点成果，使中韩（盐城）产业园成为中韩贸易、投资等领域扩大对外开放的“压力测试”平台。

盐城市人民政府、省各相关部门要充分认识新时代深化对外开放对于建设现代化经济体系、促进经济转型升级的重要意义，高度重视、主动作为，确保各项措施落地见效。省商务厅要会同有关部门加强监督检查，重大问题及时向省政府请示报告。

附录5　盐城市人民政府办公室关于印发中韩（盐城）产业园建设实施方案任务分解表和2019年中韩（盐城）产业园重点工作计划的通知

（盐政传发〔2019〕131号）

中韩（盐城）产业园建设实施方案任务分解表

（一）加快建设基础设施

工作任务	建设空港物流园区		
工作要求	完善盐城南洋国际机场一类开放口岸功能，新开和加密到韩国、中国台湾等地区航线航班。		
市责任单位	南洋机场公司	市开发区责任单位	住建局
现状	盐城南洋机场飞行区等级4C级，跑道2 800米，机坪15万平方米，停机位20个，可保障波音737、空客320等中等机型全载起降。对外开通韩国首尔、泰国曼谷、台北等3个国际（地区）航点，对内通达北京、上海、广州、深圳、南京等航线，主要航线每天1班，周航班412架次。目前，往返仁川机场每周5班10架次。		

具体要求	市责任部门
加快盐城机场通关设备的更新和配置，改善客、货通关的体验，提高通关速度。	南洋机场公司
促进盐城根据市场需要加密赴韩国、日本、中国台湾等地区航线、航班，并给予一定的政策支持和资金补助。	南洋机场公司 财政局
加大对机场航班的支持，鼓励采取多种方式经营，先开通更多航线、班次，给予相应的财政补助引导。	南洋机场公司 财政局

工作任务	建设空港物流园区		
工作要求	发展以航空货运为主导的综合物流服务，建设中韩跨境电子商务口岸，设立国际快件监管中心和国际邮件互换分局，打造江苏对韩航空物流基地。		
市责任单位	交通运输局、南洋机场公司、邮政管理局、盐城海关	市开发区责任单位	住建局、综合保税区
现状	南洋机场目前空港物流主要依托客机腹舱带货，进出港物流品种主要是快递、邮件、电子元件、农副产品以及大闸蟹、龙虾等鲜活产品。2017年实现货量5 539.6吨，在全国229个运输机场中货运排名69位，今年预计实现货邮吞吐量6 500吨。 为进一步抢抓跨境电商发展机遇，由市邮政管理局、盐城海关合力争取国际邮件互换局（交换站）、国际快件监管中心，可多渠道降低物流成本，缩短物流时间，提升区域核心竞争力，促进跨境电商的集聚和产业的持续发展。		

续表

<table>
<tr><td colspan="3">具体要求</td><td>市责任部门</td></tr>
<tr><td colspan="3">尽快编制空港经济区发展规划，同时尽快启动空港物流园控制性详细规划编制。</td><td>自然资源和规划局
盐城燕舞航空集团</td></tr>
<tr><td colspan="3">出台推进物流园区建设的配套政策，对航空物流发展基础设施投入、全货机航线运营培育给予资金扶持。</td><td>财政局
发展改革委</td></tr>
<tr><td colspan="3">向海关总署申报国际邮件互换局、国际快件监管中心。</td><td>邮政管理局
盐城海关
南洋机场公司</td></tr>
<tr><td>工作任务</td><td colspan="3">提升对外通达能力</td></tr>
<tr><td>工作要求</td><td colspan="3">开通盐城港至韩国重要港口的邮轮航线，增辟盐城港至韩国新万金的国际集装箱直航航线。</td></tr>
<tr><td>市责任单位</td><td>交通运输局、大丰区</td><td>大丰区责任单位</td><td>交通运输局、商务局、财政局</td></tr>
<tr><td>现状</td><td colspan="3">大丰海港建成泊位 19 个，其中 5 000 吨级泊位 6 个、万吨级以上泊位 12 个、救助码头 1 个，类型涵盖集装箱、散杂货、风电大件、液体化工、粮食、汽车滚装等，设计通过能力 2 960 万吨。建成进口粮食指定口岸、全国沿海第二个进口粮食海进江减载口岸，B 型保税物流中心、进口木材检疫处理区投入运营，汽车整车进口口岸已申报至中华人民共和国海关总署。已开通集装箱班轮航线 7 条，班轮密度达 48 班/月，实现至上海港集装箱航线的自主运营，货物可经上海港中转至欧美各国及 20 多个“一带一路”沿线国家，已具有至韩国仁川港航线。2018 年大丰港完成货物吞吐量 5115 万吨，集装箱 20.5 万标箱。</td></tr>
<tr><td colspan="3">具体要求</td><td>市责任部门</td></tr>
<tr><td colspan="3">在稳定现有韩国仁川港—大丰港—上海港—仁川港国际直达集装箱航线每周一班的基础上，积极推动恢复大丰港至韩国釜山港、平泽港国际集装箱班轮航线，加快推动大丰港至新万金航线航权报批工作，争取开通大丰港至韩国仁川港的客滚航线。</td><td>交通运输局
大丰区</td></tr>
<tr><td colspan="3">恢复和开辟相关航线、加密航班，给予相应的财政补助引导其集聚更多的客货源，服务中韩（盐城）产业园建设发展，直至自负盈亏。同时，对进出大丰港的集装箱运输车辆的高速通行费用，给予适当补贴。</td><td>交通运输局
财政局</td></tr>
<tr><td colspan="3">尽早建设大丰港候客大楼、新的集装箱码头（如进口肉类、进口冰鲜水产品、粮食、食品、海上邮路、海运快件等需要指定口岸资质；普通危险品集装箱货物作业需要完善设施和有关部门批准），扩大集装箱堆场、完善进出口集装箱业务的作业货种。由于大丰港海况较差，要研究强化客滚船靠泊和人员上下的安全措施。</td><td>交通运输局
大丰区</td></tr>
<tr><td>工作任务</td><td colspan="3">提升对外通达能力</td></tr>
<tr><td>工作要求</td><td colspan="3">建设大丰港铁路支线，实施盐城—大丰快速通道、内环高架快速路网三期、东环路南延及高速互通、盐宝线航道整治提升等重点工程。</td></tr>
</table>

续表

市责任单位	交通运输局、市开发区、大丰区	市开发区责任单位	住建局
现状	大丰港铁路支线，新建59.5公里单线国铁Ⅱ级铁路，计划总投资35.8亿元，目前完成工可审查。盐丰快速通道已完成路线方案研究，盐宝线航道整治提升工程完成工可报告审查。沈海高速大丰港连接线，建设20公里一级公路，计划总投资9.2亿元，目前正前期研究。内环高架快速路网三期，新建约33公里城市快速路，总投资75.9亿元，目前完成主体工程50%。东环路南延及高速互通，新建道路约5公里，在盐淮高速公路增设互通出入口，计划总投资5.8亿元。		
具体要求			市责任部门
加快推进大丰港铁路支线前期工作，尽早启动建设。			交通运输局（铁路办） 大丰区
建成内环高架三期工程，推进盐宝线航道整治工程和盐丰快速通道前期工作，为项目形式建设创造条件。			交通运输局
实施东环路南延及盐淮高速互通工程。			市开发区
加快推进沈海高速大丰互通至大丰港连接线前期工作，尽早启动建设。			大丰区
做好提升对外通达能力交通建设项目涉及审批事项的协调和落实工作。			发改委 自然资源和规划局 生态环境局 水利局 交通运输局
向上级交通运输部门争取资金补助。			交通运输局、市开发区
工作任务	完善园区配套功能		
工作要求	引进有实力的跨国公司、央企国企、上市公司与韩资企业合资成立投资开发公司，共同开发建设园区。		
市责任单位	市开发区、大丰区	市开发区责任单位	中韩办、规划分局、韩资园
现状	以市场化方式全面推进园区开发建设，确定合作开发方案，并确定合作开发的韩资企业、央企国企，合资成立开发公司，注册资本30亿元；召开董事会讨论确定园区发展战略、规划建设，在50平方公里的产业园内，加快建设中韩2.5产业园、韩国特色文化街区、国际医院、国际学校、国际社区等功能设施，营造产城融合、宜业宜居、宜商宜游的生产生活生态环境。		
具体要求			市责任部门
在省政府中韩（盐城）产业园发展工作协调小组的领导下，对园区规划建设重大问题建立长效会商协调机制。			商务局 自然资源 和规划局
盐城市、省商务厅召开联席会议，研究推进园区规划建设及2019年度具体事项。			商务局

续表

<table>
<tr><td colspan="3">在2018年底前启动与国内合作开发建设单位洽谈合作事宜。</td><td>市开发区</td></tr>
<tr><td>工作任务</td><td colspan="3">完善园区配套功能</td></tr>
<tr><td>工作要求</td><td colspan="3">加快建设智尚汽车小镇、中韩2.5产业园、韩国特色文化街区、国际医院、国际学校、国际社区等功能设施，营造产城融合、宜业宜居、宜商宜游的生产生活生态环境。</td></tr>
<tr><td>市责任单位</td><td>市开发区</td><td>市开发区责任单位</td><td>住建局、新城街道</td></tr>
<tr><td>现状</td><td colspan="3">已修编完善河东新城整合规划，完成控制性详规编制，加快产城融合核心区建设。规划韩风国际文化名城，建设中韩文化交流中心、科研总部街区、名品商贸街区、影视文娱街区、医疗健康街区“一中心四街区”，发展韩国特色商贸、文化创意、现代金融，加快推进智尚汽车小镇、北师大附属学校、市妇幼保健院等项目建设，打造中韩（盐城）产业园高端服务业集聚区，建设现代服务名城。</td></tr>
<tr><td colspan="3">具体要求</td><td>市责任部门</td></tr>
<tr><td colspan="3">积极发展特色商贸、文化创意、现代金融、健康医疗等都市产业，加快产城融合核心区规划建设，打造现代服务名城。</td><td>市开发区</td></tr>
<tr><td colspan="3">优先保障河东新城建设所需土地指标。</td><td>自然资源和规划局</td></tr>
<tr><td>工作任务</td><td colspan="3">建设贸易服务平台</td></tr>
<tr><td>工作要求</td><td colspan="3">积极参与推进中韩检验检疫互信互认体系建设，推动建立标准及技术法规共享平台和公共检测服务平台。</td></tr>
<tr><td>市责任单位</td><td>盐城海关</td><td>市开发区责任单位</td><td>综合保税区</td></tr>
<tr><td>现状</td><td colspan="3">山东省于2018年11月提出试点与韩国平泽、群山等特定区域之间开展海关的外检内放、检验检疫、认证认可、标准计量等方面的合作与交流。中韩检验检疫互信互认是指中国与韩国相关机构出具的检验检疫报告两国海关相互认可，从而外检内放，内检外放，加快企业通关进度。</td></tr>
<tr><td colspan="3">具体要求</td><td>市责任部门</td></tr>
<tr><td colspan="3">研究借鉴上海自贸区成功经验，学习考察，熟悉中韩检验检疫互认流程，形成调研报告和初步工作方案。</td><td>盐城海关</td></tr>
<tr><td colspan="3">调研盐城进出口企业情况，尤其是在盐韩国企业的进出口情况。考察、借鉴韩国检验检疫体系，掌握工作流程。委托中检集团研究分析盐城、韩国企业所需的清单、技术标准，加以评估、论证，形成工作方案。</td><td>盐城海关</td></tr>
<tr><td colspan="3">结合实际，研究确定中韩检验检疫互信互认清单及技术标准；推动中韩建立标准及技术法规共享和公共检测服务平台，形成中韩检验检疫互认（盐城）体系。</td><td>盐城海关</td></tr>
<tr><td>工作任务</td><td colspan="3">建设贸易服务平台</td></tr>
<tr><td>工作要求</td><td colspan="3">推动建设大韩贸易投资振兴公社盐城馆，引进韩国企业来盐开展贸易投资，把江苏优势产品销往韩国市场。</td></tr>
<tr><td>市责任单位</td><td>市开发区、商务局</td><td>市责任单位</td><td>韩资园</td></tr>
</table>

续表

现状	大韩贸易投资振兴公社是韩国产业通商资源部下属的对外贸易促进机构，是非营利性的官方机构，在全世界79个国家设有100个贸易馆，目前在中国多个主要城市设有代表处。它不仅是中国对韩贸易合作的联络中心，也是中韩两国企业界获取贸易信息的有利窗口。 大韩贸易投资振兴公社于2016年11月份在市开发区韩资工业园邻里中心设立大韩贸易振兴公社盐城移动馆，主要由南京馆牵头负责日常管理工作，设立盐城移动馆旨在加强盐城市与韩国政府企业间的经济交流，加快相互间的经贸发展。目前该移动馆主要为我市韩资企业提供经贸信息服务，为我市与韩国贸易振兴公社总部间沟通交流搭建桥梁，尚未与我市建立经贸合作机制。		
具体要求			市责任部门
从市级层面共同推进在中韩（盐城）产业园设立盐城贸易馆，共同与大韩贸易振兴公社开通联络员机制。			商务局
共同推进韩国企业来我市开展市级层面经贸活动，组织全（省）市范围内优势产品企业及贸易企业参加双向贸易活动，构筑韩国商品出口中国的集散地和江苏特色商品出口的新通道。			商务局
工作任务	建设贸易服务平台		
工作要求	设立大宗商品现货市场交易平台，推动大宗商品期货保税交割等新兴业态发展。		
市责任单位	商务局、盐城海关	市开发区责任单位	中韩办、综合保税区
现状	大宗商品现货交易平台为生厂商和销售商大宗商品买卖提供网上交易、行情分析平台，通过平台实现大宗商品的订单、竞买、竞卖、招标、撮合、挂牌等多种交易处理，系统是集网上交易、网上支付、物流管理、行情分析等功能综合性的电子商务平台。 目前，市开发区已有新邮贸通、跨境电商服务中心与晤曜电商、优舶荟等跨境电商企业。		
具体要求			市责任部门
出台相关招商优惠政策，该平台将实现资源和功能互补，降低交易成本，增加贸易机会，同时积极招引拟开展期货交割的目标企业。提高我市在大宗商品市场的话语权。			商务局
积极争取海关总署、南京海关支持设立大宗商品现货市场交易平台。引导企业利用先进的网络技术，采用即期现货和远期现货，禁买和禁卖等多种交易相结合的模式运营。			盐城海关
工作任务	建设贸易服务平台		
工作要求	申报并举办中韩投资贸易博览会，为产业园发展搭建平台。		
市责任单位	商务局、贸促会	市开发区责任单位	韩资园

续表

现状	经与商务部、中国贸促会、省商务厅、省贸促会，韩国驻沪总领事馆汇报对接，初定名称为“中韩投资贸易博览会”。待进一步确定活动主办、承办单位，具体内容、规格规模，努力打造进博会江苏版本。 据了解，近期举办中韩投资贸易博览会的，是2016年6月9日至13日，由中国国际贸易促进委员会辽宁省委员会和丹东市政府在丹东市共同主办的首届中韩（丹东）国际博览会，2017年、2018年未举办该活动。

具体要求	市责任部门
争取在中韩两国地方合作城市框架下申办中韩两国地方合作城市专题投资贸易博览会。进一步确定申报路径，形成初步方案，并加快推进实施。	贸促会
与国家商务部、中国贸促会、省商务厅、省贸促会对接，争取申办中韩投资贸易博览会。	商务局、贸促会

<table>
<tr><td>工作任务</td><td colspan="3">建设贸易服务平台</td></tr>
<tr><td>工作要求</td><td colspan="3">大丰港申报汽车整车进口口岸资质和开展中韩陆海联运汽车货物运输项目甩挂运输业务。</td></tr>
<tr><td>市责任单位</td><td>大丰区、盐城海关、交通运输局、商务局（口岸办）</td><td>大丰区责任单位</td><td>口岸委、交通局</td></tr>
<tr><td>现状</td><td colspan="3">2016年5月，省政府关于在大丰港口岸开展汽车整车进口业务的请示报至国务院，国务院签发至海关总署，等待海关总署牵头征求相关部委意见。据盐城汽车办对接了解到，江苏已有南京港、太仓港、大丰港、连云港等四个口岸的申报材料相继报至国务院并全部转至海关总署，由于省政府没有明确四家的优先顺序，海关总署最近的征求意见函中，四家都没有提及。
2010年9月，交通部与韩国国土海洋部签署《中韩陆海联运汽车货物运输协定》。2014年2月，中韩陆海联运汽车货物运输合作委员会第四次会议在连云港召开，明确将连云港作为中韩陆海联运扩大试点的口岸，并就试点口岸扩大至江苏其他地区达成初步意向。2014年7月，交通部国际司率调研组到大丰港实地调研。后因中韩关系趋紧，中韩陆海联运汽车货物运输合作委员会会议一直未召开。</td></tr>
</table>

具体要求	责任部门
积极向省政府、南京海关协调争取，争取在省政府层面明确将盐城港汽车整车进口口岸的申报优先于省内其他口岸。	盐城海关
与省交通运输厅、国家交通运输部对接，争取重启中韩陆海联运汽车货物运输合作委员会会议。	交通运输局、大丰区

工作任务	建设贸易服务平台
工作要求	优化盐城综合保税区空间布局，将大丰港保税物流中心（B型）升级为综合保税区。

续表

<table>
<tr><td>市责任单位</td><td>商务局、盐城海关、自然资源和规划局、市开发区、大丰区</td><td>市开发区责任单位</td><td>综合保税区</td></tr>
<tr><td>现状</td><td colspan="3">按照全市总体规划和中韩（盐城）产业园核心区建设要求，为打通城市主干道，形成大丰港一类口岸及大丰港保税物流中心（B型）与综保区联动发展的良好格局，根据《海关特殊监管区域基础和监管设施验收标准》，结合盐城综保区的实际情况，建议将赣江路及以南地块移出封关区，保留一期现有围网，最终四至范围变更为东至希望大道、摩比斯项目西界址，南至赣江路，西至天山路，北至盐渎路；并将大丰港B保升级，形成区港联动发展。</td></tr>
<tr><td colspan="3">具体要求</td><td>市责任部门</td></tr>
<tr><td colspan="3">向南京海关专题汇报中韩（盐城）产业园总体规划和盐城综保区运转情况，争取南京海关的支持。</td><td>市开发区
大丰区
盐城海关</td></tr>
<tr><td colspan="3">联合大丰区摸清大丰港B保运营现况，实地勘测数据，将土地利用规划图、土地利用现状图、界址坐标表、海关总署批复等资料与综保区文件汇总完善。</td><td>市开发区
大丰区
自然资源和规划局</td></tr>
<tr><td colspan="3">提请市政府以盐城市政府名义具报告给省政府；盐城海关、自然资源和规划局分别与对口上级机关汇报对接，尽快回复省政府的征求意见。</td><td>市开发区
大丰区
盐城海关
自然资源
和规划局</td></tr>
<tr><td colspan="3">推动以江苏省政府名义向海关总署提交报告；各条线对应海关总署、国家发改委、自然资源部、财政部、住房和城乡建设部、商务部、外汇局等国家8部委做好汇报对接工作，海关总署汇总各部委反馈意见后上报国务院。</td><td>市开发区
大丰区
盐城海关
自然资源
和规划局等</td></tr>
<tr><td>工作任务</td><td colspan="3">搭建科技创新载体</td></tr>
<tr><td>工作要求</td><td colspan="3">与韩国未来创造科学部、大邱创造经济革新中心、板桥科技谷、麻谷区等加强合作，引进韩国科技创新、科技园区管理理念和模式，共建中韩科技企业孵化（盐城）基地。</td></tr>
<tr><td>市责任单位</td><td>科技局、工信局、市开发区</td><td>市开发区责任单位</td><td>韩资园</td></tr>
</table>

续表

现状	目前市开发区共有各类科技创新载体13个，其中：国家级孵化器1个、国家级火炬特色产业基地1个、省级孵化器5个、省级众创集聚区1个、省级众创空间3个、市级孵化器1个、市级众创空间1个。其中只包括现代起亚汽车集团在盐城DYK设立的技术研究中心。中韩（盐城）产业园内科技创新载体呈现高端研发机构不全，高端创新资源集聚较少，创新要素发展不充分等状态，特别是与韩国政府机构、民间科技团体及大企业大集团等合作交流不全面，对于韩国科技型创业企业仍未能有效引导到中韩（盐城）产业园来孵化。 中韩（盐城）产业园要加快推进跨领域、跨行业协同创新和开放创新，打造国家级产业技术创新平台，为新能源汽车发展提供强劲创新动力。同时依托DYK、奥新等整车资源，结合长三角新能源汽车研究院等机构，抓紧建设国家新能源汽车产业创新中心。推动江苏摩比斯公司在中韩（盐城）产业园设立新能源汽车研发中心，开展新能源汽车电池、轻量化新材料、无人驾驶等技术研发。

具体要求	市责任部门
根据国家、省、市科技部门关于孵化器建设相关政策意见，指导睿合博世孵化器加快发展，力争新招引企业20家以上。	科技局
积极争取创建中韩国际合作创新园。	科技局
学习借鉴韩国科技创新、科技园区管理理念和模式，积极引进可复制、符合盐城实际情况的经验和方法，支持睿合博世创建国家级科技孵化器。	科技局 工信局

工作任务	搭建科技创新载体		
工作要求	吸引韩国大企业大集团在园区设立科技研发机构，加速高端技术研发成果转化应用。		
市责任单位	科技局、工信局、发改委、市开发区、大丰区	市开发区责任单位	科技局、经发局
现状	市开发区现有韩资企业200多家，其中建有省级研发机构1个（DYK），市级研发机构2家。说明市开发区韩资企业研发机构建设严重滞后，企业在技术研发方面没有自主开发能力，产品的研发都是在韩国本部。下一步要推进韩资企业将技术研发功能和研发平台转移至中韩（盐城）产业园区。支持DYK等大型韩企申报国家级研发机构。		

具体要求	市责任部门
支持中韩（盐城）产业园培育高新技术企业，2019年高企总量达到80家以上，2020年高企总量突破100家。 在研发机构建设上，同等条件下优先支持中韩（盐城）产业园的韩资企业，力争每年建成市级研发机构3～5个、省级研发机构1～2个。	科技局 工信局 发展改革委

续表

<table>
<tr><td colspan="3">支持 DYK 申报建设国家级企业技术中心。</td><td>工信局、发展改革委、科技局</td></tr>
<tr><td colspan="3">1. 每年支持中韩（盐城）产业园外资企业建设市级研发机构 3 ~ 5 家。
2. 每年支持中韩（盐城）产业园外资企业申报省级研发机构 1 ~ 2 家。</td><td>科技局</td></tr>
<tr><td>工作任务</td><td colspan="3">搭建科技创新载体</td></tr>
<tr><td>工作要求</td><td colspan="3">中国盐城（上海）国际科创中心加快集聚国际高端技术人才，开展“飞地”研发，争创国家新能源汽车产业创新中心。</td></tr>
<tr><td>市责任单位</td><td>发展改革委、科技局、市开发区</td><td>市开发区责任单位</td><td>科技局</td></tr>
<tr><td>现状</td><td colspan="3">中国上海（盐城）国际科创中心还处在筹建阶段，市委、市政府明确由市科技局牵头组建，目前，市科技局已多次到科创中心调研，并由市政府牵头会办相关工作，市科技局正在研究科创中心支持政策以及入驻办法等政策。区科技局将协同东方集团共同推进，以市委、市政府名义出台相关支持政策，尽快使科创中心实质化运行。加大与重点高校院所的合作，整合江苏新能源汽车研究院、长三角新能源汽车研究院、DYK、MBS、华人运通研发中心等创新载体，争创国家新能源汽车产业创新中心。</td></tr>
<tr><td colspan="3">具体要求</td><td>市责任部门</td></tr>
<tr><td colspan="3">指导中韩（盐城）产业园利用上海科创中心平台，鼓励企业开展离岸研发，推动研发成果到盐城转化。</td><td>科技局</td></tr>
<tr><td colspan="3">支持中韩（盐城）产业园加快集聚新能源汽车研发机构和人才，积极培育省级和国家级新能源汽车技术创新中心。</td><td>科技局</td></tr>
<tr><td colspan="3">落实有关政策，支持中韩（盐城）产业园企业对接大院大所，引进建设院士工作站。</td><td>科技局</td></tr>
<tr><td>工作任务</td><td colspan="3">搭建科技创新载体</td></tr>
<tr><td>工作要求</td><td colspan="3">推动江苏摩比斯公司在中韩（盐城）产业园设立新能源汽车研发中心，开展新能源汽车电池、轻量化新材料、无人驾驶等技术研发。</td></tr>
<tr><td>市责任单位</td><td>科技局、市开发区</td><td>市开发区责任单位</td><td>韩资园</td></tr>
<tr><td>现状</td><td colspan="3">目前，江苏摩比斯公司还未设立研发中心，其投资的悦达新能源电池有限公司已设立研发中心，主要在新能源汽车电池方面开展了研发工作。在汽车轻量化新材料、无人驾驶方面还未开展相关研发。积极推进江苏摩比斯公司将韩国本部的新能源汽车相关研发中心转移至江苏公司，并建立研发机构，力争早日建成并申报省级以上工程技术研究中心。</td></tr>
</table>

续表

具体要求	市责任部门
支持江苏摩比斯公司创建市级、省级工程技术研究中心。	科技局
支持江苏新能源汽车研究院加快建设发展，推动东南大学新能源汽车研究院、长三角新能源汽车研究院提升运营水平，打造新能源汽车技术高地、人才高地。	科技局

（二）全面加强择商选资

工作任务	聚焦高端产业合作		
工作要求	与韩国新万金、大韩贸易投资振兴公社等开展合作招商，持续深化投资合作，协同推进中韩产业园建设的各类经贸促进活动，积极探索“两国双园”建设新路径。		
市责任单位	商务局、市开发区、大丰区	市开发区责任单位	韩资园、中韩办、综保区
现状	新万金开发区是韩国中央政府主导开发的国家级园区，位于韩国西海岸全罗北道沿海地区，占地总面积约401平方公里，地跨群山市、金堤市、扶安郡，土地主要通过围海造田形成。全部建成后的开发区面积相当于首尔市面积的2/3。韩国政府计划到2030年，投入21万亿韩元（约合人民币1 290亿元），把该区域建成“东北亚经济中心城市”。政府计划将其划分开发成产业、观光旅游、休闲、国际业务、科学研究、新型再生能源、城市、生态环境、农业等8个不同功能区。2016年2月，新万金开发厅和盐城市人民政府就深化全方位合作，共同推进中韩（盐城）产业园建设进行亲切友好交流，并共同签署了合作备忘录。 大韩贸易投资振兴公社是韩国政府属下非营利贸易促进机构，始建于1962年，旨在促进韩国与海外地区的经贸交流，是各国经济与韩国经济联系的桥梁，通过开展贸易信息传递、市场调研服务、跨国投资、技术合作和商务联系等多种贸易促进活动，大力帮助韩国的对外经济发展。		

具体要求	市责任部门
推动省商务厅与韩国忠清北道政府建立紧密合作关系，定期或不定期召开联席工作会议，协调推进“两国双园”建设重要事项。	商务局 外办
帮助与韩国新万金开发区、大韩贸易投资振兴公社建立互动交流机制，协助组织各类经贸促进活动。	商务局
协助推动省政府、省商务厅提请国家商务部和韩国产业通商资源部，出台政策，支持“两国双园”模式的建设发展。	商务局 外办

工作任务	聚焦高端产业合作
工作要求	主攻韩国大集团大企业，推动一批韩资高端产业项目尽快落户。

续表

<table>
<tr><td>市责任单位</td><td>市开发区、大丰区、
商务局</td><td>市开发区责任单位</td><td>中韩办</td></tr>
<tr><td>现状</td><td colspan="3">目前，已落户 DYK、摩比斯、现代综合特殊钢、大韩汽配、利富高汽配、东洋机电、侑昵机电、启洋电机、亚进汽配、进合汽配、东熙汽配、日进汽配等韩资企业 125 家，正全力突破现代、三星、LG、SK、海成、宇理、首尔大学医院、新韩银行等一批重大项目。</td></tr>
<tr><td colspan="3">具体要求</td><td>市责任部门</td></tr>
<tr><td colspan="3">重点发展轻量、智能、网联化新能源汽车，全力突破氢燃料电池汽车，积极拓展海外市场，打造东部沿海汽车城；大力发展新一代信息技术、5G、半导体、人工智能、光电光伏等产业，培育“新能源 +”全产业链，建设东部“光谷”和江苏重要的电子信息港。</td><td>市开发区</td></tr>
<tr><td colspan="3">加快发展高端装备制造、新材料、海洋生物、保税仓储物流以及临空产业，建设国际化临港高端产业基地。</td><td>大丰区
燕舞航空集团</td></tr>
<tr><td colspan="3">给予政策倾斜，指导中韩（盐城）产业园研究出台支持韩资重大项目落户的政策措施。</td><td>商务局</td></tr>
<tr><td colspan="3">帮助中韩（盐城）产业园与三星、现代、LG、SK、韩华前 20 强大企业、大集团定点定向对接，支持现代氢燃料汽车、SK 晶圆耗材、LG 电子、韩华新材料等一批重特大项目落户。</td><td>商务局</td></tr>
<tr><td colspan="3">每年牵头举办韩国专题招商活动不少于 2 次。</td><td>商务局</td></tr>
<tr><td>工作任务</td><td colspan="3">聚焦高端产业合作</td></tr>
<tr><td>工作要求</td><td colspan="3">拓展欧美、日本等招商领域，突破一批重大产业项目，加快外资结构优化升级，全面提升利用外资质效。</td></tr>
<tr><td>市责任单位</td><td>市开发区、大丰区、
商务局、外办</td><td>市开发区责任单位</td><td>中韩办</td></tr>
<tr><td>现状</td><td colspan="3">平均每年赴欧美招商团组 5 批次、14 人次，赴日本招商团组 3 批次、6 人次。欧美方面，已落户牛力士回转支承、布雷维尼行星减速机、德纳汽车配件、韦帕商贸等一批欧美地区投资企业，正在推进德纳非公路车辆、美国晶典科技、意大利 XEV 新能源汽车等一批重大项目。日本方面，已落户东芝三菱、日本 TIC、文啸电子商务、三美防腐等一批日资企业，正在跟踪推进日本 ZHO 电工等重大项目。</td></tr>
</table>

续表

具体要求	市责任部门
帮助与欧美、日本等专业招商机构对接，搭建专业招商平台载体。	商务局 外办
支持中韩（盐城）产业园驻外代表处工作人员申办韩国、日本、欧美等国工作签证。	外办
定期举办支持中韩（盐城）产业园发展的专题招商活动，邀请欧美、日本等行业协会、世界500强等重点企业集团来盐实地考察，推动德纳非公路车辆、美国晶典科技、意大利XEV新能源汽车、日本ZHO电工等一批重大外资项目落地建设。	商务局

工作任务	拓展苏韩产能合作		
工作要求	推动省政府在中韩产业园合作协调机制和中韩经贸联委会等对韩合作机制下，密切与韩方交流与磋商，加强对中韩（盐城）产业园建设工作的支持和指导，以中韩（盐城）产业园为主题，把赴韩举办经贸活动纳入省政府年度对外交流计划。		
市责任单位	商务局、外办	市开发区责任单位	中韩办、经发局
现状	2015年11月30日，中韩产业园合作机制第一次会议在韩国首尔举行。10月31日中国商务部和韩国产业通商资源部签署《中华人民共和国商务部与大韩民国产业通商资源部关于共建中韩产业园的谅解备忘录》，并决定建立副部级合作机制，加强对产业园建设工作的支持与指导。原则上每年一次，中韩两国轮流举办。中韩产业园合作机制第一次会议的召开，标志着两国政府间的协调机制正式运行。2018年6月11—13日，第二次会议在盐城召开。会上中国商务部副部长高燕、韩国产业通商资源部新通商秩序战略室室长金昌圭共同为中韩（盐城）产业园、中韩（烟台）产业园和中韩（惠州）产业园揭牌。中韩经贸联委会会议是中韩两国商讨经贸议题的年度协商机制。自1993年起每年轮流举办该会议，2018年4月20日，中韩经贸联委会第22次会议在北京举行。商务部副部长高燕与韩国外交部次官赵显共同主持会议。		

具体要求	市责任部门
加强与省商务厅对接，争取省领导每年带队赴韩参加1～2次中韩（盐城）产业园专题合作对接活动，推动中韩（盐城）产业园与韩方交流与磋商，并加强对中韩（盐城）产业园建设工作的支持与指导。	商务局
请省外办、省商务厅提请省政府围绕中韩（盐城）产业园建设，每年组织1～2次赴韩经贸活动。	外办商务局

工作任务	拓展苏韩产能合作		
工作要求	推动省政府与韩国产业通商资源部等部门建立更加紧密的合作关系，定期或不定期召开经贸合作交流会议，协调推进重要事项。		
市责任单位	商务局	市开发区责任单位	中韩办

续表

<table>
<tr><td>现状</td><td colspan="3">江苏省政府已与韩国产业通商资源部签署合作谅解备忘录，明确双方共同推动中韩产业园建设和相互投资。省商务厅积极组织对韩合作交流。</td></tr>
<tr><td colspan="3">具体要求</td><td>市责任部门</td></tr>
<tr><td colspan="3">推动省定期召开中韩（盐城）产业园协调工作领导小组会议，听取省各部门落实实施方案情况和下一步推进打算，并讨论如何加强与产通部合作等事宜。</td><td>商务局</td></tr>
<tr><td colspan="3">提请省、市领导专题拜访产业通商资源部、企划财政部、外交部、未来创造部、保健福祉部等部门。</td><td>商务局
发展改革委
外办
科技局
卫健委</td></tr>
<tr><td colspan="3">经常性拜访，争取产通部高层领导来江苏访问，洽谈合作。</td><td>商务局</td></tr>
<tr><td>工作任务</td><td colspan="3">拓展苏韩产能合作</td></tr>
<tr><td>工作要求</td><td colspan="3">推动江苏企业参与新万金韩中产业园建设，引导全省优势产业和产能“走出去”，鼓励省内著名商贸企业到韩国投资兴建商贸基地，鼓励盐城重点企业到新万金投资建设风电和光伏电站及装备制造基地、农副产品种养加工基地。</td></tr>
<tr><td>市责任单位</td><td>商务局</td><td>市开发区责任单位</td><td>韩资园</td></tr>
<tr><td>现状</td><td colspan="3">新万金海堤长达 33.9 公里，其地理位置处于韩国黄海，跨全罗北道群山市、古群山群岛和扶安边山半岛的新万金海堤的内侧开发工程。通过新万金工程建造的一个陆地面积约 291 平方公里和湖泊面积约 118 平方公里，总面积达 409 平方公里（相当于首尔面积的 2/3）的新国土。这工程是寻找韩国新发展动力的新项目，也是填海造地、从无到有的项目。
新万金产业园是根据韩中自贸区协定，由两国政府分别在中韩两国设立的产业园区，两国政府就韩国在新万金，中国在山东烟台、江苏盐城以及广东惠州 3 个城市分别设立“韩中/中韩产业合作园区”并提供各种政策优惠达成一致。</td></tr>
<tr><td colspan="3">具体要求</td><td>市责任部门</td></tr>
<tr><td colspan="3">协调省商务厅组织全省优势产业和产能“走出去”，每年争取引导全省 10 家以上企业到韩国新万金考察投资。</td><td>商务局</td></tr>
<tr><td colspan="3">牵头组织全市优势产业和产能“走出去”，每年组织全市 5 家以上重点企业到新万金考察投资。</td><td>商务局</td></tr>
<tr><td colspan="3">与韩国新万金互设“海外仓”，鼓励和引导优质企业到韩国投资建设生产和商贸基地，努力形成双向交流合作、互利共赢的新格局。</td><td>商务局
市开发区</td></tr>
</table>

续表

<table>
<tr><td>工作任务</td><td colspan="4">拓展苏韩产能合作</td></tr>
<tr><td>工作要求</td><td colspan="4">参与中韩两国经贸合作交流活动，推进与“一带一路”沿线国家、地区和国际性组织的务实合作，加强新能源、港口、通信、高端装备制造等领域的国际产能合作，共同开拓第三方市场。</td></tr>
<tr><td>市责任单位</td><td>商务局</td><td>市开发区责任单位</td><td colspan="2">中韩办、经发局</td></tr>
<tr><td>现状</td><td colspan="4">2015 年 3 月 28 日，国家发展改革委、外交部、商务部联合发布了《推动共建丝绸之路经济带和21世纪海上丝绸之路的愿景与行动》。目前，市开发区没有企业参与国际产能合作和境外投资。</td></tr>
<tr><td colspan="4">具体要求</td><td>市责任部门</td></tr>
<tr><td colspan="4">对接省发改委、省商务厅协调全省优势产能、牵头组织全市开发园区优势产能“走出去”，加强与“一带一路”沿线国家、地区和国际性组织务实合作。</td><td>发展改革委
商务局</td></tr>
<tr><td colspan="4">帮助 DYK、江动等重点进出口企业开拓国际市场，提升外向度，抢占市场份额。</td><td>发展改革委
商务局</td></tr>
<tr><td>工作任务</td><td colspan="4">创新招商体制机制</td></tr>
<tr><td>工作要求</td><td colspan="4">支持中韩（盐城）产业园建立以产业链为主导的招商组织架构，完善专业化招商机构，建立市场化招商机制，实行对韩“分区域、小分队、专业化、驻点式”招商。</td></tr>
<tr><td>市责任单位</td><td>商务局、市开发区</td><td>市开发区责任单位</td><td colspan="2">组织部（人社局）</td></tr>
<tr><td>现状</td><td colspan="4">目前市开发区以产业链为主导的招商组织架构不够健全，没有建立完善的驻外招商机构，未能形成市场化的招商机制。</td></tr>
<tr><td colspan="4">具体要求</td><td>市责任部门</td></tr>
<tr><td colspan="4">经常性组织和带领中韩（盐城）产业园开展招商工作，加大招商力度，指导园区完善招商组织、优化考核制度，支持园区通过市场化方式完善招商机制。</td><td>商务局</td></tr>
<tr><td>工作任务</td><td colspan="4">创新招商体制机制</td></tr>
<tr><td>工作要求</td><td colspan="4">创新招商机制，实行委托招商、中介招商、定向招商、以商引商，注重项目导向，通过购买服务，实行绩效挂钩。</td></tr>
<tr><td>市责任单位</td><td>市开发区、大丰区、商务局、外办</td><td>市开发区责任单位</td><td colspan="2">中韩办</td></tr>
</table>

续表

<table>
<tr><td>现状</td><td colspan="3">目前，市开发区主要采取全员招商、领导招商、园区招商、部门招商以及产业链招商、基金招商等方式，正积极探索招商新模式。新形势下，招商引资面临新挑战，专业化、市场化、信息化背景下招商工作，尤其需要国际化项目资源的积累、渠道的拓展。以 JLL 仲量联行、CBRE 世邦魏理士、DTZ 戴德梁行、Savills 第一太平戴维斯、Colliers 高力国际等全球工业地产咨询机构为代表的五大行，已成为跨国企业进行项目合作投资的第三方代理评估机构。委托专业中介机构、区域性集团进行全球范围的项目合作是对市开发区团队招商形式的有效补充。</td></tr>
<tr><td colspan="3">具体要求</td><td>市责任部门</td></tr>
<tr><td colspan="3">支持中韩（盐城）产业园驻外代表处工作人员申办韩国、日本、欧美等国工作签证。</td><td>外办</td></tr>
<tr><td colspan="3">帮助与欧美、日韩等专业招商中介机构对接，建立专业招商代理机构信息库。</td><td>商务局</td></tr>
<tr><td>工作任务</td><td colspan="3">创新招商体制机制</td></tr>
<tr><td>工作要求</td><td colspan="3">创新招商方式，实行“标准厂房＋产业基金＋平台合作＋创业资助”多元化方式，吸引科创型企业投资兴业。</td></tr>
<tr><td>市责任单位</td><td>财政局、科技局、市开发区、大丰区</td><td>市开发区责任单位</td><td>中韩办、科技局</td></tr>
<tr><td>现状</td><td colspan="3">目前，市开发区主要采取全员招商、领导招商、园区招商、部门招商以及产业链招商、基金招商、平台招商、以商招商等方式，正积极探索招商新模式，标准厂房方面，正在抓紧建设国投自贸园二期、东方之洲标厂、国能孵化中心、东方机械电子厂房近 60 万平方米电子厂房，已建标厂中闲置厂房约 60 万平方米。产业基金方面，先后设立了 20 亿元中韩（盐城）产业园基金、30 亿元临港东方君和并购基金、10 亿元临芯基金，正在推进中韩（盐城）产业园基金扩容事宜。平台合作方面，建有韩国睿和博世孵化器、日本 TIC、光电产业研发中心、光电产业孵化中心等产业创新孵化平台，在上海筹建中国盐城（上海）国际科创中心，已有源和智能科技、中国电子科技等 20 多家科技型企业入驻，在韩国以及北京、上海、深圳、青岛等地筹建招商联络处，加强产业合作。创业资助方面，出台了《全区关于促进科技创新的政策意见》，在发展创新创业服务平台、培养高精尖缺人才、激发创新创业活力等方面给予一定的扶持政策。</td></tr>
<tr><td colspan="3">具体要求</td><td>市责任部门</td></tr>
<tr><td colspan="3">支持市开发区新设立 1 ~ 2 个科创型产业基金，支持中韩（盐城）产业园科创项目落地。</td><td>财政局</td></tr>
<tr><td colspan="3">推动一批科技型企业到中韩（盐城）产业园投资合作。</td><td>科技局</td></tr>
</table>

续表

<table>
<tr><td>工作任务</td><td colspan="3">创新招商体制机制</td></tr>
<tr><td>工作要求</td><td colspan="3">发挥省市共建驻韩经贸代表处功能，面向韩国通过市场化方式招聘一批专业人才驻韩招商，实行人事关系代理制，招商人员薪酬等事项实行企业化激励约束机制。</td></tr>
<tr><td>市责任单位</td><td>商务局、市开发区</td><td>市开发区责任单位</td><td>韩资园</td></tr>
<tr><td>现状</td><td colspan="3">为进一步扩大和深化我省与韩国以经贸合作为重点的合作交流，于 2014 年 10 月 16 日在韩国首尔揭牌成立省区市共建驻韩国经贸代表处。经开区没有驻韩国代表处正式编制，由韩资工业园招商服务中心代为履行职能，未能实行常驻韩国工作机制。计划面向韩国通过市场化方式招聘一批专业人才驻韩招商，实行人事关系代理制，招商人员薪酬等事项实行企业化激励约束机制。</td></tr>
<tr><td colspan="3">具体要求</td><td>市责任部门</td></tr>
<tr><td colspan="3">支持设立中韩（盐城）产业园驻韩国代表处。</td><td>编办</td></tr>
<tr><td colspan="3">支持中韩（盐城）产业园驻外代表处工作人员申办韩国、日本、欧美等国工作签证。</td><td>外办</td></tr>
<tr><td>工作任务</td><td colspan="3">创新招商体制机制</td></tr>
<tr><td>工作要求</td><td colspan="3">探索建立中韩（盐城）产业园与韩国新万金招商联动机制，面向全球大企业大集团开展联合招商，实现优势互补。</td></tr>
<tr><td>市责任单位</td><td>商务局、市开发区、大丰区</td><td>市开发区责任单位</td><td>韩资园、中韩办</td></tr>
<tr><td>现状</td><td colspan="3">韩国新万金经济区位于韩国全罗北道群山市，是韩国中央政府主导开发的国家级园区。盐城为中韩产业园合作城市之一、韩国新万金经济区为韩国唯一的韩中产业园。为落实中韩（韩中）产业园建设合作协调机制会议精神，深化合作内涵，在园区基础设施建设和新能源、装备制造、休闲观光、智慧农业等产业发展方面开展务实合作，实现协同发展。双方应尽快建立招商联动机制，进行深层次交流洽谈，建立联合办事处，强化两地交流合作，全面提升盐城对外开放合作水平，携手打造中韩地方经济合作和高端产业合作新高地。</td></tr>
<tr><td colspan="3">具体要求</td><td>市责任部门</td></tr>
<tr><td colspan="3">建立中韩（盐城）产业园与韩国新万金招商联动机制，使两地高层互访、两地招商投资活动等常态化、机制化。</td><td>商务局</td></tr>
<tr><td colspan="3">聚焦两地高端产业，强化产业引导，与跨国大企业开展合作。</td><td>商务局、发展改革委</td></tr>
<tr><td colspan="3">健全中韩往来人才便利化服务机制，使两国人员互访便利化。</td><td>外办、公安局</td></tr>
<tr><td>工作任务</td><td colspan="3">创新招商体制机制</td></tr>
<tr><td>工作要求</td><td colspan="3">与韩国中小企业部加强合作，支持在中韩（盐城）产业园设立办事机构，吸引和服务韩国中小企业到中韩（盐城）产业园创新创业。</td></tr>
</table>

续表

<table>
<tr><td>市责任单位</td><td>工信局、市开发区</td><td>市责任单位</td><td>韩资园、经发局</td></tr>
<tr><td>现状</td><td colspan="3">韩国中小企业部是韩国政府为了促进本国中小企业发展于 1996 年成立的中央行政机关。
目前我市和市开发区已经与韩国中小企业部建立了良好的沟通关系。推动韩国中小企业部在盐设立办事机构，旨在加强中韩两国中小企业间经贸合作，为韩国地方政府和中小企业开展海外投资、开拓中国市场提供各种服务，推进中韩（盐城）产业园建设。</td></tr>
<tr><td colspan="3">具体要求</td><td>市责任部门</td></tr>
<tr><td colspan="3">研究制定韩国中小企业部办事机构设立方案，与韩国中小企业部共同研究并出台机构设立的相关政策措施及管理办法。</td><td>工信局</td></tr>
<tr><td colspan="3">共同构建盐城市与韩国中小企业厅常态化交流机制，促进双方高层领导互访互动，加强相关人才交流合作。</td><td>工信局
外办</td></tr>
<tr><td colspan="3">协调解决韩国中小企业部及韩国孵化平台在盐设立办事机构的审批事宜，协助解决推进过程中的相关问题，会同有关部门制定实施韩国企业落户的相关政策。</td><td>市场监管局</td></tr>
<tr><td>工作任务</td><td colspan="3">强化产业引导</td></tr>
<tr><td>工作要求</td><td colspan="3">支持中韩（盐城）产业园招引世界 500 强企业、全球行业龙头企业，鼓励设立跨国公司总部和功能性机构，积极引进全球产业链中高端环节和核心技术，对年实际到账外资金额超过 2 亿美元的世界 500 强企业投资项目，省级商务发展专项资金按“一事一议”方式给予重点支持。</td></tr>
<tr><td>市责任单位</td><td>商务局、财政局</td><td>市开发区责任单位</td><td>中韩办</td></tr>
<tr><td>现状</td><td colspan="3">《关于促进外资提质增效的若干意见》（苏政发〔2018〕67 号）文件已经明确：重点招引世界 500 强企业、全球行业龙头企业来我省投资，鼓励设立跨国公司总部和功能性机构，积极引进全球产业链中高端环节和核心技术，推动我省高新技术产业、战略性新兴产业等先进制造业、现代服务业和现代农业发展。对年实际到账外资金额超过 2 亿美元的世界 500 强企业投资项目，省级商务发展专项资金按“一事一议”方式给予重点支持。目前，市开发区 2017 年、2018 年均没有实际到账外资金额超过 2 亿美元的世界 500 强企业投资项目。</td></tr>
<tr><td colspan="3">具体要求</td><td>市责任部门</td></tr>
<tr><td colspan="3">利用部门优势，积极帮助推介世界 500 强企业和功能性机构落户中韩（盐城）产业园。</td><td>商务局</td></tr>
<tr><td colspan="3">支持中韩（盐城）产业园招引重大外资项目，积极争取省商务厅、财政厅给予“一事一议”扶持政策。
支持中韩（盐城）产业园出台重大外资项目扶持政策，积极争取省商务厅、财政厅给予“一事一议”扶持政策。</td><td>商务局、财政局</td></tr>
</table>

续表

<table>
<tr><td>工作任务</td><td colspan="3">强化产业引导</td></tr>
<tr><td>工作要求</td><td colspan="3">支持园区内符合条件的外商投资企业申请省级现代服务业发展专项引导资金。</td></tr>
<tr><td>市责任单位</td><td>发展改革委、商务局、财政局</td><td>市开发区责任单位</td><td>中韩办、经发局、财政局</td></tr>
<tr><td>现状</td><td colspan="3">根据省财政厅、省发展改革委的《江苏省省级现代服务业（其他现代服务业）发展专项引导资金管理暂行办法》及2018年组织申报省级现代服务业发展专项资金项目的通知要求，市开发区暂没有现代服务业外资项目符合该条件。</td></tr>
<tr><td colspan="3">具体要求</td><td>市责任部门</td></tr>
<tr><td colspan="3">积极帮助中韩（盐城）产业园内符合条件的重大服务业项目申报省级现代服务业发展专项引导资金。</td><td>发展改革委
商务局
财政局</td></tr>
<tr><td>工作任务</td><td colspan="3">强化产业引导</td></tr>
<tr><td>工作要求</td><td colspan="3">坚持政府引导和市场化运作相结合，逐步扩大中韩（盐城）产业园发展基金规模。</td></tr>
<tr><td>市责任单位</td><td>财政局</td><td>市开发区责任单位</td><td>财政局</td></tr>
<tr><td>现状</td><td colspan="3">江苏中韩盐城产业园投资有限公司于2016年4月设立，基金规模20亿元。截至目前，中韩产业园基金投资项目22个，实际投资额16.19亿元。</td></tr>
<tr><td colspan="3">具体要求</td><td>市责任部门</td></tr>
<tr><td colspan="3">建立省、市、区财政部门定期汇报沟通机制，争取政策支持。</td><td>发展改革委</td></tr>
<tr><td colspan="3">根据工作推进情况，督促基金管理机构组织召开江苏中韩盐城产业园投资有限公司股东会议推进二期基金组建。</td><td>商务局</td></tr>
<tr><td colspan="3">申请省政府投资基金对江苏中韩盐城产业园投资有限公司首期20亿元基金进行投资绩效评审。</td><td>财政局</td></tr>
<tr><td>工作任务</td><td colspan="3">强化产业引导</td></tr>
<tr><td>工作要求</td><td colspan="3">争取国家集成电路产业投资基金、国家新兴产业创业投资引导基金等基金在园区设立分支机构或设立子基金。</td></tr>
<tr><td>市责任单位</td><td>工信局、发展改革委、财政局、地方金融监督管理局</td><td>市开发区责任单位</td><td>经发局</td></tr>
<tr><td>现状</td><td colspan="3">中韩（盐城）产业园区现有中韩产业基金、东方金泰高新技术创投基金、燕舞半导体产业基金、恒泰新材料产业基金等6个产业基金，投放方向包括创新型高技术、汽车服务、信息技术、文旅健康、基础设施、光电光伏、新能源等产业。目前基金规模达35亿元，已投资鸿佳、阿特斯、鹤鸣亭传媒等50多个项目，出资近30亿元，撬动社会资本近百亿元。
目前中韩（盐城）产业园区正在研究对接国家集成电路产业投资基金、国家新兴产业创业投资引导基金。</td></tr>
</table>

续表

具体要求	市责任部门
积极邀请国家集成电路产业投资基金公司、国家新兴产业创业投资引导基金公司来中韩（盐城）产业园实地考察。	财政局 地方金融监督管理局 工信局 发展改革委
争取国家集成电路产业投资基金、国家新兴产业创业投资引导基金等基金设立分支机构或者子基金，帮助中韩（盐城）产业园区符合条件的优质企业与基金对接。	财政局 地方金融监督管理局

工作任务	强化产业引导			
工作要求	争取江苏"一带一路"投资基金、沿海产业投资基金等政府性投资基金，有侧重地支持中韩（盐城）产业园优势产业项目发展。			
市责任单位	发展改革委、财政局	市开发区责任单位	经发局、中韩办	
现状	目前正在对接江苏"一带一路"投资基金、沿海产业投资基金等政府性投资基金。			
具体要求			市责任部门	
与省商务厅对接，积极组织中韩（盐城）产业园区内符合条件的企业争取江苏"一带一路"投资基金支持。请求帮助建立省级政府性投资基金与中韩（盐城）产业园对接合作机制，明确合作对接路径。			商务局 发展改革委 财政局	

（三）积极开展制度创新

工作任务	推进投资贸易便利化改革		
工作要求	落实国家级开发区全链审批赋权清单，简化申报程序。深入推进"互联网＋政务""证照分离""不见面审批"等改革，积极推进行政执法体制改革工作，依法赋予盐城经济技术开发区综合行政执法权。		
市责任单位	司法局、行政审批局、市场监督管理局	市开发区责任单位	组织部（人社局）、综合行政执法局

续表

现状	2017 年 9 月，市开发区“不见面审批”改革获省编办批复同意，目前，已在江苏政务服务网上梳理公布不见面审批（服务）事项 342 项，实现“不见面审批”率达 99. 13%，建设了网上综合服务旗舰店，全面推行“网上申请、网上审批、网端推送、快递送达”办理模式，同时依托市级综合业务受理平台，努力实现“一窗通办、一网通行”。积极推进“证照分离”改革，出台了《盐城经济技术开发区“证照分离”改革试点实施方案》（盐开办发〔2018〕33 号），直接实施的审批事项共 36 项，其中取消审批事项 2 项，审批改备案事项 1 项，实行告知承诺制事项 11 项，提高透明度和可预期性事项 13 项，强化准入监管事项 9 项。 目前综合行政执法主体资格尚未明确，未能相对集中行使行政处罚权。		
具体要求			市责任部门
提请市政府召开常务会议研究，同意开发区实施相对集中行政处罚权改革，并以市政府名义具报告给省政府，请示实施改革，赋予市开发区综合行政执法权。			司法局
加强与省市编办、司法厅等部门对接，推动开发区相对集中行政处罚权工作，赋予综合行政执法权。			司法局
深入推进“互联网 + 政务”“不见面审批”“一窗一网”等改革，将与群众密切相关的高频、常用移动应用服务接入政务服务网，同时接入“我的盐城”App 平台；着力推进不见面审批服务，到 2019 年底，力争实现政务服务事项全部具备“不见面审批（服务）”能力（法律法规规定或涉密的除外）。			行政审批局
深入推进“证照分离”改革。			市场监督管理局 行政审批局
工作任务	推进投资贸易便利化改革		
工作要求	支持开展企业投资项目“信用承诺不再审批严格监管”改革试点。		
市责任单位	编办、发展改革委	市开发区责任单位	组织部（人社局）、行政审批局
现状	目前市开发区已根据南京江北新区等地调研学习“信用承诺制”改革先进经验，起草了《盐城经济技术开发区关于开展企业投资项目“信用承诺制”试点的办法》，待报请市相关部门，并经市政府同意后实施。		
具体要求			市责任部门
请示市政府同意在中韩（盐城）产业园开展企业投资项目“信用承诺不再审批严格监管”改革试点。			发展改革委 行政审批局
落实国家级开发区全链审批赋权清单，推进赋权承接到位。			编办

续表

<table>
<tr><td>工作任务</td><td colspan="3">推进投资贸易便利化改革</td></tr>
<tr><td>工作要求</td><td colspan="3">支持园区推进投资项目“三书合一”改革，争取商务部推动的投资、贸易等领域改革试点政策。</td></tr>
<tr><td>市责任单位</td><td>发展改革委、工信局、
应急管理局</td><td>市开发区责任单位</td><td>组织部（人社局）
行政审批局、经发局、
安监环保局、中韩办</td></tr>
<tr><td>现状</td><td colspan="3">目前市开发区已开展“三书合一”改革，并出台了《盐城经济技术开发区投资项目“三书合一”实施方案》（盐开管办〔2017〕10 号）文件，除高耗能行业项目和重大涉稳项目，原则上不再要求项目单位单独编制项目节能评估报告、社会稳定风险评估报告，仅作为节能和稳评专章，纳入项目申请报告或可行性研究报告。
目前，中韩（盐城）产业园区还没有涉及商务部推动的投资、贸易等领域改革试点政策。</td></tr>
</table>

<table>
<tr><td>具体要求</td><td>市责任部门</td></tr>
<tr><td>支持园区推进投资项目“三书合一”改革。</td><td>发展改革委
商务局</td></tr>
<tr><td>积极对接商务部和省商务厅，争取商务部推动的投资、贸易等领域改革试点政策在中韩（盐城）产业园落地。</td><td>发改委
商务局</td></tr>
</table>

<table>
<tr><td>工作任务</td><td colspan="3">推进投资贸易便利化改革</td></tr>
<tr><td>工作要求</td><td colspan="3">支持大丰港申报启运港退税政策。</td></tr>
<tr><td>市责任单位</td><td>税务局、财政局、
盐城海关</td><td>大丰区责任单位</td><td>税务局、财政局</td></tr>
<tr><td>现状</td><td colspan="3">启运港退税政策是指对从启运港经上海洋山、外高桥保税港区中转离境的出口集装箱，离开启运港就被视作出口并可办理退税。该政策 2012 年 8 月开始实施，是我国出口退税管理模式的一项创新，其目的是促进长江沿线及周边沿海港口出口集装箱在上海港中转，可节约航行途中时间。目前，纳入该政策的启运港有 13 个，其中江苏有南京龙潭、张家港永嘉、南通狼山、苏州太仓、连云港港 5 个港口。省委、省政府 2016 年《关于新一轮支持沿海发展的若干意见》中提出，支持沿海地区港口加入国家启运港退税政策试点口岸。</td></tr>
</table>

<table>
<tr><td>具体要求</td><td>责任部门</td></tr>
<tr><td>向省和国家对口部门请示，争取将大丰港纳入启运港退税试点口岸。</td><td>财政局
税务局
盐城海关</td></tr>
</table>

续表

<table>
<tr><td>工作任务</td><td colspan="3">推进投资贸易便利化改革</td></tr>
<tr><td>工作要求</td><td colspan="3">支持中韩（盐城）产业园设立海关监管专门机构。</td></tr>
<tr><td>市责任单位</td><td>盐城海关</td><td>市开发区责任单位</td><td>综合保税区、组织部（人社局）</td></tr>
<tr><td>现状</td><td colspan="3">在全国海关通关一体化改革中，按照业务布局和监管链条中的不同位置，口岸和属地海关之间的职责分工和运行机制还有待完善。目前盐城海关是面向全市服务的，仍旧是“百关一面”的传统模式，尚未在市开发区设立海关专门机构，在遇有异常情况时，属地海关协调任务重、难度大，影响了一体化通关的效率。</td></tr>
</table>

具体要求	市责任部门
盐城海关向南京海关汇报我市中韩（盐城）产业园总体规划，尽快敲定确定设立机构类型（区域海关、办事处、办事点、人员编制）。	盐城海关
市开发区向盐城市政府报请示，汇报企业贸易相关数据、区域发展特色、设立机构的必要性；市政府征求汇总盐城海关、编办等部门意见起草拟定报省政府请示。	市开发区 盐城海关
盐城海关向南京海关及时沟通汇报；省政府征求南京海关等相关部门意见后，出具向海关总署的请示；盐城海关密切跟踪对接，争取海关总署早日批复。	市开发区 盐城海关

<table>
<tr><td>工作任务</td><td colspan="3">推进投资贸易便利化改革</td></tr>
<tr><td>工作要求</td><td colspan="3">南京海关与韩方相关海关合作项目优先在园区开展先行先试，支持中韩（盐城）产业园进口货物实施海关预裁定，实施仓储货物按状态分类监管。</td></tr>
<tr><td>市责任单位</td><td>盐城海关</td><td>市开发区责任单位</td><td>综合保税区</td></tr>
<tr><td>现状</td><td colspan="3">“仓储货物按状态分类监管”制度，是指允许非保税货物以非报关方式进入海关特殊监管区域，与保税货物集拼、分拨后，实际离境出口或出区返回境内的海关监管制度。该制度实施后，在海关特殊监管区域，非保税货物和保税货物可在同一仓库分类存放，有效盘活了区内企业闲置的仓储资源，使物流企业的仓储成本和物流成本双双下降。同时打破了传统的内贸壁垒，非保税货物在海关特殊监管区域既可建立分拨中心，又可与保税货物一起出口集拼，简化了通关手续，节省了运输成本。
国际贸易单一窗口，指参与国际贸易和运输的各方，通过单一的平台提交标准化的信息和单证以满足相关法律法规及管理的要求。</td></tr>
</table>

具体要求	市责任部门
加大海关预裁定政策与分类监管政策宣传力度，摸排企业需求，结合中韩（盐城）产业园区情况，协助企业向南京海关进行预裁定申请。	盐城海关

续表

加快海关预裁定政策与分类监管相关设备的更新与配置，推动南京海关向海关总署申报海关预裁定政策与分类监管政策。	盐城海关
推动南京海关与韩方海关就合作项目优先在园区开展先行先试的政策对接，推行国际贸易“单一窗口”制度。	盐城海关
开展先行先试，复制推广自贸区与韩方的成功经验，简化项目入区备案、审批程序，监管方式由事前监管向事后监管转变，进一步推广贸易便利化。	盐城海关

工作任务	有序扩大服务领域开放		
工作要求	向国家争取放宽外资准入政策，包括允许设立韩商投资的娱乐场所和专业健康（养老）保险机构，吸引更多韩资进入农产品加工和流通领域以及建筑、设计、咨询等服务领域。		
市责任单位	文化广电和旅游局、地方金融监督管理局、商务局、银保监局	市开发区责任单位	经发局、社事局、中韩办
现状	2018年国家发改委、商务部相继发布《2018版外商投资准入特别管理措施（负面清单）》和《2018版自贸区外商投资准入特别管理措施（负面清单）》。外资服务业基本全面放开，现只针对个别信息技术服务、商务服务业和专业技术服务业实行特别管理措施。外商投资娱乐场所现状：根据《省政府关于公布国家级开发区全链审批赋权清单的决定》（苏政发〔2017〕86号）市开发区只有对“内资娱乐场所申请从事娱乐场所经营活动的许可”审批权限，外资审批权限在市文化广电和旅游局，市局只能对中外合资娱乐场所项目进行审批，因根据《娱乐场所管理条例实施细则》第六条外国投资者可以与中国投资者依法设立中外合资经营、中外合作经营的娱乐场所，不得设立外商独资经营的娱乐场所。市开发区若要取得中外合资娱乐项目审批权限只需市政府发文赋权。 医疗机构：限于合资、合作。韩资进入农产品加工和流通领域以及建筑、设计、咨询等服务领域没有限制。目前，市开发区没有农产品加工和流通领域以及建筑、设计、咨询等服务领域“四上”韩资项目。		

具体要求	市责任部门
及时对接国家、省相关部门研究落实中外合资或合作服务领域项目审批权限，进一步出台市级外资服务业项目审批细则，逐步将相关审批权限下放至中韩（盐城）产业园区。	文化广电和旅游局 地方金融监督管理局 商务局 银保监局

工作任务	有序扩大服务领域开放		
工作要求	争取韩国进口化妆品分销在盐城实施许可（备案）管理。		
市责任单位	市场监管局	市开发区责任单位	综合行政执法局

续表

<table>
<tr><td>现状</td><td colspan="3">1. 概念解释：进口化妆品分特殊用途化妆品和非特殊用途化妆品，我国对进口化妆品实施注册（备案）管理制度。
2. 现状：（1）根据国家药品监督管理局《关于在全国范围实施进口非特殊用途化妆品备案管理有关事宜的公告》（2018 年第 88 号）规定，进口非特殊用途化妆品备案管理由国家药品监管部门负责。（2）经了解由于省、市机构改革、人员配备没有到位等原因，目前我省暂不具备承接进口非特殊用途化妆品的备案管理能力。（3）目前全国范围进口非特化妆品备案权限在市级的没有，在省级层面已有天津、辽宁、上海、浙江、福建、河南、湖北、广东、重庆、四川、陕西等 11 个省市实施进口非特殊用途化妆品备案管理的备案权限。
3. 目前存在政策法规与许可（备案）权限的困难与许可限制，江苏省盐城中韩产业园没有进口非特殊用途化妆品实施备案权限。</td></tr>
<tr><td colspan="3">具体要求</td><td>市责任部门</td></tr>
<tr><td colspan="3">对接江苏省药品监管局，了解“争取韩国进口非特化妆品在盐城实施备案管理”需要具备哪些具体条件，争取国家政策支持。</td><td>市场监管局</td></tr>
<tr><td colspan="3">借鉴学习复制上海浦东新区试点实施进口非特殊用途化妆品备案管理的经验。</td><td>市场监管局</td></tr>
<tr><td colspan="3">向江苏省药品监管局提出书面请示，积极争取上级监管部门的政策支持。</td><td>市场监管局</td></tr>
<tr><td>工作任务</td><td colspan="3">有序扩大服务领域开放</td></tr>
<tr><td>工作要求</td><td colspan="3">推动盐城综合保税区和大丰港区优势互补、协同发展，争取开展汽车平行进口试点，开展日韩及欧美汽车进口业务。</td></tr>
<tr><td>市责任单位</td><td>市开发区、大丰区、盐城海关、商务局（口岸办）</td><td>市开发区责任单位</td><td>综合保税区</td></tr>
<tr><td>现状</td><td colspan="3">平行进口汽车，全称是平行贸易进口车，简称平贸车，是指未经品牌厂商授权，贸易商从海外市场购买，并引入中国市场进行销售的汽车。由于进口地不同，可分为“美规车”“中东版车”“加版车”“欧版车”等，以区别于授权渠道销售的“中规车”。目前，全国汽车平行进口试点城市共有 17 家，其中第一批 9 家，分别是上海市、深圳市，广东自贸区、福建自贸区、天津自贸区，新疆、四川、宁波和大连；第二批 8 家，分别是内蒙古的满洲里口岸、江苏张家港保税港区、河南郑州铁路口岸、湖南岳阳城陵矶港、广西钦州保税港区、海南海口港、重庆铁路口岸、青岛前湾保税港区。整车进口是汽车产业链条中一个重要环节，申报汽车平行进口试点可以在有效拓展口岸功能的同时，将汽车生产优势延伸至展示销售、汽车改装、全球维修、汽车物流、金融服务等下游产业，促进整体做大做强和结构优化。</td></tr>
</table>

续表

具体要求	市责任部门
向海关总署争取盐城港区汽车整车进口口岸；整理盐城综保区和盐城港区设立汽车平行进口试点的综合优势，待盐城港区整车进口口岸获批后，向省政府恳请支持盐城市向商务部申请在盐城综合保税区和盐城港区设立汽车平行进口试点。	市开发区
借鉴、学习上海、天津、张家港等地先进经验；向商务部恳请支持盐城依托综合保税区和盐城港区设立汽车平行进口试点，完善“一平台四体系”（一站式公共服务的平台、国际市场采购体系、贸易便利通关体系、售后服务保障体系和政府监管信息体系）。	大丰区
向市级相关部门提交申报材料，并及时对市级相关部门提出的建议与意见进行修改完善。	盐城海关
向省级相关部门提交申报材料，并及时对省级相关部门提出的建议与意见进行修改完善。	商务局
向国家相关部委提交申报材料，并及时对国家相关部委提出的建议与意见进行修改完善。	商务局 （口岸办）

工作任务	优化贸易监管服务		
工作要求	发挥“中韩自贸协定服务示范窗口（盐城）”作用，为园区企业提供签发中韩自贸协定下的优惠原产地证书等商事法律服务。		
市责任单位	贸促会	市开发区责任单位	中韩办
现状	中韩自贸协定服务示范窗口（盐城）设在市贸易会，正常为企业提供签发中韩自贸协定下的优惠原产地证书等商事法律服务。		

具体要求	市责任部门
帮助签发中韩自贸协定下的优惠原产地证书等商事法律服务。	贸促会 商务局

工作任务	优化贸易监管服务		
工作要求	扩大中韩 AEO（经认证的经营者）互认成果，积极开展企业信用培育。		
市责任单位	盐城海关	市开发区责任单位	综合保税区
现状	在盐城尚无开展对韩贸易的企业成为高级 AEO 认证企业。 AEO（“经认证经营者”的英文缩写），经认证的经营者（Authorized Economic Operator）：在世界海关组织（WCO）制定的《全球贸易安全与便利标准框架》中被定义为：“以任何一种方式参与货物国际流通，并被海关当局认定符合世界海关组织或相应供应链安全标准的一方，包括生产商、进口商、出口商、报关行、承运商、理货人、中间商、口岸和机场、货站经营者、综合经营者、仓储业经营者和分销商。”		

续表

具体要求	市责任部门
全面落实海关总署公告2014年第20号《关于正式实施中韩海关“经认证的经营者（AEO）”互认的公告》。定期开展法律法规宣传培训；扩大和提升高级认证企业类进出口企业信用。给予韩方AEO企业的进口货物如下通关便利措施：降低进口货物查验率；简化进口货物单证审核；进口货物优先通关；设立海关联络员，协调解决企业通关中的问题。	盐城海关
为企业设立协调员；南京海关与韩方相关海关商定AEO互认企业通关便利措施，形成长效机制。	盐城海关

工作任务	优化贸易监管服务		
工作要求	支持盐城综合保税区争取区内外企业委内、委托加工和赋予区内企业增值税一般纳税人资格等试点政策。		
市责任单位	税务局、市开发区	市开发区责任单位	税务局
现状	综合保税区一般纳税人资格试点政策是为了解决综保区内生产企业因外销市场受阻而产能利用不足，需要打开内销市场，消化过剩产能，赋予这类企业增值税一般纳税人资格试点，而要申请试点，必须有三户以上企业提出试点业务需求，并逐级报国税总局、财政部、海关总署批准，目前全国已有24家综合保税区实施试点。因盐城综合保税区一直未有企业提出试点需求，导致至今无法启动向上级税务机关提出试点申请。		

具体要求	市责任部门
协助盐城综保区向上争取一般纳税人资格试点政策。	税务局

工作任务	支持跨境电商发展		
工作要求	支持发展跨境电子商务，积极争取国家跨境电子商务综合试验区试点。		
市责任单位	市开发区、商务局、盐城海关	市开发区责任单位	综合保税区
现状	中国跨境电子商务综合试验区是中国设立的跨境电子商务综合性质的先行先试的城市区域，旨在跨境电子商务交易、支付、物流、通关、退税、结汇等环节的技术标准、业务流程、监管模式和信息化建设等方面先行先试，通过制度创新、管理创新、服务创新和协同发展，破解跨境电子商务发展中的深层次矛盾和体制性难题，打造跨境电子商务完整的产业链和生态链，逐步形成一套适应和引领全球跨境电子商务发展的管理制度和规则，为推动中国跨境电子商务健康发展提供可复制、可推广的经验。2015年3月7日，国务院同意设立中国（杭州）跨境电子商务综合试验区。2016年1月6日，国务院常务会议决定，在天津、上海、重庆、苏州这12个城市设第二批跨境电子商务综合试验区。2018年7月24日，国务院同意在北京市、呼和浩特市、沈阳市、长春市、哈尔滨市、南京市等22个城市设立跨境电子商务综合试验区。		

续表

具体要求	市责任部门
大力发展对韩跨境电子商务，招引上下游企业落户园区。	市开发区
做好创建国家跨境电商综合试验区工作。	市开发区 商务局 盐城海关

工作任务	支持跨境电商发展		
工作要求	支持大丰港跨境电商孵化中心和网上丝绸之路江苏省运营中心平台建设。		
市责任单位	商务局、财政局、大丰区	大丰区责任单位	商务局、财政局、大丰港经济区
现状	大丰港跨境电商孵化中心是由大丰港经济区与清华大学国家服务外包人力资源研究院、北京他拍档电子商务服务有限公司合作建立，2016 年 3 月在大丰港正式对外运营，助力区域经济发展，打造良性的可持续发展的跨境电子商务生态圈。目前已入驻企业 50 家。 网上丝绸之路江苏省运营中心是敦煌网与大丰港经济区合作运营的项目，并计划落户本地公司着重发展港区保税仓，普及海外仓展能力和公共营销服务，实现对盐城市及周边城市的百家外贸出口企业的帮扶，从而实现线上交易的增加。目前大丰港保税物流中心内敦煌网集货仓已运营，运营中心即将入驻启动运营。		

具体要求	责任部门
向省商务厅、国家商务部对接，争取创建跨境电子商务综合试验区。	商务局
利用专项资金，支持跨境电商平台发展。	财政局

工作任务	支持跨境电商发展		
工作要求	支持中韩（盐城）产业园内跨境电商企业依托盐城综合保税区和大丰港保税物流中心（B 型），培育发展跨境电子商务网购保税进口、保税展示交易等新兴业态，通过规范的“海外仓”、体验店和配送网点等模式，融入境外零售体系。		
市责任单位	商务局、盐城海关、市开发区、大丰区	市开发区责任单位	综合保税区、世纪新城集团

续表

<table>
<tr><td>现状</td><td colspan="3">从2014年到2017年，跨境电商以平均每年30%的增幅迅速上涨。有研究预计，到2020年，跨境电商交易总额将达到12万亿元，占中国进出口总额的约37.6%。跨境电商成为电商业发展最快的部分。跨境电商一定程度来看就是让国内电商走向世界，在这个过程中海外仓或称为发展的关键。海外仓就是电商企业在海外建立仓库，然后将产品批量运送到所建仓库，在境外消费者进行网购时，可以从海外仓运送商品至消费者。海外仓的优势在于减少跨境电商业务的中间环节，让境外消费者获得更优质的网购体验，节约商品跨境运输耗时同时降低成本。当前国内已经有不少电商企业都积极建设海外仓，如何让海外仓更靠近境外消费者聚集地，成为跨境电商现阶段最重要的问题。保税展示交易平台实现了内外贸在零售环节的对接，促进国际商品进入国内市场，进一步增强了贸易便利化。物流是跨境电商平台的核心竞争力。没有物流设施的建设和完善，不能优化流程，提高跨境物流供应链的效率，提升平台消费者的购买体验，跨境电商平台就无法持续发展，那么最终将会在激烈的市场竞争中被淘汰。</td></tr>
<tr><td colspan="3">具体要求</td><td>市责任部门</td></tr>
<tr><td colspan="3">出台扶持政策，鼓励本土跨境电商平台发展，鼓励电商企业创建品牌和标准，确定电子商务企业获得国家驰名商标，给予奖励政策。</td><td>市场监管局
商务局</td></tr>
<tr><td colspan="3">出台专项吸引平台物流、跨境电商、海外仓企业的扶持政策大力支持进出口业务的开展。</td><td>商务局</td></tr>
<tr><td colspan="3">积极招引运营主体。加快跨境电商信息技术在流通领域的创新应用，促进线上线下融合，发展流通新业态、新方式。为跨境电商发展创造有利条件。</td><td>市开发区</td></tr>
<tr><td>工作任务</td><td colspan="3">推进金融改革创新</td></tr>
<tr><td>工作要求</td><td colspan="3">支持韩国银行机构对园区内企业开展跨境人民币贷款业务，支持韩资跨国企业集团开展跨境双向人民币资金池业务。</td></tr>
<tr><td>市责任单位</td><td>人行盐城市中心支行</td><td>市开发区责任单位</td><td>经发局（金融办）</td></tr>
<tr><td>现状</td><td colspan="3">全国最先试点跨境人民币贷款的区域是深圳前海新区，2013年1月，首批跨境人民币贷款正式签约，标志着跨境人民币贷款业务正式启动。目前江苏昆山试验区、上海自贸区、天津生态城、苏州工业园区等地区都已展开相关试点工作。2015年7月，中国人民银行总行同意青岛试点开展韩国银行机构对青岛财富管理改革试验区内企业发放跨境人民币贷款业务，青岛成为全国首个也是唯一允许境内企业从韩国银行机构借入人民币资金的试点地区。</td></tr>
<tr><td colspan="3">具体要求</td><td>市责任部门</td></tr>
<tr><td colspan="3">与上级人民银行汇报沟通，争取试点政策支持。</td><td>人行盐城中心支行</td></tr>
<tr><td colspan="3">研究制定中韩（盐城）产业园跨境人民币贷款业务试点管理办法。</td><td>人行盐城中心支行</td></tr>
</table>

续表

<table>
<tr><td>工作任务</td><td colspan="3">推进金融改革创新</td></tr>
<tr><td>工作要求</td><td colspan="3">支持韩国银行、保险等金融机构到园区设立分支机构。</td></tr>
<tr><td>市责任单位</td><td>地方金融监管局、
银保监局</td><td>市开发区责任单位</td><td>经发局（金融办）</td></tr>
<tr><td>现状</td><td colspan="3">2016 年 11 月，市开发区招引的苏北第一家外资新韩银行（中国）有限公司盐城分行成功注册开业。目前园区没有其他韩资银行和韩资保险机构。</td></tr>
<tr><td colspan="3">具体要求</td><td>市责任部门</td></tr>
<tr><td colspan="3">积极招引韩国银行和韩资保险机构。</td><td>市开发区
大丰区</td></tr>
<tr><td colspan="3">做好招引落户的韩国银行和韩资保险机构涉及省银保监局和银保监会审批服务工作。</td><td>地方金融监管局
银保监局</td></tr>
<tr><td>工作任务</td><td colspan="3">推进金融改革创新</td></tr>
<tr><td>工作要求</td><td colspan="3">支持符合条件的韩资企业在园区设立合资基金管理公司。</td></tr>
<tr><td>市责任单位</td><td>地方金融监督管理局、
财政局</td><td>市开发区责任单位</td><td>经发局（金融办）</td></tr>
<tr><td>现状</td><td colspan="3">目前基金管理公司对境外投资者进一步开放，允许外资持股比例达到 51%，符合条件的境外投资者已可根据法律法规、证监会有关规定和相关服务指南的要求，依法提交变更公司实际控制人或新设合资基金管理公司的申请材料。</td></tr>
<tr><td colspan="3">具体要求</td><td>市责任部门</td></tr>
<tr><td colspan="3">将“基金产业园”打造成金融资本集聚高地，加快培育本土领军投资机构营造基金业发展的良好氛围。招引韩资基金公司与本地有实力的基金公司合资发展。</td><td>财政局</td></tr>
<tr><td colspan="3">大力引进高级专业基金人才，配套吸引律师、会计师、资产评估等中介服务机构入户园区。</td><td>财政局
地方金融监督管理局</td></tr>
<tr><td>工作任务</td><td colspan="3">推进金融改革创新</td></tr>
<tr><td>工作要求</td><td colspan="3">支持园区内银行机构办理中韩货币互换项下韩元融资和各类海外直贷等创新业务。</td></tr>
<tr><td>市责任单位</td><td>人行盐城市中心支行</td><td>市开发区责任单位</td><td>经发局（金融办）</td></tr>
<tr><td>现状</td><td colspan="3">2014 年，交行江苏省分行成功为东风悦达起亚汽车有限公司办理了中韩货币互换项下首笔韩元融资业务，融资金额达 2.3 亿韩元。2017 年 3 月，人民银行发布了《关于全口径跨境融资宏观审慎管理有关事宜的通知》（银发〔2017〕9 号），允许境内法人企业（不含政府融资平台和房地产企业）在跨境融资风险加权余额范围内自主开展本外币跨境融资。</td></tr>
</table>

续表

具体要求	市责任部门
做好中韩（盐城）产业园区内各银行机构办理韩元融资和海外直贷等创新业务审批许可工作。	人行盐城市中心支行

工作任务	推进金融改革创新		
工作要求	鼓励开展外商投资企业知识产权质押贷款业务。		
市责任单位	市场监管局、 人行盐城市中心支行	市开发区责任单位	综合执法局、 经发局（金融办）
现状	《省政府关于促进外资提质增效的若干意见》（苏政发〔2018〕67号）规定：支持外资研发中心研发成果在本地实行产业化，鼓励有条件的地区对研发成果转化项目在土地、人才等方面提供便利，给予资金扶持或奖励。鼓励有条件的地区开展外商投资企业知识产权质押贷款业务。		

具体要求	市责任部门
推动外资企业实施知识产权强企战略，加快知识产权的生产、应用和保护。支持中韩（盐城）产业园强化知识产权创造、保护和运用，增加外商投资企业知识产权申请和授权，培育国家知识产权示范和优势企业，争创国家知识产权试点园区。	市场监管局
做好外商投资企业知识产权质押贷款业务考核和服务工作。	人行盐城市中心支行

工作任务	健全人才便利化服务机制		
工作要求	支持园区给予高层次人才在落户、出入境、医疗、子女入学、配偶安置等方面更加便利的服务。		
市责任单位	人社局、组织部、外办、 公安局、卫健委、教育局	市开发区责任单位	组织部（人社局）
现状	自2010年以来，市开发区共引进领军人才69人，帮助园区产业在技术转型升级方面提供了坚强的人才支撑。在《关于高层次人才发展的工作意见》（盐开发〔2018〕13号）文件中明确指出，给予高层次人才在落户、出入境、医疗、子女入学、配偶安置等方面更加便利的服务。		

具体要求	市责任部门
高层次人才来我市落户，提供便捷周到的服务，并帮助其随行家属和子女安排落户。	公安局
我市高层次人才可提供长期签证、居留许可等便利措施。	公安局
高层次人才在我市就医，提供预约诊疗服务，加强领军人才健康管理和咨询服务。	卫健委
高层次人才非户籍子女就读义务教育阶段公办学校，享受我市户籍学生待遇。	教育局
高层次人才配偶来我市生活，及时推荐至市内企业就业。	人社局 组织部

续表

工作任务	健全人才便利化服务机制		
工作要求	对园区内符合条件的外籍高层人才，主动跟进并提供口岸签证、长期签证、居留许可等便利举措，推行预约预审、24 小时咨询、到期提醒、送证上门等服务措施，进一步提升外国人居停留服务水平。		
市责任单位	公安局	市开发区责任单位	公安分局
现状	目前，园区内高层次人才符合条件的可以办理最长为 5 年的居留许可，对重点单位有紧急事由的可以办理口岸签证，对重点企业实行预约办证，开通绿色通道，24 小时咨询服务，对有不便上门取证的送证上门。		

具体要求	市责任部门
对符合条件办理 5 年居留许可的按规定办理。	出入境管理支队
对符合紧急事由办理口岸签证的提供服务。	出入境管理支队
对确有需求的企业实行预约办证。	出入境管理支队
开通绿色通道。	出入境管理支队 市开发区出入境管理大队
提供 24 小时咨询、送证上门服务。	出入境管理大队

工作任务	健全人才便利化服务机制		
工作要求	支持园区试点按企业纳税金额和居住期限给予韩籍人士绿卡、延长就业和从业资格证照时限、放宽多次往返签证等政策。		
市责任单位	公安局、科技局	市开发区责任单位	公安分局
现状	目前，该政策已实行，企业符合条件的人员积极向上报送材料，待公安部审核通过后方可实现。		

具体要求	市责任部门
对符合条件申请绿卡的按规定办理。	出入境管理支队
对符合条件的韩籍人才，延长来华工作许可时限。	科技局

工作任务	健全人才便利化服务机制		
工作要求	持续优化审核程序，提高审批效率，重点支持产业园赴韩开展经贸活动团组，保证园区人员因公临时赴韩需要；对重要紧急的赴韩招商团组特事特办、加急办理。		
市责任单位	外办	市开发区责任单位	中韩办

续表

<table>
<tr><td>现状</td><td colspan="3">目前，市开发区出访团组统一以区管委会的名义向市政府出具出访请示，由区经发局统一扎口管理，办理出访任务批件、政审批件及签证相关手续，各出访单位配合。先后办理了71人赴韩国一年多次往返任务批件，其中25人已办理一年多次赴韩有效签证或出境证明，46人正在积极办理。今年1—11月，中韩（盐城）产业园区赴韩招商团组共计36批次、116人次，一年多次任务批件内出访韩国的人员达33人、101人次，其中出访韩国超过3次的有15人、超过5次的有10人。</td></tr>
<tr><td colspan="3">具体要求</td><td>市责任部门</td></tr>
<tr><td colspan="3">帮助争取赴韩招商人员指标计划不少于150人次（含厅级2人次）。</td><td>外办</td></tr>
<tr><td colspan="3">支持中韩（盐城）产业园驻外代表处工作人员申办韩国、日本、欧美等国工作签证。</td><td>外办</td></tr>
<tr><td>工作任务</td><td colspan="3">健全人才便利化服务机制</td></tr>
<tr><td>工作要求</td><td colspan="3">鼓励并支持园区内中资企业人员和韩资企业中方人员申办APEC商务旅行卡。</td></tr>
<tr><td>市责任单位</td><td>外办</td><td>市开发区责任单位</td><td>中韩办</td></tr>
<tr><td>现状</td><td colspan="3">APEC（亚太经济合作组织）商务旅行卡实质是一个短期商务签证，申请人一次申办，五年有效，多次入境，每次进入APEC各经济体的入境时间最多可停留2到3个月，我国持卡人可凭此卡通行韩国、日本、新加坡、马来西亚、俄罗斯等16国。通过办理旅行卡，可较好地满足我省企业人员前往有关亚太经合组织成员经济体开展投资贸易活动的需求，有利于企业开拓国外市场，增强国际竞争力。目前，中韩（盐城）产业园区已为6个企业、9名高管办理了APEC商务旅行卡。</td></tr>
<tr><td colspan="3">具体要求</td><td>市责任部门</td></tr>
<tr><td colspan="3">市外办专程到开发区举办开发区专场APEC商务旅行卡业务培训和辅导，每年不少于2次。</td><td>外办</td></tr>
</table>

（四）拓展人文领域交流合作

<table>
<tr><td>工作任务</td><td colspan="3">推进文化旅游产业融合发展</td></tr>
<tr><td>工作要求</td><td colspan="3">加大与韩国在广告创意、动漫游戏、影视制作等领域合作，推动文化产业发展，着力打造韩国影视制作和文化创意产业基地。</td></tr>
<tr><td>市责任单位</td><td>文化广电和旅游局</td><td>市开发区责任单位</td><td>社事局</td></tr>
<tr><td>现状</td><td colspan="3">韩国MG影视公司已落户市开发区，社会事业局配合韩资园、新城公司和东方集团赴韩国招引影视文化项目，共同打造韩风文化名城。</td></tr>
</table>

续表

<table>
<tr><td colspan="3">具体要求</td><td>市责任部门</td></tr>
<tr><td colspan="3">推动中韩广告创意、动漫游戏、影视制作等领域的合作资源，推荐项目落地。</td><td>文化广电和旅游局</td></tr>
<tr><td>工作任务</td><td colspan="3">推进文化旅游产业融合发展</td></tr>
<tr><td>工作要求</td><td colspan="3">举办文化交流等活动，促进江苏与韩国间的文化交流合作。</td></tr>
<tr><td>市责任单位</td><td>文化广电和旅游局</td><td>市开发区责任单位</td><td>社事局</td></tr>
<tr><td>现状</td><td colspan="3">2016年、2017年举办过中韩体育赛事，目前还没有在盐举办过较大规模的文化交流活动，下一步，积极创造条件，举办中韩文化交流活动，通过中韩书画展、中韩文艺交流演出、校园足球友谊赛等文化、体育、旅游活动，切实增进中韩两国人民传统友谊。</td></tr>
<tr><td colspan="3">具体要求</td><td>市责任部门</td></tr>
<tr><td colspan="3">邀请韩国书画家协会来盐城书画展览。</td><td>文化广电和旅游局</td></tr>
<tr><td colspan="3">邀请韩国艺术团来盐城演出交流。</td><td>文化广电
和旅游局</td></tr>
<tr><td>工作任务</td><td colspan="3">推进文化旅游产业融合发展</td></tr>
<tr><td>工作要求</td><td colspan="3">发挥盐城珍禽、麋鹿保护区独特优势，依托盐城重点旅游景区资源，发展湿地旅游、休闲旅游和体验旅游，吸引韩国人来盐城、江苏旅游，打造韩国人来华旅游重要目的地。</td></tr>
<tr><td>市责任单位</td><td>文化广电和旅游局</td><td>市开发区责任单位</td><td>社事局</td></tr>
<tr><td>现状</td><td colspan="3">一是将“大美湿地　水韵盐城”沿海生态游、水浒文化游、缤纷赏花游等线路作为主打产品在韩国进行推广。
二是借助江苏旅游韩国推广中心常年将盐城旅游产品在韩国主流媒介，旅行商交流论坛和旅游产品线上和线下平台进行推广和销售。内容涵盖中韩产业合作城市的美景、美食、线路、文化等旅游要素内容。
三是组织韩国重点旅行商及媒介进行采风行活动，从工业旅游，生态旅游、乡村旅游等综合产业方面全方位体验中韩产业合作城市旅游魅力。</td></tr>
<tr><td colspan="3">具体要求</td><td>责任部门</td></tr>
<tr><td colspan="3">依托独特的生态旅游资源，开展盐韩地方政府和民间文化艺术、体育竞技、旅游推介等活动。</td><td>文化广电和旅游局
体育局</td></tr>
<tr><td colspan="3">带队参加“水韵江苏”赴日韩宣传促销活动，具体时间根据省里通知要求。</td><td>文化广电和旅游局</td></tr>
<tr><td colspan="3">增进与“水韵江苏”江苏旅游韩国推广中心交流合作，宣传推广中韩产业园及盐城文化旅游。</td><td>文化广电和旅游局</td></tr>
</table>

续表

工作任务	加强职业培训及卫生合作		
工作要求	支持江苏省内高校、职校与韩国院校建立战略合作关系，在中韩（盐城）产业园开展人才培训交流。		
市责任单位	教育局	市开发区责任单位	社事局
现状	盐城现有两所高校，分别为盐城师范学院与盐城工学院。		

具体要求	市责任部门
到2020年，引进韩国2所院校分别与盐城师范学院、盐城工学院等高校建立战略合作关系，在中韩（盐城）产业园开展院校人才交流活动。	教育局 盐城工学院 盐城师范学院

工作任务	加强职业培训及卫生合作		
工作要求	鼓励韩方通过多种合作方式在盐城设立医疗机构，推动中韩合作设立执业医师和护士培训的机构。		
市责任单位	卫健委	市开发区责任单位	社事局
现状	2019年5月市妇幼保健医院完成搬迁工作，成为建立对外国际医疗合作部的平台。目前纯外资医院不能设立，建立妇幼保健医院国际医疗合作部是下一步重点工作。目前中外合资、合作医疗机构聘请外籍医师、护士，按照《中华人民共和国执业医师法》《中华人民共和国护士管理办法》《关于开展设立外资独资医院试点工作的通知》（国卫医函〔2014〕244号）等有关规定办理。设立中外合资医院或独资医院在江苏省政策上都是允许的，审批权限在省级卫生部门、商务部门和市场监督管理部门。		

具体要求	市责任部门
推动中韩合资合作举办医疗机构和培训机构。	卫健委
推进中韩合作医疗机构的设立。	商务局
推进中韩合作医疗机构的设立。	市场监管局

（五）保障措施

工作任务	强化要素供给		
工作要求	在编制土地利用总体规划和城市总体规划时，统筹安排中韩（盐城）产业园的建设用地。		
市责任单位	自然资源和规划局	市开发区责任单位	规划分局、国土分局

续表

<table>
<tr><td>现状</td><td colspan="3">目前，市开发区符合土地利用总体规划面积37.5平方千米，已使用规划空间面积29.9平方千米，剩余规划空间面积7.5平方千米，其中盐渎路以北2平方千米，盐渎路以南5.5平方千米，规划空间严重不足，不能满足中韩（盐城）产业园建设发展的需要。
市原国土局自2016年起对中韩（盐城）产业园农用地转用指标分配实行单列，2016年、2017年分别为0.27平方千米，2018年下达市开发区1.4平方千米，其中：中韩（盐城）产业园区0.07平方千米、开发区0.07平方千米，城乡增减挂钩0.13平方千米，开发区出资购买跨省调剂指标0.32平方千米，县级统筹指标0.25平方千米，预借重大项目用地0.58平方千米。现有的农用地转用指标不能满足中韩（盐城）产业园区用地需要。</td></tr>
<tr><td colspan="3">具体要求</td><td>市责任部门</td></tr>
<tr><td colspan="3">统筹安排中韩（盐城）产业园内的规划空间，力争突破产城融合核心区42平方公里的空间格局。将南环路南、步湖路以北区域纳入城市总规定范围内，作为中韩产业园发展备用地。</td><td>自然资源和规划局</td></tr>
<tr><td colspan="3">"多规"融合发展。</td><td>自然资源和规划局
生态环境局
发展改革委
交通运输局</td></tr>
<tr><td colspan="3">对列入中韩（盐城）产业园的重点项目，每年在年度计划下达时优先给予倾斜。</td><td>自然资源
和规划局</td></tr>
<tr><td>工作任务</td><td colspan="3">强化要素供给</td></tr>
<tr><td>工作要求</td><td colspan="3">将中韩（盐城）产业园内符合条件的项目优先纳入年度省重大项目投资计划。</td></tr>
<tr><td>市责任单位</td><td>发展改革委、自然资源和规划局</td><td>市开发区责任单位</td><td>经发局、国土分局</td></tr>
<tr><td>现状</td><td colspan="3">目前中韩（盐城）产业园没有项目纳入省重大项目，需加大重大项目招引和推进力度。</td></tr>
<tr><td colspan="3">具体要求</td><td>市责任部门</td></tr>
<tr><td colspan="3">跟踪对接省发展改革委重大项目办，争取将中韩（盐城）产业园符合条件的重大项目纳入省重大项目计划。</td><td>发展改革委</td></tr>
<tr><td colspan="3">积极帮助中韩（盐城）产业园列入省重大项目计划的项目争取"省重大产业项目用地计划"等相关扶持政策。</td><td>自然资源和规划局</td></tr>
<tr><td>工作任务</td><td colspan="3">强化要素供给</td></tr>
<tr><td>工作要求</td><td colspan="3">允许盐城经济技术开发区编制在总额内自主动态调整，探索聘任制、合同管理、绩效考核等管理办法，建立灵活的用人机制。</td></tr>
<tr><td>市责任单位</td><td>编办、人社局、组织部</td><td>市开发区责任单位</td><td>组织部（人社局）</td></tr>
</table>

续表

<table>
<tr><td>现状</td><td colspan="3">根据“三定”方案，市编办核准市开发区机关和园区行政编制121个，事业编制209个，因该区一直超编无法选调招录行政事业性质工作人员，机关工作人员素质参差不齐。同时因编制紧缺，能够持有证件的正式在编执法人员力量严重不足。核准大丰港经济开发区下设7个园区管理办公室，核定事业编制58名，其中未明确成立专门机构负责中韩（盐城）产业园临港产业园配套区相关工作。
且在“三定”方案中，未成立专门机构负责中韩产业园建设推进的相关工作。随着中韩（盐城）产业园加快建设发展，必须要设立一个专门办事机构做好园区各项事务工作。</td></tr>
<tr><td colspan="3">具体要求</td><td>市责任部门</td></tr>
<tr><td colspan="3">支持盐城经济技术开发区实行灵活的用人机制和薪酬机制。</td><td>人社局
组织部</td></tr>
<tr><td>工作任务</td><td colspan="3">强化集成创新</td></tr>
<tr><td>工作要求</td><td colspan="3">加强改革系统集成，支持中韩（盐城）产业园复制推广自贸试验区、国家跨境电子商务综合试验区、国家级新区等改革经验，积极开展体制机制创新。</td></tr>
<tr><td>市责任单位</td><td>商务局、市开发区、大丰区</td><td>市开发区责任单位</td><td>中韩办</td></tr>
<tr><td>现状</td><td colspan="3">《国务院关于同意设立中韩产业园的批复》（国函〔2017〕142号）中明确要求中韩产业园建设“要积极落实中韩自贸协定有关规定，加快复制推广上海等自贸试验区改革试点经验，努力把中韩产业园建设成为深化供给侧结构性改革、加快建设创新型国家、推动形成全面开放新格局的示范区，中韩对接发展战略、共建‘一带一路’、深化贸易和投资合作的先行区”。江苏省政府已确定中韩（盐城）产业园为江苏开展集成自贸试验区经验、“打造1+3新一轮改革开放‘试验田’”。市商务局已《关于复制推广自由贸易试验区改革试点经验。加快推进中韩（盐城）产业园建设的实施方案（送审稿）》报市政府审批。园区正在全面加快复制和集成创新工作。</td></tr>
<tr><td colspan="3">具体要求</td><td>市责任部门</td></tr>
<tr><td colspan="3">市政府印发《关于复制推广自由贸易试验区改革试点经验　加快推进中韩（盐城）产业园建设的实施方案》</td><td>商务局</td></tr>
<tr><td colspan="3">组织专家学者和有关机构深入到园区和企业调研，重点围绕贸易自由化中对韩贸易开展创新研究。</td><td>商务局</td></tr>
<tr><td colspan="3">指导园区结合实际形成创新工作方案，报省政府和国家商务部争取开展试点，每年争取不少于2项。</td><td>商务局</td></tr>
<tr><td colspan="3">指导园区不断完善试点工作，配合国家、省有关部门做好对试点工作的调研考核、推广复制等工作。</td><td>商务局</td></tr>
</table>

续表

工作任务	强化集成创新		
工作要求	密切跟踪、系统研究中韩自贸协定后续谈判及改革开放政策，争取在中韩（盐城）产业园率先落地应用。		
市责任单位	商务局、市开发区、大丰区	市开发区责任单位	中韩办
现状	中韩自贸协定第二阶段谈判已基础结束，后续谈判将根据情况开展。第二轮谈判重点涉及服务贸易等方面，后期将在更广泛领域开展谈判。		
具体要求			市责任部门
加强与商务部、上海 WTO 事务咨询中心沟通交流，及时掌握自贸协定后续谈判情况。			商务局
选择确定相关合作研究机构 2 家以上，委托其开展研究。			市开发区
工作任务	强化集成创新		
工作要求	加强试点经验的总结，努力形成一批可复制、可推广的试点成果，使中韩（盐城）产业园成为中韩贸易、投资等领域扩大对外开放的“压力测试”平台。		
市责任单位	商务局、市开发区、大丰区	盐城经开区责任单位	中韩办
现状	目前园区内暂无相关试点，需结合工作实际深入研究，争取试点。		
具体要求			市责任部门
坚持边争取、边试点、边总结，并及时向省和国家有关部门汇报争取推广。每年争取不少于 1 条经验被推广复制。			各相关部门

2019 年中韩（盐城）产业园重点工作计划

月份	类别	重点工作	牵头部门
1 月	招商	赴韩开展招商活动，重点推进汽车零部件、电子信息、半导体等产业的对韩合作，推动项目落户。	市开发区
	会议	举办中韩（盐城）产业园厅、市联席会议第四次会议。	市商务局 市开发区
		承办中韩产业园 2019 年度内部工作第一次会议暨政策培训活动。	
	建设	设立盐城经济技术开发区管委会中韩（盐城）产业园建设办公室。	市委编办
		推进汽车整车进口口岸和进口肉类指定口岸等申报工作。	大丰区

续表

月份	类别	重点工作	牵头部门
2月	招商	赴韩推进新能源汽车、电子信息及人工智能等项目，重点拜访在盐城有投资合作意向的韩资企业，推动项目落户。	市开发区
	会议	赴上海拜访韩国驻沪领事馆、韩国贸易协会上海代表处、韩国大邱市驻上海代表处等。	市商务局
	建设	推动完善省商务厅、盐城市政府、盐城经济技术开发区共建江苏省驻韩国经贸代表处。	市商务局
		加快推进大丰港铁路支线项目，取得国家铁总可研审查意见。	大丰区
		围绕综合保税区一般纳税人资格试点相关政策，开展政策调研，实施精准辅导，尽可能有三户以上企业提出增值税一般纳税人资格试点需求申请，促进一般纳税人资格试点进入申请阶段。	市税务局
3月	招商	组织市主要领导赴韩开展经贸交流活动，推介中韩（盐城）产业园，推动重大项目落户。	市商务局
		赴韩招商，围绕推进中韩（盐城）产业园建设，召开专题推介会，推动项目落户。	市开发区
		举办盐城（上海）跨国公司合作交流会暨中韩（盐城）产业园投资说明会。	市商务局
		拜访韩国驻沪总领事。	市外办
	会议	推动和服务好省中韩（盐城）产业园协调小组会议在盐城召开。	市商务局
	建设	启动创建国家跨境电商综合试验区工作，研究确定申报材料编制单位。	市开发区、市商务、局盐城海关
		落实国家级开发区赋权清单，做好赋权工作“回头看”，确保承接到位。	市委编办
		协助港中旅华贸国际物流股份有限公司在盐设立分支机构，获得在盐经营国际快递经营许可。	盐城海关
		大丰港保税物流中心向南京海关申请跨境电商业务代码，开展跨境电商业务，常态运营大丰港跨境电商孵化中心，启动运营敦煌网“网上丝绸之路江苏省运营中心”。	大丰区

续表

月份	类别	重点工作	牵头部门
4月	招商	举办"一带一路"商协会圆桌会议（盐城）峰会。	市开发区
		赴韩开展专题招商活动，推进装备制造、光电光伏等项目合作。	市开发区
		深度接轨上海，强化大丰海港控股集团与上港集团战略合作，以集装箱业务为先导，双方正式签订资本层面合作协议。	大丰区
		推进设立韩资保险机构。	盐城银保监分局
	文件	研究制定《中韩（盐城）产业园跨境人民币贷款业务试点管理办法》。	人行盐城中心支行
	建设	指导市开发区行政审批局建立全科政务服务模式，实现由"单一窗口"向"全科窗口"转变，由"一专多能"向"全科全能"转变。	市行政审批局
		完成韩风国际文化名城规划编制工作，并全面开始建设。	市开发区
	会议	组织盐城市代表团赴惠州参加中韩产业园2019年度第二次内部工作会议和政策培训。	市商务局
5月	招商	组织盐城市代表团参加省委主要领导赴韩经贸交流活动，专题推介中韩（盐城）产业园，推动重大项目落户。	市商务局
		赴韩开展专题招商推介活动。	市开发区
		邀请一批知名韩国企业代表来盐参加"5·18"经贸活动。	市商务局
	建设	加快推进进口肉类指定口岸申报，力争申报材料由市政府报至省政府，年内报至海关总署。	大丰区
6月	招商	举办盐城（北京）跨国公司合作交流会暨中韩（盐城）产业园投资说明会。	市商务局
	会议	组织盐城市代表团赴韩参加中韩产业园合作协调机制司局级工作组第三次会议。	市商务局
	建设	兴农大宗农产品保税仓一期工程建成投产，二期工程启动建设。	大丰区

续表

月份	类别	重点工作	牵头部门
7月	招商	组织小分队开展对韩招商活动。	市商务局
		赴韩举办中韩（盐城）产业园专题推介活动。	市开发区
	会议	组织参加第16次中韩经济部长会议，宣传推介中韩（盐城）产业园。	发展改革委
	建设	对列入中韩（盐城）产业园的重点项目，主动对接，摸清情况，在年度计划下达时，统筹安排，拟订项目用地计划方案，报市政府审定。	市自然资源和规划局
		推动韩资跨国企业集团开展跨境双向人民币资金池业务。	人行盐城中心支行
		启动大丰港深水航道二期工程（15万吨级）前期研究工作。	大丰区
8月	招商	组织市主要领导赴韩开展经贸活动，推进与新万金开发厅的合作交流。	市商务局 市开发区
		推进中韩合资银行和韩资保险机构落户，做好机构落地的审批服务工作。	市开发区 盐城银保监分局
		配合省做好“水韵江苏”赴日韩宣传促销活动，宣传推广中韩（盐城）产业园及盐城文化旅游。	市文化广电和旅游局
	会议	组织盐城市代表团赴韩参加中韩产业园合作协调机制副部级第三次会议。	市商务局
		邀请盈科律师事务所、安达保险等公司来盐举办韩资企业专题讲座。	市商务局
	建设	将外商投资企业知识产权质押贷款产品信息加入“YC易贷”平台。	人行盐城中心支行
		开工建设大丰港铁路支线项目。	大丰区
9月	招商	赴韩开展专题招商活动，推进高端电子信息产业项目等合作。	市开发区
		邀请韩国模德等重点旅行商和KBS、《朝鲜日报》等韩国主流媒介来盐考察踩线。	市文化广电和旅游局
	会议	召开盐城韩国国际友城大会。	市外办
	建设	建立韩国大学创新型产业联盟和中韩科技企业孵化（盐城）基地。	市开发区
		进一步完善提升大丰港保税物流中心功能，加强与南京海关对接，适时启动综保区申报工作。	大丰区

续表

月份	类别	重点工作	牵头部门
10月	招商	举办中韩投资贸易博览会。	市开发区
		开展驻沪使领馆官员盐城行活动。	市外办
	建设	完成中韩（盐城）产业园总体规划编制工作。	市开发区
		开通盐城至韩国全货机航线。	盐城机场
		恢复大丰港至釜山港、平泽港国际集装箱直航航线，积极推进大丰港至韩国新万金群山港航线权报批工作。	大丰区
11月	招商	赴韩开展专题推介，重点围绕汽车、半导体、医疗器械等产业，拜访在盐城有投资合作意向的韩资企业。	市开发区
	会议	组织盐城市代表团赴山东济宁参加中日韩泛黄海会议。	市商务局
	建设	对列入省年度重点投资计划的项目，主动与园区对接，积极帮助和指导其向省争取重大产业项目用地计划。	市自然资源和规划局
12月	建设	做好商务部中韩产业园建设发展水平评估工作。	市商务局、市开发区、大丰区
		做好省高质量发展中韩（盐城）产业园指标考核工作。	
		集装箱码头扩建工程年内完成前期手续，大丰港国际物流中心年内完成匡圩工程。	大丰区
		推动市开发区相对集中行政处罚权工作，赋予综合行政执法权。	市司法局
		大丰港国际集装箱物流中心堆场通过海域验收，完成场地硬化。	市交通运输局
		在总体规划修编成果中，落实中韩（盐城）产业园发展备用地。	市自然资源和规划局

附录6　优化中韩（盐城）产业园高质量发展的路径[1]

习近平总书记在亚洲博鳌论坛2018年年会上强调，中国开放的大门只会越开越大。今年是我国改革开放40周年，随着国家一系列关于深化改

① 此部分内容根据盐城市人民政府办公室《关于印发中韩（盐城）产业园建设实施方案任务分解表和2019年中韩（盐城）产业园重点工作计划的通知》（盐政发〔2019〕131号）整理。

革、扩大开放政策的出台，中韩（盐城）产业园建设将迎来更多的利好机遇。

一、明确中韩（盐城）产业园未来发展指导思想、基本原则和目标要求

江苏省人民政府2018年9月27日下发了《中韩（盐城）产业园建设实施方案》（苏政发〔2018〕121号文件），要求举全省之力推动中韩（盐城）产业园高质量发展。《中韩（盐城）产业园建设实施方案》明确了中韩（盐城）产业园高质量发展的指导思想、基本原则和战略目标。

（一）指导思想

以习近平新时代中国特色社会主义思想为指导，全面贯彻党的十九大精神，认真落实中央关于新一轮对外开放的总体部署，牢固树立新发展理念，牢牢把握高质量发展要求。以深化改革、扩大开放为动力，发挥盐城市对韩合作综合优势，积极落实中韩自贸协定，加快复制推广自贸试验区改革试点经验。以新技术、新产业、新模式、新业态为核心，加快建设实体经济、科技创新、现代金融、人力资源协同发展的产业体系，努力实现探索性发展、创新性发展、引领性发展，为全省经济高质量发展和“一带一路”交汇点建设提供有力支撑。

（二）基本原则

（1）坚持改革引领。深化供给侧结构性改革，探索中韩自贸协定项下服务贸易和投资领域的先行先试，复制推广自贸试验区改革试点经验，实施高水平的投资和贸易自由化、便利化举措，促进经济发展质量变革、效率变革、动力变革，推动开放型经济高质量发展。

（2）坚持开放合作。对接中韩两国发展战略，加强与韩国新万金经济自由区等产业园区的合作，围绕两国优势产业项目深化合作，促进共同发展。坚持高端产业集聚、高端研发引领、高端人才支撑、高端资本密集、高端品牌经营，面向全球布局产业链，培育参与国际经济技术合作与竞争

新优势。

(3) 坚持创新驱动。实施创新驱动战略，积极落实外商投资研发中心支持政策，围绕产业链布局创新链，围绕创新链培育产业链，打通"产学研用"协同创新通道，形成有利于促进合作创新的体制机制和政策体系，进一步提升产业核心竞争力。

(4) 坚持绿色发展。牢固树立"绿水青山就是金山银山"的理念，坚持节约资源，注重保护环境，突出园区生态底色，建设资源节约型、环境友好型园区，实现生产空间集约高效、生活空间宜居适度、生态空间天蓝地绿。

（三）发展目标

2018—2020年，中韩（盐城）产业园累计新增外商投资企业100多家，实际到账外资占盐城市的比重达到25%以上，外贸进出口总额占盐城市的比重达到15%以上，平均每公顷投资不低于8 820万元，平均每公顷税收不低于550万元，单位工业增加值能耗降至0.05吨标准煤/万元以下，主要生态环境指标优于全省平均水平，发展水平走在全国对韩合作产业园前列，成为江苏韩资产业集聚区、经济高质量发展先行区。2021—2025年（中期），中韩（盐城）产业园发展质量和对外开放度持续提升，实际到账外资占盐城市的比重达到40%，外贸进出口总额占盐城市的比重达到25%，平均每公顷投资和税收高于全省国家级开发区平均水平，单位工业增加值能耗在全国开发区位居前列，成为全省江海联动发展的引领区域、江苏融入"一带一路"开放的重要载体、中韩经贸合作典范园区。2026—2035年，中韩（盐城）产业园经济实力、科技实力、生态质量大幅跃升，形成高水平的国际化、法治化、便利化营商环境，成为中韩地方经济合作和高端产业合作的新高地，深化供给侧结构性改革，加快建设创新型国家，推动形成全面开放新格局的示范区，中韩对接发展战略、共建"一带一路"、深化贸易和投资合作的先行区。

二、突出中韩（盐城）产业园规划引领、重点产业集聚和保证措施的完善

（一）进一步确定实施范围

中韩（盐城）产业园总体规划面积为50平方千米，空间布局为产城融合核心区和临港产业配套区。产城融合核心区依托盐城经济技术开发区，规划面积为42平方千米，东至峨眉山路、普陀山路、希望大道一线，西至天山路，南至步凤港、南环路一线，北至世纪大道。临港产业配套区依托大丰港一类开放口岸和大丰港保税物流中心（B型），规划面积为8平方千米，分为北部、中部和南部三个区域。北部区域东至蛇口港路，西至上海港路，南至园区道路，北至神户港路，规划面积为0.6平方千米；中部区域东至日月湖大道，西至大丰港路，南至疏港复河，北至中港大道，规划面积为1.2平方千米；南部区域东至海堤复河，西至江阴港路，南至四级航道，北至通港大道，规划面积为6.2平方千米。

（二）进一步明确合作产业

立足发展基础，重点发展汽车（包括新能源汽车、智能网联汽车）、电子信息和新能源装备产业，积极培育临港产业和现代服务业。

（1）汽车产业。支持东风悦达起亚加强纯电动和氢燃料汽车技术研发、量产上市和扩大出口。积极引进新能源整车及关键零部件等项目，发展电动化、轻量化、智能化、网联化新能源汽车全产业链，打造国家新能源汽车产业基地。发展汽车研发设计、检测改装、商贸物流、金融保险、文化创意等汽车服务业，建设智尚汽车小镇、汽车服务业集聚区和智能汽车科创园。力争通过3~5年的努力，实现汽车整车、零部件和服务业销售收入“三个千亿”目标。

（2）电子信息产业。着力引进韩国半导体研发、制造、封测等高端产业项目，重点发展集成电路、新型显示、汽车电子、高端软件、高端服务器等核心基础产业，积极发展新一代信息技术、5G、人工智能、OLED等

产业，打造中韩信息通信技术产业基地。加强与国内优势企业的战略合作，发展工业互联网，打造智能制造大数据云服务平台，提高制造业智能化、数字化、网络化水平。

（3）新能源装备产业。发展风力发电、光伏发电、新能源装备制造、海洋可再生能源、新能源海水淡化设备制造与综合利用、海底电缆制造等产业，加快储能技术和物联网开发应用，构建"新能源+"全产业链，培育绿色主导产业，打造国家清洁能源基地。

（4）临港产业。发挥大丰港与韩国釜山、仁川、平泽等重要港口通航优势，深化与韩国优势企业合作，重点发展高端装备制造、新材料、海洋生物、保税仓储物流等产业，建设国际化临港高端装备制造基地。

（5）现代服务业。坚持高端制造业和现代服务业"双轮驱动"，加快发展数字经济、枢纽经济和都市产业，着力提升服务业发展水平。推动中韩合资合作，加快发展健康医疗产业。发展跨境电商产业，着力打造中韩进出口商品物流和贸易基地。积极挖掘软件、工业设计、检测、人工智能、供应链管理等领域的服务外包业务，带动盐城服务外包产业发展。

（三）进一步加强保障措施

（1）强化组织领导。省政府应成立中韩（盐城）产业园发展工作协调小组，研究协调园区建设的全局性重大问题，将协调小组办公室设在省商务厅。盐城市、省商务厅建立联席会议工作制度，研究推进园区建设发展具体事项。省有关部门和单位根据职责分工加强指导协调，盐城市人民政府落实主体责任。盐城经济技术开发区管委会作为中韩（盐城）产业园的建设管理机构，提高综合行政服务效能，协调统筹大丰港经济开发区联动开展工作，保障中韩（盐城）产业园建设发展各项工作顺利推进。

（2）强化要素供给。在编制土地利用总体规划和城市总体规划时，统筹安排中韩（盐城）产业园的建设用地。盐城市应统筹考虑经济发展、城乡用地布局等因素，科学编制、严格落实土地利用总体规划和城乡规划。将中韩（盐城）产业园内符合条件的项目优先纳入年度省重大项目投资计划。允许盐城经济技术开发区编制在总额内自主动态调整，探索聘任制、合同管理、绩效考核等管理办法，建立灵活的用人机制。

（3）强化集成创新。加强改革系统集成，支持中韩（盐城）产业园复制推广自贸试验区、国家跨境电子商务综合试验区、国家级新区的改革经验，积极开展体制机制创新。密切跟踪、系统研究中韩自贸协定后续谈判及改革开放政策，争取在中韩（盐城）产业园率先落地应用。加强试点经验的总结，努力形成一批可复制、可推广的试点成果，使中韩（盐城）产业园成为中韩贸易、投资等领域扩大对外开放的“压力测试”平台。盐城市人民政府、省各相关部门要充分认识新时代深化对外开放对于建设现代化经济体系、促进经济转型升级的重要意义，要高度重视、主动作为，确保各项措施落地见效。省商务厅要会同有关部门加强监督检查。

三、“一带一路”交汇点建设中推进中韩（盐城）产业园高质量发展的主要路径

（一）强化基础设施保障，提升园区承载水平

为引进的韩资企业提供良好的配套设施，是园区产业规模快速集聚，产业实力迅速提升的重要举措。因此，园区需要加强产业配套设施的完善，吸引韩资企业集聚入驻。

（1）相对于中韩（惠州）产业园的地理区位优势而言，中韩（盐城）产业园的交通机制亟须完善，基础设施仍有很大的提升空间。惠州位于中国先行改革开放的试验地，境内有发展完善的交通轨道网络，对外开放口岸属于国家一类级别，而盐城高铁轨道交通仍处于初步建设阶段，机场、港口基础设施也远不如惠州，对韩交通明显滞后。

（2）中韩（盐城）产业园应将提升园区的产业承载水平作为首要性基础工作。一是改善基础设施。打造盐城交通智慧平台，增加与外地交通联系的便捷度，推进项目建设进度，提升产业园的地区竞争力。完善园区的基础设施建设，优化产业园的配套服务，提高产业园业的吸纳能力。二是优化“盐韩海空走廊”。增设飞往韩国的航班班次，最好确保每天都有航

班，增加并优化两地飞行航线，同时保证机票价格的优惠力度，并加强盐城港与韩国轮港两地的轮船航线开发力度，为园区提供更强力的交通保障。三是增加基金支持。利用目前国家金融机构正建立中韩投资合作基金的优势背景，盐城园区应积极配合相关金融机构部门进行报告和对接，在金融、商业、财政和行政等多方面规划发展，积极争取国家对新兴产业项目的研发基金，招揽更多的政府性投资资金，利用江苏省对开发沿海地区的重视，来促进园区基础设施建设项目发展。

（3）提升产业园内外基础设施建设水平，改善产业集聚条件。中韩（盐城）产业园现在处于创建初期阶段，基础设施建设还有待提高和完善。比如园内的通信、道路、水、电、污染防治等，都要进一步地完善和强化，以保证各企业的正常运作和中韩（盐城）产业园的对外开放，也为以后的产业集群打造坚实的基础。除了园内基础设施，对于盐城这个中韩（盐城）产业园对外贸易的大载体，也要加快其基础设施建设的完善和提升，例如完善南洋机场的开放口岸的功能，积极推进通往除韩国之外其他国家的航班建设。还有完善跨境物流服务，创建中韩电子商务港口。优化各企业之间的生产和合作流程，注意产业园的生态环境保护，使中韩（盐城）产业园成为设施过硬、绿色环保的产业集聚的有效载体。

（4）建设空港物流园区。完善盐城南洋国际机场一类开放口岸功能，新开和加密到韩国、中国台湾等地区的航线航班。对外开通韩国首尔、泰国曼谷、台北等 3 个国际（地区）航点，对内通达北京、上海、广州、深圳、南京等航线，主要航线每天 1 班，周航班 412 架次。目前，往返仁川机场每周 5 班 10 架次。发展以航空货运为主导的综合物流服务，建设中韩跨境电子商务口岸，设立国际快件监管中心和国际邮件互换分局，打造江苏对韩航空物流基地。

（5）提升对外通达能力。开通盐城港至韩国重要港口的邮轮航线，增辟盐城港至韩国新万金的国际集装箱直航航线。在稳定现有韩国仁川港—大丰港—上海港—仁川港国际直达集装箱航线每周一班的基础上，积极推动恢复大丰港至韩国釜山港、平泽港国际集装箱班轮航线，加快推动大丰港至新万金航线航权报批工作，争取开通大丰港至韩国仁川港的客流航线。建设大丰港铁路支线，实施盐城—大丰快速通道、内环高架快速路网三期、东环路南延及高速互通、盐宝线航道整治提升等重点工程。

（6）引进有实力的跨国公司、央企国企、上市公司与韩资企业合资成立投资开发公司，共同开发建设园区。加快建设智尚汽车小镇、中韩2.5产业园、韩国特色文化街区、国际医院、国际学校、国际社区等功能设施，营造产城融合、宜业宜居、宜商宜游的生产生活生态环境。

（7）建设贸易服务平台。积极参与推进中韩检验检疫互信互认体系建设，推动建立标准及技术法规共享平台和公共检测服务平台。推动建设大韩贸易投资振兴公社盐城馆，引进韩国企业来盐开展贸易投资，把江苏优势产品销往韩国市场。设立大宗商品现货市场交易平台，推动大宗商品期货保税交割等新兴业态发展。申报并举办中韩投资贸易博览会，为产业园发展搭建平台。优化盐城综合保税区空间布局，将大丰港保税物流中心（B型）升级为综合保税区。

（8）搭建科技创新载体。与韩国未来创造科学部、大邱创造经济革新中心、板桥科技谷、麻谷区等加强合作，引进韩国科技创新、科技园区管理理念和模式，共建中韩科技企业孵化（盐城）基地。吸引韩国大企业大集团在园区设立科技研发机构，加速高端技术研发成果转化应用。中国盐城（上海）国际科创中心加快集聚国际高端技术人才，开展“飞地”研发，争创国家新能源汽车产业创新中心。推动江苏摩比斯公司在中韩（盐城）产业园设立新能源汽车研发中心，开展新能源汽车电池、轻量化新材料、无人驾驶等新技术的研发。

（二）加快技术集成步伐，推进园区技术高端化

随着时代的发展，社会生产方式已经从传统意义上的机械化大生产转向了以信息技术、人工智能为主的高科技的新型工业生产。而且根据美国硅谷产业园发展经验借鉴，在我国中韩（盐城）产业园发展的道路上，也必须要重视技术集成的问题，推进园区技术高端化，确保技术支撑紧跟时代步伐，促进产业园以及产业链的可持续发展。

（1）加强高新技术引进。技术引进包括有形技术引进和无形技术引进，无形技术包括外部引进的许可证，有形技术包括直接购买包含高新技术的新型设备，从而提高生产力和营利能力。中韩（盐城）产业园应该加强与韩国科技发达区域的产业合作，比如韩国的未来创意科学部、板桥科技谷、大邱创意创新经济中心、马谷区，引进韩国高新科技和相关技术创新的理念，努力在中韩（盐城）产业园打造孵化高新技术的基地。

（2）实施传统产业技术转型战略。中韩（盐城）产业园的传统产业——汽车产业应积极引进高新技术，实施战略转型，向国际市场上的新能源汽车、无人驾驶汽车转型。政府需支持盐城建设科技创新中心或基地，还有在我国盐城范围内建立新能源汽车产业创新中心，聚拢国际高端技术人才，开展汽车高端技术的研发项目，重点研发新能源汽车，努力开发新能源汽车电池，发展轻量化的新材料科技，以及无人驾驶高端技术。注重引进先进技术，吸引先进制造业和现代服务业企业入驻园区，继续把韩国作为主攻区域的重点国家，紧盯韩国前20强企业投资项目，全力突破氢燃料新能源汽车、动力电池、半导体等重点项目，推动三星、SK等一批韩资重大项目加快集聚，加快建设韩资高端产业集聚区。

（3）政府应加大研发投入力度，提高企业自主创新能力。只靠技术引进和战略转型的方式，产业园只能处于缓慢发展的阶段，要想达到可持续发展的状态，政府还需要加大对科学研究的投入力度，为企业项目研究提供研发经费，鼓励企业自主创新，加强技术高端化创新，提高自我研发能力，建设创新型的中韩（盐城）产业园。发展初期，企业可以通过将旧技术进行局部改进或者周边研发，然后在发展到一定阶段后，鼓励企业建立自己的产业实验研究基地，自主研发具有延续性的创新型技术，申请自己的技术专利和知识产权，使企业达到可持续发展，从而推动中韩（盐城）产业园达到创新型可持续发展的状态。

（三）优化产业结构，实现产业区集聚发展

中韩（盐城）产业园产业结构现代性不强，产业项目较为松散，优势产业特色不够突出，缺乏新兴产业项目引进，为此，需从以下几方面加大

力度。

（1）加快引进韩资大项目，发挥龙头产业的优势作用，增强产业集聚。中韩（盐城）产业园到目前为止除韩国现代起亚集团外，韩国前十大产业均未到盐城投资，也均未跟中韩（盐城）产业园有任何项目合作，这明显不利于中韩（盐城）产业园的发展。所以应加快引进韩国市场效益好、对地方经济带动性强的韩资大型项目，引导产业园的产业延伸，拓展产业集聚的空间。中韩（盐城）产业园应制定对发展具有相对优势的龙头企业的未来发展规划，大力优化、提升龙头产业的发展，从而带动相关产业的聚集。作为中韩（盐城）产业园的龙头产业——东风悦达起亚汽车有限公司，应发挥它的示范带动作用，利用各种媒体平台的信息扩散和各大营销网络的对外开放，吸引市场上的各种资源向其聚集，提高其核心竞争力。因为龙头效应而带来的一些中小型企业的集聚，政府应积极鼓励这些企业进入龙头企业的供应网络，从而带动更多相关产业的集聚，以企业之间的集聚带动效应降低产业园的综合成本，增强竞争优势。政府和产业园还应深化改革投资体制和招商引资体制，加强企业投资自主权，将招商引资、投资政策与促进产业集群政策有机结合。充分利用中韩（盐城）产业园内众多上市公司的融资功能，增强产业集聚。

（2）提升传统产业，推进产业升级转型。传统产业能否在未来的发展进程中成功升级转型，是中韩（盐城）产业园能否快速发展的关键。当今时代，产能过剩已经成为掣肘产业发展的一个重大问题，利润区也不再是以传统产业——制造业为主，为了实现新的效益的增长点，中韩（盐城）产业园需要注重转变传统产业的发展方向和方式，利用高新科技提升传统产业的发展层次，实现传统产业的升级换代和转型。当今社会消费者的需求日新月异，便捷的和充满快乐体验的消费已经成了众多消费者的新需求，中韩（盐城）产业园要更多地满足消费者的需求。加快推动园区内已落户企业的转型，根据供给侧结构性改革要求，加快淘汰落后产能，改进生产工艺。加强以汽车产业为支柱的主导产业集群发展，加快推动产业集群升级，引导汽车产业往中高端和新能源方向发展。进一步加强优势产业发展，加快产业链的优化升级。在现有产业的带领下，通过科技创新、科技孵化机制实现园区内产业水平的升级，通过升级生产技术来拓宽产业链，应用新技术来增加产品附加值，促进园区内龙头企业的产生，同时注重产业间的整合规划，加强集聚化产业发展。

（3）促进产业规模化、集约化、专业化。根据上海张江高新技术产业园的产业集群模式经验借鉴来看，中韩（盐城）产业园需加强、促进园区内产业规模化、集约化、专业化地发展。强化中韩（盐城）产业园产业集群规模，也是中韩（盐城）产业园发展的关键性工作。一方面，要加强与韩企的项目合作。对园区内的产业进行精准分析定位，明细化盐城与韩国企业双方各自的产业优势和发展需求，突出产业特色，有针对性地与韩国企业进行优势项目合作，如加强与韩国新能源汽车、港口以及现代服务业等行业的合作，突出产业优势。另一方面，要支持企业创造自己的品牌，引导产业集聚。因为品牌效应是不可估量的，例如，张江产业园华宏芯片品牌的创立，几年内就带动了200多家封装测试企业和配套设备企业等大中小企业的集群发展。所以中韩（盐城）产业园要鼓励园内企业创立自己的品牌，重点帮助具有高技术含量的企业推广自己的品牌，当地政府应依据财力，支持一些有市场潜力、附加值高的企业一步一步做大做强自己的企业品牌。另外一些已经具有品牌效应的企业，也要继续注重扩大自己的生产规模、经营规模，加强企业自己的名牌产品与其他名牌产品的多层次合作，实现资源共享，引导产业集聚。

（4）加快新业态发展进程，推进产业园区4.0工业革命。如今盐城正积极落实建设高铁计划，园区应利用这一有利条件，抓住创新机遇，颠覆产业发展旧模式，积极推动新形式的产业开发，促进新兴产业联合的出现并发展。与此同时，深化高新技术产业研究，积极落实产业新兴战略，通过对以往产业发展经验的研究，有效规划园区内产业的发展路径，有针对性地改善并创新新兴产业的发展环境，助推新兴公司的成长。同时，增强与烟台、惠州产业园的沟通交流，实现错位发展，突出盐城产业自身特色，从而更好地促进产业园的建设。

（四）改善招商环境，打造招商引资新平台

政府应积极举办具有国际影响力的经贸交流活动，全面拓宽对韩投资贸易渠道；积极筹办首届“一带一路”商协会圆桌会议（盐城）峰会，推动外资重大产业项目加快落户盐城。加强与韩国相关部门机构的合作，设立中韩贸易相关管理机构，定期举办对韩招商活动。建立盐城与烟台中韩产业园联席沟通机制，探索建立中韩（盐城）产业园与韩国新万金招商联动机制，加强中韩产业园全方位协作。

（1）进一步争取资金支持，切实增强园区的招商引资能力。一是组织招商活动。成立专门的招商团队经常奔赴韩国，开办中韩（盐城）产业园的招商推广活动，推动资本项目的引进，促进与韩国企业的经济合作与交流，努力寻求与三星、LG、SK 等知名集团的合作机会，形成韩国高端产业链在园区内聚集，推动韩国龙头产业项目在园区落户。二是设立事务所。学习惠州产业园的做法，在韩国设立中韩（盐城）产业园驻韩办事处和展示馆，同时与相关机构联手合作，邀请有投资合作意向的韩企到盐城进行实地投资考察。三是加强对韩联动交流。在韩国的知名媒体上，经常性地推广宣传中韩（盐城）产业园，扩大产业园的知名度，争取多在盐城开展中韩经济交流会议，多组织盐城与韩国政府和企业之间的合作与交流活动，加强两地的经济联系，提升产业园在韩国的影响力。

（2）深化商事制度改革是优化营商环境，加快新业态进程的重要举措。一是全面推开“证照分离”改革，为中韩（盐城）产业园实施“先照后证”（证照分离）全覆盖打下坚实的基础。二是进一步压缩企业开办时间。在深化“2330”行政审批改革（企业 2 个工作日注册开业、3 个工作日内获得不动产权证、30 个工作日取得一般工业项目投资建设施工许可证）的基础之上，实现企业开办时间的进一步压缩。三是进一步简化和完善市场退出制度。要积极复制自贸试验区市场退出制度的创新经验，更加便利和规范企业的经营行为。四是进一步强化“事中事后”监管。在中韩（盐城）产业园实施相对集中的行政处罚权改革，赋予产业园区综合行政执法权，在中韩（盐城）产业园开展企业投资项目“信用承诺不再审批严

格监管"改革试点。

（3）优化跨境电商监管是实现贸易新业态发展的重要支撑。一是要简化通关手续，实行"简化申报、清单核放、汇总统计"，力争将盐城综合保税区进出口申报时间缩短至平均 1 分钟。二是开设线上综合服务平台，打造信息枢纽，在报关、物流、退免税、支付、融资、风险防控方面实现"一点接入、一站服务、一平台汇总"。三是发展海外仓，推动 B2B 出口。积极创建中韩跨境电商综合试验区，培育跨境电商新业态，加快在各社区和便利店开设跨境电商体验店，促进跨境电商的应用普及。

（4）拓展苏韩产能合作。推动省政府在中韩产业园合作协调机制和中韩经贸联委会等对韩合作机制下，密切与韩方的交流与磋商，加强对中韩（盐城）产业园建设工作的支持和指导力度，以中韩（盐城）产业园为主题，把赴韩举办经贸活动纳入省政府年度对外交流计划。推动省政府与韩国产业通商资源部等部门建立更加紧密的合作关系，定期或不定期地召开经贸合作交流会议，协调推进重要事项。推动江苏企业参与新万金韩中产业园建设，引导全省优势产业和产能"走出去"，鼓励省内著名商贸企业到韩国投资兴建商贸基地，鼓励盐城重点企业到新万金韩中产业园投资建设风电和光伏电站及装备制造基地、农副产品种养加工基地。参与中韩两国经贸合作交流活动，推进与"一带一路"沿线国家、地区和国际性组织的务实合作，加强新能源、港口、通信、高端装备制造等领域的国际产能合作，共同开拓第三方市场。

（5）创新招商体制机制。支持中韩（盐城）产业园建立以产业链为主导的招商组织架构，完善专业化招商机构，建立市场化招商机制，实行对韩"分区域、小分队、专业化、驻点式"招商。创新招商机制，实行委托招商、中介招商、定向招商、以商引商，注重项目导向，通过购买服务，实行绩效挂钩。创新招商方式，实行"标准厂房 + 产业基金 + 平台合作 + 创业资助"的多元化方式，吸引科创型企业在中韩（盐城）产业园投资兴业。发挥省市共建驻韩经贸代表处功能，面向韩国通过市场化方式招聘一批专业人才驻韩招商，实行人事关系代理制，招商人员薪酬等事项实行企业化激励约束机制。探索建立中韩（盐城）产业园与韩国新万金招商联动机制，面向全球大企业大集团开展联合招商，实现优势互补。与韩国中小企业部加强合作，支持在中韩（盐城）产业园设立办事机构，吸引和服务韩国中小企业到中韩（盐城）产业园创新创业。

（6）强化产业引导。支持中韩（盐城）产业园招引世界500强企业和全球行业龙头企业，鼓励设立跨国公司总部和功能性机构，积极引进全球产业链中高端环节和核心技术，对年实际到账外资金额超过2亿美元的世界500强企业投资项目，省级商务发展专项资金按“一事一议”方式给予重点支持。支持园区内符合条件的外商投资企业申请省级现代服务业发展专项引导资金。坚持政府引导与市场化运作相结合，逐步扩大中韩（盐城）产业园发展基金规模。争取国家集成电路产业投资基金、国家新兴产业创业投资引导基金等基金在园区设立分支机构或设立子基金。争取江苏“一带一路”投资基金、沿海产业投资基金等政府性投资基金，有侧重地支持中韩（盐城）产业园优势产业项目的发展。

（五）开展制度创新，促进投资和贸易便利化

（1）推进投资贸易便利化改革。支持园区推进投资项目“三书合一”改革，争取商务部推动的投资、贸易等领域改革试点政策。支持大丰港申报启运港退税政策。支持中韩（盐城）产业园设立海关监管专门机构。南京海关与韩方相关海关合作项目优先在园区开展先行先试，支持中韩（盐城）产业园进口货物实施海关预裁定，实施仓储货物按状态分类监管。

（2）有序扩大服务领域开放。向国家争取放宽外资准入政策，包括允许设立韩企投资的娱乐场所和专业健康（养老）保险机构，吸引更多韩资进入农产品加工和流通领域以及建筑、设计、咨询等服务领域；争取韩国进口化妆品分销在盐城实施许可（备案）管理；推动盐城综合保税区和大丰港区优势互补、协同发展；争取开展汽车平行进口试点，开展日韩及欧美汽车进口业务。

（3）优化贸易监管服务。发挥“中韩自贸协定服务示范窗口（盐城）”作用，为园区企业提供签发中韩自贸协定下的优惠原产地证书等商事法律服务。扩大中韩 AEO（经认证的经营者）互认成果，积极开展企业信用培育。支持盐城综合保税区争取区内外企业委内、委托加工和赋予区内企业增值税一般纳税人资格等试点政策。

（4）支持跨境电商发展。支持发展跨境电子商务，积极争取国家跨境电子商务综合试验区试点。支持大丰港跨境电商孵化中心和"网上丝绸之路"江苏省运营中心平台建设。支持中韩（盐城）产业园内跨境电商企业依托盐城综合保税区和大丰港保税物流中心（B 型），培育发展跨境电子商务网购保税进口、保税展示交易等新兴业态，通过规范的海外仓、体验店和配送网点等模式，融入境外零售体系。

（5）推进金融改革创新。支持韩国银行机构对园区内企业开展跨境人民币贷款业务，支持韩资跨国企业集团开展跨境双向人民币资金池业务，支持韩国银行、保险等金融机构到园区设立分支机构，支持符合条件的韩资企业在园区设立合资基金管理公司，支持园区内银行机构办理中韩货币互换项下韩元融资和各类海外直贷等创新业务，鼓励开展外商投资企业知识产权质押贷款业务。

（6）健全人才便利化服务机制。支持园区给予高层次人才在落户、出入境、医疗、子女入学、配偶安置等方面更加便利的服务。对园区内符合条件的外籍高层人才，要主动跟进并提供口岸签证、长期签证、居留许可等便利举措，推行预约预审、24 小时咨询、到期提醒、送证上门等服务措施，进一步提升外国人居停留服务水平。支持园区试点按企业纳税金额和居住期限给予韩籍人士"绿卡"、延长就业和从业资格证照时限、放宽多次往返签证等政策，持续优化审核程序，提高审批效率。重点支持产业园赴韩开展经贸活动团组，保证园区人员因公临时赴韩需要；对重要紧急的赴韩招商团组特事特办、加急办理。鼓励并支持园区内中资企业人员和韩资企业中方人员申办 APEC 商务旅行卡。

（7）推进投资贸易便利化改革。落实国家级开发区全链审批赋权清单，简化申报程序。深入推进"互联网 + 政务""证照分离""不见面审批"等改革，积极推进行政执法体制改革工作，依法赋予盐城经济技术开发区综合行政执法权。支持开展企业投资项目“信用承诺不再审批严格监管”改革试点。

（六）加大人才引进力度，形成合理人才队伍体系

依据日本筑波工业园区注重人才培养的经验，中韩（盐城）产业园在初期发展的过程中也必须要加大人才引进的力度，从而形成合理人才队伍体系，将中韩（盐城）产业园打造成科技人才集聚、创业创新集中的产业园。为了吸引人才，中韩（盐城）产业园可以向国际一流产业园日本筑波产业园学习借鉴。

（1）招收留学生培养后备人才。盐城对于韩国的地理位置还是很有优势的，可以重点考虑招收优质韩国留学生，在周边相关学院学习。建立以普及科技和教育、培养技术人才为主的科教平台。配备教育机构来参与科研成果的创新研究和培养科技人才，确保中韩（盐城）产业园的人才供应。为中韩（盐城）产业园提供韩方人才，也为两国的贸易往来去除了语言和文化方面的障碍，有利于中韩双方的长期合作。

（2）通过研究机构招聘人才。中韩（盐城）产业园目前还缺少高科技研发人员，这对园区产业的升级以及创新转型极其不利，所以园内企业可以利用研究机构相关平台招聘并引进国内外一些知名的科学家或者专业领域的科技精英，保证中韩（盐城）产业园的科研技术人才供应。借鉴烟台政府出台的相关政策，支持中国盐城（上海）国际科创中心集聚国际高端技术人才，支持园区给予高层次人才在本市落户、出入境、医疗报销、子女入学申请等方面提供更加便利的服务，进一步提升外国人居停留服务水平。完善韩国人才的涌入机制，促进中韩更多的交流。

（3）实施人才管理激励机制，通过提高福利待遇留住人才。对于中韩（盐城）产业园里的一些科技精英、专家教授、技术人才，要给予丰厚的物质奖励和相对优厚的生活待遇，完善工资奖金制度，早日将经营管理人才、研究开发人才的利益与企业的长远利益紧密结合起来，实行技术配股、知识共享等人才制度。注重知识产权和商业诚信保护，培养并提升科研人员的创造热情。另外，还要为科研技术人员创造良好的研究和实验环

境，保证人才留得住，并且愿意为中韩（盐城）产业园奉献出自己的智力成果，从而进一步地吸引国际人才。

（七）拓展人文领域交流合作，扩大中韩（盐城）产业园对外开放度

（1）推进文化旅游产业融合发展。加大与韩国在广告创意、动漫游戏、影视制作等领域的合作，推动文化产业发展，着力打造韩国影视制作和文化创意产业基地。举办文化交流等活动，促进江苏与韩国间的文化交流合作。发挥盐城珍禽、麋鹿保护区独特优势，依托盐城重点旅游景区资源，发展湿地旅游、休闲旅游和体验旅游，吸引韩国人来盐城、来江苏旅游，打造韩国人来华旅游重要目的地。

（2）加强职业培训及卫生合作。支持江苏省内高校与韩国院校建立战略合作关系，在中韩（盐城）产业园开展人才培训交流。鼓励韩方通过多种合作方式在盐城设立医疗机构，推动中韩合作设立执业医师和护士培训的机构。

（3）强化要素供给。在编制土地利用总体规划和城市总体规划时，统筹安排中韩（盐城）产业园的建设用地，将中韩（盐城）产业园内符合条件的项目优先纳入年度省重大项目投资计划。允许盐城经济技术开发区编制在总额内自主动态调整。

（4）强化集成创新。加强改革系统集成，支持中韩（盐城）产业园复制推广自贸试验区、国家跨境电子商务综合试验区、国家级新区等改革经验，积极开展体制机制创新。密切跟踪并系统研究中韩自贸协定后续谈判及改革开放政策，争取在中韩（盐城）产业园率先落地应用。加强试点经验的总结，努力形成一批可复制、可推广的试点成果，使中韩（盐城）产业园成为中韩贸易、投资等领域扩大对外开放的“压力测试”平台。

（八）加大政策支持力度，优化产业政策体系

中韩（盐城）产业园存在政策研究相对滞后的问题，目前仍处于初期起步阶段，为此，需在以下几方面加大政策的支持力度，优化产业政策

体系。

（1）提供政策保障，保证投资环境安全。创新招商体制机制政策，为中韩合资企业的建立提供良好的政策保障。强化政策集成，积极借鉴上海自贸区经验，推动中韩 FTA 先行先试政策落地。建立健全的信用机制以及奖惩机制，让韩资企业无所顾虑地入驻产业园区。扩大中韩 AEO 互认成果，提高中韩双方成果互认意识，实施相应的鼓励政策。

（2）应对其他产业园的成功产业政策进行借鉴。一是强化产业园制度创新，产业园要重抓制度创新，借鉴惠州产业园试验区、国家级新区等改革经验，探索复制其他产业园正在试验的政策措施。二是向上级领导部门争取政策支持，盐城市政府部门要主动加强与上级政府部门的沟通汇报交流工作，以加快推动产业园建设进程。三是用好现有政策，国家针对中韩产业园项目给予了许多利好政策，盐城政府应组织专门部门对现有政策加以梳理，综合利用国家和省政府下发的有效政策 ，促进产业政策优化，加大对园区的产业政策支持力度。

（3）政府提高执行政策的能力和水平。政府相关部门要协调联动开展工作，保障中韩（盐城）产业园建设发展各项工作顺利推进。积极开展制度创新，推进投资贸易便利化改革，有序扩大服务领域开放，优化贸易监管服务，支持跨境电商发展，推进金融改革创新，持续优化审核程序。

盐城应充分发挥自身的区位优势，充分发挥其身处长三角都市圈的优势，充分利用好自身的自然资源和资本优势，使其成为吸引韩资驻入的有利条件。盐城作为苏北唯一一个长三角都市圈城市，应利用自身的地理优势，借助已有的区域平台，尽可能多地与其他城市建立交流合作关系，开阔自身的发展视野，及时更新中韩（盐城）产业园建设理念。同时，作为沿海城市之一，应该承担起对外贸易与文化交流的桥梁责任，在引进别国先进技术理念的同时，也要输出带有盐城特色的产品和技术。随着 2020 年盐城与上海之间高铁通车，盐城作为“上海后花园”，承接着上海的经济流动与人口流动，应积极借鉴上海自贸区的发展经验，在更高层次规划中韩（盐城）产业园建设。结合“中国制造 2025”“互联网 +”等国家战略，综合第四代产业园的基本特征，结合盐城产业园的现有资源和发展基础，顺应经济转型发展要求，更新中韩（盐城）产业园规划。目标要有合理性，需准确定位。围绕“实现探索性发展、创新性发展、引领性发展，为全省经济高质量发展和‘一带一路’交汇点建设提供有力支撑”的战略定位，优化产业升级，以经济发展带动整个城市发展，深化盐韩全产业链、全市域、全方位合作，努力在重大产业和沿海发展合作有所突破，以高水平开放引领盐城高质量发展走在全省前列。

后　记

本书封笔之时，要对以下四方表达特别感谢。

首先，感谢江苏省重点建设学科资金的资助。近几年来，盐城师范院学院加大了对江苏省重点建设学科应用经济学资助力度，应用经济学学科建设成果丰硕，在期中检查中取得优秀显著成绩。其次，感谢江苏重点培育智库沿海发展研究院资料的资助。沿海发展研究院自成立中韩（盐城）产业园研究所以来，积极开展与中韩（盐城）产业园地方合作，理论研究逐步深入，积累了较多研究材料。再次，要感谢我的学生，在资料收集、实地调研和综合分析中所做的工作，其中徐成、沈茜、杨倩慧、李亚敏、葛晓玲、沈金平、曹苗、吴冰雁、周丹和陈婷婷做出较突出贡献。最后，还要深深感谢彭编辑，认真负责的修改校对保证了书稿的顺利出版。本书有不当之处，恳请批评指正。

作者

2019 年 7 月 2 日